市民のための税法学

伊藤　悟

八千代出版

はしがき

　本書は、筆者の税法講義用の印刷教材として作成した『市民のための税法学』を基礎にまとめたものである。

　「税金はなぜあるのか」「税金とは何か」という素朴な疑問をもち日本大学法学部の北野弘久先生のゼミナール生となり、憲法理論に基づく納税者の権利擁護を実践的に展開する『北野税法学』、特に北野先生が租税法律主義論を納税者の権利擁護のための「道具」とし税法裁判での鑑定意見などを通して実践的活動を多く展開したことに接し、筆者の税法研究は始まり、本書『市民のための税法学』の基礎理論は北野先生よりご教授いただいたものを展開している。その後、法律系教員として酪農学園大学にて「環境法」の講義も担当することとなり、筆者の税法研究は、環境時代である21世紀における税法学の方向性を考究する環境主義税法学を志向するものとなった。しかし、税法の現実は、北野税法学が目指す納税者の権利擁護すら実現できず、実質的立法権をもつ税行政のやりたい放題の状況と認識できる。この状況を市民の目線で改革していかなければならない。それが、本書で展開した「市民のための税法学」、特に税法立法および税法執行（税法行政、税法裁判）における市民的コントロールの重要性の主張である。これら税法権力は、民主国家において主権者である国民（市民）の監視下に置かれるべきである。市民があたかもこれら税法権力を透明な金魚鉢に入れ日々監視できることとなるのは、主権者・課税権者である国民（市民）と納税義務者である市民との税法関係を体系的に考究する「市民のための税法学」の理想・理念である。

　税法は、難しい法の一つとしてあげられることが多い。しかし、日常生活で、税法ほど身近なものはないのである。日常の買物での消費税、事業経営での所得税や法人税等、給与にかかる源泉所得税、などは、すべて議会制定法である実定税法に基づくものである。そして、賢い消費者、事業経営者は、常に、節税を意識している。節税は、実定税法を熟知していなければ実現できないものである。民法なども身近な法であるが、市民は、これを意識して日常生活を行うことは稀である。市民は、税法の重要性を知っているが、税法を熟知してい

ないのも現実である。税法は、税務職員や税理士などの税専門家のための法であるという認識は間違いである。税法ほど、市民のための法はないのである。しかし、現実の税法条項は、難解であり、義務教育課程を卒業した市民が読んでも（大学生が読んでも）理解できないものとなっている。このような税法条文は、市民のためのものでなく、課税庁の権限行使のためにあるといえる。現実の税法は、市民の権利擁護の道具ではなく、税行政の課税の道具になってしまっている。これは、民主国家の理念、市民のための税法学の理念と逆である。

経済は、漢語では「経世済民」（世をおさめ、民をすくう）の略語であるとされ、財の移転・管理などを意味する英語 economy とは異なる意味をもつものとして理解されてきた。民主国家の法と政治も、市民のための社会システムとして理解すべきである。日本国憲法前文において「国政は、国民の厳粛な信託によるものであつて、その権威は国民に由来し、その権力は国民の代表者がこれを行使し、その福利は国民がこれを享受する」と規定しているのは、この趣旨である。現代国家としての資本主義および民主主義国家の税制は、市民の福利のためのものでなければならない。税を取り巻く経済、政治、法は、市民の幸福のためにあるべきである。その意味おいて税法は、税課徴の道具ではなく、市民の権利保障の道具であるべきである。

本書、『市民のための税法学』は、現行の税制の解説書としては不十分である。現行の税法律、政令、省令、通達、租税条約、税条例などを単に集めても、本書の数倍になる。本書は、「うまい節税ではなく、よりよい税制の創設を考える」市民のための税法テキストを目指している。あるいは、筆者の税法に関する「言いたい放題」であるかもしれない。市民は、IT 時代である今日、ネット上で現行税制度の詳細情報を十分に知ることができる。ネット情報は、現行法令、判例、税務通達などを基に発信されている。これらの精緻な法解釈学的考究は、その重要性を否定しないが、うまい節税のものであり、よりよい税制の創設のためには十分に機能しない。本書は、北野税法学に基礎を置き、税法が市民権利の擁護のための道具となるように、よりよい税制の構築への参考となることに期待している。しかし、講義用のテキストでもあることから、その内容は、一般的な大学での税法講義の展開にあわせている。読者は、本書の記述のうちキーワードと思われるものを、ネット検索するなど、まず税法に興味

と関心をもっていただきたい。そして、「市民のための税法学」という税法研究を理解していただければ幸いである。特に、本書の主張は、税法立法から税法行政および税法裁判という税法執行に至るまでの各過程における市民的コントロールが保障されるべきという点にある。これが市民のための税法学である。

　参考文献の引用注について、本書は、十分に学問的礼儀をつくしていないことを認める。注の不十分なことを講義用テキストであるからでは理由にはならないと思うが、ご諒恕いただけるものとあらかじめ感謝申し上げる。法令・判例集等引用の略称については、一般的な凡例に従った。判例本文等の引用は、第一法規法情報総合データベース D1-Law.com を使用した。法令引用は、総務省「法令データ提供システム（http://law.e-gov.go.jp）」からのものである。

　実定税法令は、毎年改正される。これは、他の法分野には稀であり、税法令の特質の一つである。特に、税法各論の記述は、税法改正に対応しなければならないといえる。しかし、「うまい節税ではなく、よりよい税制の創設を考える」本書は、実定税法令の改正に十分に対応していない。この点に関しても、本書の趣旨をご理解いただき、ご了承いただきたい。税法各論に関する記述は、ネット情報として十分に収集できることもあり、簡略化した。

　なお、本書が「納税者のための税法学」ではなく「市民のための税法学」と題したのは、国税通則法2条に「納税者」の定義があり、これによると「納税者」とは源泉徴収義務者および納税義務者を指し、実定法解釈において納税者が広く「税を負担する者」（担税者）や「税に関心ある者」を含めて解するには支障があると判断したからである。北野税法学が税法を徴税法ではなく納税者の権利立法として主張されたことを受け継ぎ、その意思を表現するものとして、本書は『市民のための税法学』と題した。

　出版にあたっては、八千代出版編集部の方々、とりわけ代表取締役の森口恵美子氏に大変お世話になった。記してお礼申し上げる。

2016年3月

伊藤　悟

目次

はしがき　*i*
凡　例　*x*

第1部　税法基礎・総論

第1章　税とは何か―市民のための税定義― ……………………………… 2
1. 誰でも知っている「税」―経験的税概念　*2*
2. 日本法令上の税定義―形式的税定義　*3*
3. 税法学における税定義議論―実質的税定義　*5*
4. 民主主義的税定義論　*10*
5. 税の諦観　*13*
6. 市民のための税定義　*16*

第2章　税法とは何か―税法関係の展開と市民的コントロール― ……… 18
1. 税法は税に関する法学　*18*
2. 税関連学問の多様性　*19*
3. 税の法学的研究　*20*
4. 税法関係学説―租税権力関係説と租税債務関係説　*28*
5. 納税義務の性質　*31*
6. 民主主義国家の税法関係の特質―課税権の市民的コントロール　*33*
7. 単一国家の民主主義的税法関係モデル―循環的税法関係　*35*

第3章　税法原理・原則 ………………………………………………… 39
1. 租税原則と税法原理・原則　*39*
2. 法律なければ課税なし　*40*
3. 代表的税法学説における税法原則論　*41*
4. 租税法律主義の原則　*43*
5. 税負担公平原則　*45*
6. 実質課税原則の否定　*49*
7. その他諸原則　*51*
8. 税法原理・原則の再構築―税法公準に基づく税法原理・原則体系樹　*53*

第4章　課税権、その市民的コントロール ……………………………… 76
1. 政府と市民　*76*

v

2　課税権の本質　*77*
　　3　課税権の段階的構成　*77*
　　4　課税権の限界　*83*
　　5　課税権の競合とその調整　*87*
　　6　課税権の市民的コントロール　*89*

第5章　税法立法権、その市民的コントロール ……………………… *93*
　　1　税法立法の意義　*93*
　　2　税法の法源と立法組織　*95*
　　3　税　法　体　系　*100*
　　4　税制の構築と税の分類　*103*
　　5　日本の税制　*104*
　　6　税法立法の基本課題　*107*
　　7　税法立法権の市民的コントロール　*116*

第6章　税法行政権、その市民的コントロール ……………………… *118*
　　1　税法執行権の意義　*118*
　　2　税法行政権の基礎　*120*
　　3　国　税　行　政　*122*
　　4　地方税行政　*125*
　　5　関　税　行　政　*127*
　　6　税法行政権の市民的コントロール　*128*
　　7　税理士、通関士、税務補助機関等　*129*

第7章　納税義務の成立、確定および消滅 ……………………………… *132*
　　1　抽象的納税義務と具体的納税義務　*132*
　　2　納税義務の成立　*133*
　　3　納税義務の確定　*135*
　　4　納税義務の消滅　*138*
　　5　特殊な納税義務　*141*

第8章　申告納税と税法行政処分 ………………………………………… *148*
　　1　申告納税の意義　*148*
　　2　納税者申告の分類　*149*
　　3　税法行政処分──決定・更正・再更正、賦課課税処分　*152*
　　4　納税者申告と税法行政処分との関係　*154*

第 9 章　税務調査と納税者の権利 …………………………………………… 158
1　税務調査の意義・目的　*158*
2　税務調査の分類区分　*160*
3　KSK（国税総合管理）システム　*165*
4　納税環境の整備改正　*168*
5　『納税者憲章』　*168*

第 10 章　税強制徴収等と納税緩和 ……………………………………………… 170
1　滞　納　処　分　*170*
2　特別な租税債権確保制度　*173*
3　納税緩和制度　*175*

第 11 章　税　処　罰　法 ………………………………………………………… 180
1　税法行政罰と税刑事罰　*180*
2　加算税制度　*185*
3　両　罰　規　定　*187*
4　通　告　処　分　*188*

第 12 章　税法裁判権、その市民的コントロール ……………………………… 189
1　税法裁判権の基礎　*189*
2　国　税　争　訟　*195*
3　地　方　税　争　訟　*199*
4　関　税　争　訟　*201*
5　税法裁判の市民的コントロール　*201*

第 13 章　現代税法学の基礎・総論的課題 ……………………………………… 205
1　現代社会と税法学　*205*
2　現代法としての税法学　*207*
3　市民の権利保護　*208*
4　国際化と税法　*209*
5　IT 社会と税法　*211*
6　21 世紀環境時代の税法のあり方　*213*
7　総合科学としての税法学―税財政法学の確立　*217*

第2部 税法各論

第14章 課税基礎と税制論 …………………………………………………………… *220*
　1　単一国家の税システム　*220*
　2　課税基礎論──所得課税、消費課税、資産課税　*223*
　3　各課税分野における国際課税　*229*

第15章 所得課税法の基礎 ……………………………………………………………… *234*
　1　所得課税法の沿革　*234*
　2　所 得 概 念　*234*
　3　課 税 単 位　*239*
　4　所得課税法原則　*242*

第16章 所得税の基本構造と課題 …………………………………………………… *249*
　1　日本の所得税法　*249*
　2　サラリーマンの給与課税　*252*
　3　所得税の課題　*252*

第17章 法人税の基本構造と課題 …………………………………………………… *257*
　1　法人税法の構造　*257*
　2　内国普通法人の各事業年度の法人税額計算　*258*
　3　特殊な法人税制　*261*
　4　法人税の課題　*263*

第18章 所得課税における国際課税 ………………………………………………… *268*
　1　個人所得課税に関する国際課税　*268*
　2　法人所得課税に関する国際課税　*273*

第19章 消費課税法の基礎 ……………………………………………………………… *280*
　1　消費課税の基本　*280*
　2　消費課税法原則　*281*

第20章 消費税の基本構造と課題 …………………………………………………… *283*
　1　消費税法の創設と基本　*283*
　2　本則課税の消費税構造　*284*
　3　簡易課税制度の消費税構造　*285*

4　申　告　等　*285*
　　5　消費税の課題　*286*

第21章　関税の基本構造と課題 ·· *291*
　　1　貿易と関税　*291*
　　2　関税の納税義務者等　*294*
　　3　通関業者・通関士　*296*
　　4　関税の課題　*297*

第22章　資産課税法の基礎 ·· *298*
　　1　資産課税の基本　*298*
　　2　資産課税法原則　*299*

第23章　相続税の基本構造と課題 ·· *302*
　　1　相続税の基本構造　*302*
　　2　財　産　評　価　*304*
　　3　相続税における国際課税　*305*
　　4　相続税の課題　*308*

第24章　環境時代の環境主義税制 ·· *310*
　　1　環境時代の税制論　*310*
　　2　廃棄物処理と税・料　*312*
　　3　フランスのエコタックスの失敗　*314*
　　4　環境税の展開　*315*

あ と が き　*317*
索　　　引　*319*

凡　例

1　判例は下記のように表示する。

（例）最大判平 18.3.1 判例 ID：28110487　→　最高裁判所大法廷平成 18 年 3 月 1 日判決、第一法規法情報総合データベース D1-Law.com 判例 ID：28110487

2　法令名の略称は下記の通りである。

国通法　→　国税通則法	租税条約特例法　→　租税条約等の実施に伴う所得税法、法人税法及び地方税法の特例等に関する法律
国通令　→　国税通則法施行令	
国徴法　→　国税徴収法	
国徴令　→　国税徴収法施行令	租税条約特例法省令　→　租税条約等の実施に伴う所得税法、法人税法及び地方税法の特例等に関する法律の施行に関する省令
国徴法基通　→　国税徴収法基本通達	
国犯法　→　国税犯則取締法	
所税法　→　所得税法	
所税令　→　所得税法施行令	租特法　→　租税特別措置法
所税規　→　所得税法施行規則	登税法　→　登録免許税法
所税基通　→　所得税基本通達	税理法　→　税理士法
法税法　→　法人税法	通業法　→　通関業法
法税令　→　法人税法施行令	憲法　→　日本国憲法
法税規　→　法人税法施行規則	旧憲法　→　大日本帝国憲法
消税法　→　消費税法	行組法　→　国家行政組織法
消税令　→　消費税法施行令	国公法　→　国家公務員法
消税基通　→　消費税法基本通達	財設法　→　財務省設置法
相税法　→　相続税法	財組令　→　財務省組織令
相税基通　→　相続税法基本通達	財組規　→　財務省組織規則
評通　→　財産評価基本通達	総設法　→　総務省設置法
地税法　→　地方税法	総組令　→　総務省組織令
印税法　→　印紙税法	地自法　→　地方自治法
改革法　→　税制改革法	行訴法　→　行政事件訴訟法
関率法　→　関税定率法	行服法　→　行政不服審査法
関率規　→　関税定率法施行規則	

3　判例・法令の引用の場合を除き、年号については、原則として西暦により表示し、必要に応じて（　）内に元号を記した。

第 1 部

税法基礎・総論

第1章

税とは何か
— 市民のための税定義 —

1　誰でも知っている「税」—経験的税概念

　税法学が「税に関する法学である」とすると、税法学の基礎として、「税とは何か」という税定義は不可欠のものとされる。

　今日、幼児、小学生児童でも税を知っている。すべての市民は税を知っている。この市民が経験により抱く税概念を「経験的税概念」と呼ぶ。税は、国家経済主体としての「家計」と「企業」という私経済から「政府」という公経済への財（貨幣）の移転という経済現象であり、その移転根拠には主権を基礎とする政治権力があるという政治現象であり、そして、法に基づく税課徴が要請される法現象である。現実社会では、経済的視点での税の検討が中心的になり、次いで政治問題として検討されることが多く、税への法的アプローチ、税が法的現象であることは市民の意識外となってしまっている傾向がある。しかし、民主国家では、税は法の産物であり、主権者・課税権者である国民（市民）と納税義務者である市民との税法関係についても、税法定原理に基づいて制定法により規律される。

　市民のための国家にとって税は、重要なものである。日本国憲法が「納税の義務」を国民の三大義務の一つとしていることから、国民は、税について知らなければならない。国の租税教育、税理士会などによる税講習などもあり、市民が税について知る機会も多く、誰もが税を知っている。しかし、「税とは何か」と質問されて、これに的確に答えられる市民は少ないと推量する。

1）税の歴史

　社会科学では、歴史分析ということがなされる。税の歴史に関する研究も多くある。

　かつて国税庁は、日本税制史を簡潔にまとめたビデオ『日本の税の歴史』（20

分）を制作した（この中で、大学生の一郎は、日本の税の歴史を知っているのは大学生であれば当たり前であると発言している）。その内容は、補筆され国税庁ウェブサイトでも「税の歴史」として紹介されている。

税の歴史は、税が歴史的産物であることを理解させる。また、税は、統治者が人民から徴収する財であることも理解させられる。

2）「租」と「税」の語源

長い歴史をもつ漢字は、表意文字である。漢字である「税」は、語源と意味をもっている。つまり、税定義も語源を参考になしうる。

税を意味する日本語として、「税」のほか、「税金」「租税」という語も使用される。税金は、一般的な税の呼称である。これは、明治時代に税の金銭徴収が普通になったことからのものといわれている。租税は、日本の憲法においても用いられ、法令用語ないし官庁用語として普及した用語である。

税については、単に「税」、または「租税」という呼称が一般的に使用される。そこで、「租」と「税」の違いについては、それぞれの語源解説をみると、両者とも「みつぎ」という意味をもち、「租」は五穀豊穣に感謝し祈念して先祖神に捧げる初穂などの供え物、収穫した作物の上にかかって徴収されるものを意味するが、「税」は祭司に寄進する御初穂、支配者が人民の収入や収穫のうちから抜き取って徴収するものを意味するとされる（前尾繁三郎『税の随筆集』〔1953年、大蔵財務協会〕8-10頁、佐藤和彦編『日本史小百科・租税』〔1997年、東京堂出版〕2頁、藤堂明保編『学研漢和大辞典〔机上版〕』〔1980年、学習研究社〕「租」および「税」の項を参照）。今日、「税」は単独で税を意味するが、「租」は単独では税を意味せず、借りるという意味で中国語などでも用いられ、日本語では「租税」という熟語でのみ税を意味する（中国語で税は「税収」という）。

税は、語源的、歴史的には、洋の東西を問わず五穀豊穣を神に祈り、感謝し貢納寄進する初穂を意味するが、現在では、このような感謝をもって納税する市民が多いかは疑問である。

2　日本法令上の税定義―形式的税定義

1）日本の憲法に「税」の文字―税の法的概念の基礎

日本の憲法典において「税」の記述は、大日本帝国憲法（旧憲法、明治憲法）

21条、62条および63条、また現行の日本国憲法30条および84条にある。

　憲法が「税」「租税」という用語を使用する以上は何らかの法的概念としての税概念を予定しているはずであるという指摘がある（北野弘久『税法学原論〔第6版〕』〔以下、本書では「北野・原論」と略す〕〔2007年、青林書院〕25頁）。しかし、税という文字は憲法にあるが、具体的な定義や説明する記述はない。これは常識としての税概念を前提としていると解する。しかし、それは、多様であり、不確定である。それゆえ、憲法以下の法律において、税の具体的定義や説明を明記し定めることが法制度上から要請される。

2）形式的定義としての税法上の税定義

　旧憲法62条、現行の日本国憲法84条も、税について「法律」で定めるとする。しかし、日本の実定税法である税法律は、「税」そのものについて明確な定義をしていない。ただし、用語の定義として、「国税　国が課する税のうち関税、とん税及び特別とん税以外のものをいう」（国通法2条）、また地方税につき道府県が課することができる税目（地税法4条）（税目とは個別各種税の名称）および市町村が課することができる税目（同法5条）を列挙する規定がある。国税通則法は、国税についての基本的な事項や共通的事項を定めている税法律である。また地方税法は、地方税に関する国の税法律である（現実の地方税賦課徴収は各地方団体の条例に基づき実施されなければならない）。これらの規定は、税目を示すのみで、税の本質を定義していない「形式的税定義」と呼ばれるものである。

3）税目を知ることは税を知ること

　税とは何かという税の実質的定義、すなわち実質的税概念は、税目、税の種類の列挙からは知ることができないといえる。しかし、税の知識として、日本にどのような税があるかを知ることは重要である。どのような税金があるかを知ることは、税法知識の基礎でもある。

　ちなみに、ガソリン税と呼ばれる税は日本税制になく、法的には揮発油税が正しい。また、たばこ税は国税であるが、地方税にも道府県たばこ税と市町村たばこ税がある。「たばこ」への課税は何重にもなっている。たばこに課税されている消費税は、たばこ税を含む金額に課税している（消税法28条参照）。いわゆる「tax on tax」（二重課税と訳されることもあるが、税法学上の二重課税とは異な

るので、本書では tax on tax、上乗せ〔または累積〕課税とする）の問題が、ここにある。

3　税法学における税定義論─実質的税定義

1）税定義の意義

　税法は税に関する法であるが、その対象である「税」について定義することは、税法の解釈・適用上、ほとんど実益をもたないという見解がある（金子宏『租税法〔第19版〕』〔2014年、弘文堂〕〔以下、本書では「金子・租税法」と略す〕9頁「＊租税の意義」）。すなわち、「租税の学問上の定義に該当しない課徴金であっても、実定法上租税とされている場合には、関係の租税法規が適用されるからである。逆に、実質的に租税であっても、実定法上租税とされない場合には、租税法規は直接に適用されない。要するに適用法規を決定するうえで、租税であるかどうかを実質的に判断する必要は、ほとんど生じない」（金子・租税法9頁）と指摘される。

　この見解は現実的観察からのものといえる。しかし、「実質的に租税であっても、実定法上租税とされない場合」に学問的に税として立法論を展開すべきであり（現実には事例がないかもしれないほど、多種多様な税がある）、それが税法研究者の一つの使命でもあろう。また現実に、税以外として法的に呼称立法されている公的課徴金について、その課徴要件等の立法形式をめぐり日本国憲法84条（租税法律主義）の適用が裁判として問題にされてもいる（旭川市国民健康保険条例事件・最大判平18.3.1 判例ID：28110487）。

　ただし、日本の最高裁判所は、「課税要件及び租税の賦課徴収の手続は、法律で明確に定めることが必要であるが、憲法自体は、その内容について特に定めることをせず、これを法律の定めるところにゆだねている」（大島サラリーマン税金訴訟・最大判昭60.3.27 判例ID：22000380）とし、税と税以外との相違は立法裁量に委ねられると解している。それゆえ、実定税法規の解釈・適用、すなわち税実務において「税」とは何かを論ずることは無益であるとの指摘は、十分に理由がある。

　しかしながら、税定義の意義を考えるのも、税法学の基礎の対象である。また、税法学という法学の基礎は、税定義にあるといえ、多くの税法学研究はここから始まっている。また、国民健康保険税と国民健康保険料という税・料の

ダブルスタンダード、産業廃棄物の処理に対する手数料と廃棄物税の同時課徴などは、どう説明されるべきか、税定義の問題として考えるべきことは多いといえる。

2）財政学上の租税定義等

日本での税法学の研究は、半世紀程度の歴史でしかない。それ以前の税研究として、経済学（公共経済学など）、財政学租税論における成果がある。特に、財政学は、国家財政の収入としての租税論・公債論と国家財政の支出としての予算論とに分けて研究し、租税根拠論（公需説、利益説、義務説等）、租税の機能論（財源調達、所得再分配、景気調整）、租税分類、租税原則、租税転嫁などに関する研究成果をあげている。

財政学租税論での租税定義では、租税は、「国家または地方団体がその経費を調達するために、個別的に対価を与えないで私経済から強制的に課徴する給付」（井藤半弥『財政学概論』〔1943 年、日本評論社〕122 頁、現代的表記に修正している）とされる。

3）実質的税定義としてのドイツ租税基本法 3 条 1 項

日本の税法令においては、税の実質的内容に関する税定義をする規定はない。しかし、外国法令では例がある。この点に関して、よく引用されるのが 1977 年ドイツ租税基本法 3 条 1 項（Abgabenordnung〔AO〕1977 § 3 (1)）である。そこでは、「租税とは、特別の給付に対する反対給付ではなく、法律が給付義務をそれに結びつけている要件に該当するすべての者に対し、収入を得るために公法上の団体が課する金銭給付をいう。なお、収入を得ることは附随目的とすることができる」（金子・租税法 9 頁「＊＊租税の定義」参照、ドイツ語原文はドイツ法令データ提供サイト〔http://www.gesetze-im-internet.de〕を参照）と規定している。

4）代表的税定義

日本での税法学上の実質的租税概念（法的租税概念）の論議は、ドイツ租税基本法の規定、経済学や財政学での租税定義諸説を基礎とするものが多い。そして、これらの論議を集約したものが、判例においても採用されている通説的な税定義である。それは、財政収入としての租税、すなわち行政運営上の資金調達手段として租税を位置づけ、「国家が、特別の給付に対する反対給付としてではなく、公共のサービスを提供するための資金を調達する目的で、法律の定

めに基づいて私人に課する金銭給付である」（金子・租税法9頁）、または「国または地方公共団体がその必要な経費に充てるために、国民から強制的に徴収する金銭給付である」（北野・原論23頁）、に代表される。これらに示されている一般的な税の特徴をまとめると、税とは、①国または地方公共団体が、課税権に基づき、②その経費に充てる収入として、③一方的・強制的、反対給付なしに市民から徴収する、④金銭給付である、となる。

そして、税定義の内容的検証として、①公共サービスのための資金調達という点で、これ以外の目的での金銭給付である罰金等と異なり、②強制的金銭徴収という点で、税と国等の経済活動収入と異なり、③反対給付がない点で、各種の使用料・手数料等と異なり、④能力に応じて課される点で、負担金と異なり、⑤金銭給付である点で、土地収用のような公用徴収とは異なるとされる（金子・租税法9-11頁参照）。

この定義からは、①課税団体は国または地方公共団体であり、私的団体ではないこと、②税の使途は国または地方公共団体の経費として使用されること、国等の経費の分担をするものが税であること、罰金のような制裁手段的目的をもたないこと、③税は市民全体からの強制的徴収金であり、税支払が特定行政サービスを受けるというものではないこと、この点で手数料、使用料、受益者負担金と異なること、④税は金銭支払であること、物納による納税は例外であること、などが理解される。

税は反対給付なしに徴収される公的課徴金とすることに対しては、国民の福利享受という民主政治理念（日本国憲法前文「国政は、国民の厳粛な信託によるものであつて、その権威は国民に由来し、その権力は国民の代表者がこれを行使し、その福利は国民がこれを享受する」）から、疑問もある。国民・市民は、国や地方団体の行政運営から福利を享受するからこそ、税を負担することに代表者を通じて実定税法立法を承諾・同意している。税負担があるが、全く福利享受がない場合、市民はその国・地方団体に不満をもち、その体制に反対し、これに代わる体制を創設するか、または、そこから逃避、離脱するであろう。単なる課税亡命（フランス語で Exil fiscal）ともいえる場合もあろう。

5）判例の税定義

日本の最高裁判所判決において税定義をしているものがある。それは、記述

の財政学等の税定義である代表的税定義といえる。すなわち、「租税は、国家が、その課税権に基づき、特別の給付に対する反対給付としてでなく、その経費に充てるための資金を調達する目的をもって、一定の要件に該当するすべての者に課する金銭給付である」（前掲・大島サラリーマン税金訴訟。判例ID：22000380）、「国又は地方公共団体が、課税権に基づき、その経費に充てるための資金を調達する目的をもって、特別の給付に対する反対給付としてでなく、一定の要件に該当するすべての者に対して課する金銭給付は、その形式のいかんにかかわらず、憲法84条に規定する租税に当たるというべきである」（前掲・旭川市国民健康保険条例事件。判例ID：28110487）などの判示がある。

6）北野説・納税者基本権論からの「広義の租税概念」提唱

　一般的な税定義は、まさに収入としての税を捉えたものである。それは、税に関わる少数者である徴税側、ないし徴税論理からの定義であるともいえる。財政学の租税論は、伝統的に収入論の一つとして位置づけられている。税に関わる多数者は、徴税者でなく、税を支払う者、税負担者である市民である。市民側からの税定義は可能であるのか。この点、北野説の「広義の租税概念」論は注目される。

　すなわち、日本国「憲法がいやしくも『税』、『租税』という概念を使用する以上は何らかの法的概念としての租税概念を予定しているはずである。その憲法の予定しているはずの租税概念を日本国憲法全体の法規範構造から法理論的に構成することができる」（北野・原論25頁）とし、「日本国憲法のもとにおいても、従来の財政学の租税の定義やドイツ租税基本法の租税の定義の類のものを日本の法的概念として法理論的に構成することが可能である」（北野・原論25頁）が、「しかし、このような租税概念をいかに精緻に構成しても法実践論的にはあまり意味がない。なぜなら、そのような定義は財政権力側にたつ租税概念であるので、そのような概念をいかに精緻に構成してみても、そこからは納税者・国民のための実践的・積極的な法理論をひき出すことができないからである。せっかく法実践論のレベルにおいて租税概念を構成するのであれば、従来のような財政権力側ではなく、納税者・国民側にたって租税概念を構成することが大切である」（北野・原論26頁）とし、日本国憲法の下においては憲法に適合するように「新福祉目的税」論を展開し、租税の徴収面（狭義の租税概念）

と使途面とを不可分一体的、統合的なものとして捉える広義の租税概念を法的租税概念とすることが望まれるとする（詳細は北野・原論・第2章租税の法的概念を参照）。そして、北野先生は、「租税とは、国または地方公共団体が人々の福祉の費用に充当するために、応能負担原則を実体的内容とする『法』（法律・条例）に基づいて、人々から徴収する金銭給付である」と定義された（北野弘久編『現代税法講義〔5訂版〕』〔2010年、法律文化社〕〔以下、本書では「北野・講義」と略す〕5頁）。

7）税定義の意義再論

　代表的税定義は、収入論、少数者である徴税側の論理によるものである。多数者が正しいと認識する税定義は、大多数である市民側の認識に立脚したものであることが望まれると考える。徴税側の論理に基づく税定義が通説として論じられ、後発の税法学者もこれを法的税概念としての税定義として受け入れ、市民もこの定義を受け入れているようにも認識できる。それは、一方で、徴税側である政府の租税教育の成果であるともいえる。しかし、それではなぜ、市民の中に税を滞納、あるいは脱税をする者が絶えないのか。民主主義国家にとって租税は不可欠である。そのことを無視する市民がいることが、民主主義の課題であり、また、政府の租税教育の失敗である。

　税の世界で多数派である市民側の観点からの税概念は、代表的税定義としてあげたものとは異なるものとなろう。市民の目線での税は、常に「支払う」ものであり、「収入するもの」ではない。納税者の目線からの税定義研究成果の一つとして北野先生による広義の租税概念論がある。これは、従来の論議に大きな衝撃を与えたといえる。最終的な北野先生の租税定義は、応能負担を基礎内容とする「人々の福祉の費用に充当する」という福祉国家のものとして定義がなされている（北野・講義5頁）。しかしながら、現代国家が福祉国家から21世紀「環境国家」（国家の枠を越え、人類の生存の危機を抱えグローバル福祉を目指す地球市民国家）へと展開していると認識するとき、これをさらに展開した税定義が検討されなければならないであろう。

　さきに指摘したように、市民一人一人は、その各人の経験に基づく「経験的税概念」を有している。これを集約し帰納的にまとめることができれば、市民側の税定義となろう。市民側の税概念は、多数のための税概念であり、少数の徴税側の税概念よりは真実の税概念に近づき、学問的にも評価しうる。しかし、

これは不可能に近い。

正しい税の知識を身につけることは、市民的責務であり、また、市民の権利でもある。いずれにしても、税法の学習のスタートとして、最高裁判所の判決にも明記された代表的な税定義をしっかりと知ることは重要である。学問のスタートは、過去の正しい認識、歴史認識である。

税定義の実益なしという説もあるが、税定義は、税法学の研究対象を限定するうえで重要である。

4　民主主義的税定義論

1）民主主義的租税観

税は、歴史的産物であり、経済的産物であり、政治的産物であり、かつ法的産物である。その定義は、多様なものとならざるをえない。その一つに、民主主義的租税観という概念提示がある。

民主主義的租税観とは、租税の根拠を人の団体への帰属に求める見解を基礎として、日本国憲法30条（国民の納税義務）規定も、「国家は主権者たる国民の自律的団体であるから、その維持および活動に必要な費用は国民が共同の費用として自ら負担すべきものである」という考え方に基づいているとするものである（金子・租税法20頁）。

これは、最高裁判所が「おもうに民主政治の下では国民は国会におけるその代表者を通して、自ら国費を負担することが根本原則であって、国民はその総意を反映する租税立法に基いて自主的に納税の義務を負うものとされ（憲法30条参照）、その反面においてあらたに租税を課し又は現行の租税を変更するには法律又は法律の定める条件によることが必要とされているのである（憲法84条）。されば日本国憲法の下では、租税を創設し、改廃するのはもとより、納税義務者、課税標準、徴税の手続はすべて前示のとおり法律に基いて定められなければならないと同時に法律に基いて定めるところに委せられていると解すべきである」（最大判昭30.3.23 判例ID：21006400）と判示したところに従うものと解する。

国税庁ウェブサイト（〈税の学習コーナー〉学習・入門編）では、「税って何だろう？」に対して、「わたしたちが納めた税金は、みんなの安全を守る警察・消防や、道路・水道の整備といった『みんなのために役立つ活動』や、年金・医

療・福祉・教育など『社会での助け合いのための活動』に使われています。つまり税金は、みんなで社会を支えるための『会費』といえるでしょう」とし、「会費」説を明記している。これも上記の説と同様、税を経費分担としてのみ考えている。

また、戦後日本税制の基礎を提示したシャウプ勧告の見直しとしての「税制の抜本的改革」の成果である税制改革法も、その3条に「租税は国民が社会共通の費用を広く公平に分かち合うためのものであるという基本的認識の下に」と規定した。

税は、歴史的産物であり、経済的産物であり、政治的産物であり、かつ法的産物である。その定義は、多様なものとならざるをえない。民主主義的税概念も、一つの税定義論・説である。しかしながら、「民主主義的税」の考究は、市民的目線での税へのアプローチとして興味を寄せられ重要である。

2）民主主義と税

民主主義的税は、市民・国民による経費分担であると言い切れるか。

イギリスは、マグナ・カルタ（Magna Carta：The Great Charter、1215年）、権利請願（Petition of Right、1628年）、権利章典（Bill of Rights、1689年、君臨すれども統治せずの「立憲君主」の確立）を通して、「承諾なければ課税なし」「議会の承諾ない課税の禁止」を不文憲法として確立した。その後、この考えは、アメリカ独立宣言（The Declaration of Independence of the 13 United States of America, in General Congress Assembled、1776年7月4日）にも表現された。民主主義と税との関係は、イギリスでの成果が世界的に波及したといえる。アメリカ独立宣言の背景として、バージニアの政治家パトリック・ヘンリー（Patrick Henry）等により「代表なければ課税なし（No taxation without representation）」の主張がまとめられた。

このような過程の中で、民主主義的税制を明確に文言で示したのが、フランス人権宣言（Déclaration des Droits de L'Homme et du Citoyen de 1789）13条「公の武力の維持および行政の支出のために、共同の租税が不可欠である。共同の租税は、すべての市民の間で、その能力に応じて、平等に分担されなければならない。(Pour l'entretien de la force publique, et pour les dépenses d'administration, une contribution commune est indispensable. Elle doit être également répartie entre tous les Citoyens, en raison de leurs facultés.)」と14条「すべての市民は、みずから、また

はその代表者によって、公の租税の必要性を確認し、それを自由に承認し、その使途を追跡し、かつその数額、基礎、取立て、および期間を決定する権利をもつ。(Tous les Citoyens ont le droit de constater, par eux-mêmes ou par leurs Représentants, la nécessité de la contribution publique, de la consentir librement, d'en suivre l'emploi et d'en déterminer la quotité, l'assiette, le recouvrement et la durée.)」(フランス語原文は Legifrance〔http://www.legifrance.gouv.fr/〕による)である。これら条項は、民主主義と市民の税負担との関係を簡潔にまとめ、かつ明白にした。すなわち、これら条文は、近代的民主主義国家における税の根拠(必要性)、応能負担、税への市民的同意の方法を明確にした。

民主主義国家での税は、市民間での国費分担であるが応能負担でなければならない。すなわち、民主主義国家の税は、単なる国費分担ではなく、「能力に応じた」応能負担をも加味したものでなければならない。ここに税と税以外の公的負担との相違が認識されなければならない。なお、税外負担においても応能負担、公平負担は、福祉の観点から考慮されるべきものと考える(たとえば、ゴミ収集手数料の生活保護世帯等への負担軽減措置)。

歴史的に民主主義政治は、資本主義の発達と密接に関係している。民主国家の財政(主権者の意思実現過程である政治の経済的裏付)は、君主国家の有産国家から無産国家への展開として経済的には捉えられるが、その基礎の大部分を税で支える「租税国家 (Steuerstaat)」(シュムペーター、木村元一・小谷義次訳『租税国家の危機』〔1983年、岩波文庫〕を参照)のものとして認識される。租税国家は、民主主義システムと資本主義システムに基づき運営されるもので、基本的には市民的コントロールの下にあるものと考える。市民の租税国家選択は、合理的判断に基づくものである。租税国家システム以外に市民的自治、民主主義を維持する最良の国家運営システムがあれば、市民はそのシステムを選択するであろう。しかし、現在、租税国家以上に民主主義・資本主義を支えるものはないといえる。

それゆえ、フランス人権宣言13条「公の武力の維持および行政の支出のために、共同の租税が不可欠である。共同の租税は、すべての市民の間で、その能力に応じて、平等に分担されなければならない」と14条「すべての市民は、みずから、またはその代表者によって、公の租税の必要性を確認し、それを自

由に承認し、その使途を追跡し、かつその数額、基礎、取立て、および期間を決定する権利をもつ」は、租税国家システムの基礎をなす考えを提示しているといえる。特に14条は、税の使途を市民が追跡する権利を有するとし、北野説でいう広義の租税概念に通じるところがある。市民が税負担の承認のみならず税の使途を追跡する「権利」を有していることを認知することは、市民にとっても、為政者にとっても重要である。フランス人権宣言は、1789年にこのことを明白にしている。

民主主義的税定義は、フランス人権宣言13条と14条に明記されたものから展開されるべきである。また、日本国憲法前文1段に「国政は、国民の厳粛な信託によるものであつて、その権威は国民に由来し、その権力は国民の代表者がこれを行使し、その福利は国民がこれを享受する」と明記し、民主主義原理を明言した（日本国憲法は民主主義という語を表記していない）。民主主義租税は、市民の福利のために徴収され使用されるべきものである。逆に、市民の福利に反する税は、民主主義にも反するといえる。

民主国家における税については、市民の経費分担が強調されるのではなく、いかに能力に応じて負担するか、いかに市民の福利のために税が費やされているか、市民が承諾しかつその使途を追跡できるかということが重要である。経費分担の観点からの税定義ではなく、市民の目線での税定義が要請される。

5　税の諦観

1）そもそも税とは

今更ではあるが、税のそもそも論を展開してみる。

税は基本的には市民から国等への金銭支出行為である。ドイツ租税基本法が定めたように、「税は現金支出である」(Steuern sind Geldleistungen, Taxes shall mean payments of money)。しかし、税の定義は多様である。論者により租税概念が全く異なるといえるかというと、そうでもない。そこには、誰もが認識している「税」がある。それを、先に市民的「常識としての税概念」または「経験的税概念」とした。

税のそもそも論は、次の4点、すなわち①税は社会現象である、②税は国家権力を基礎とする、③税は主権者の課税意思の実現作用、および④税は市民の

承諾・同意がなければ成立しない、に整理され、主張されると考える。

2）税は社会現象である

　税について考えるとき、税は自然現象ではなく社会現象であるということが認められる。税は、水、空気、石などの自然のものでなく、人間関係において、人間関係がなければ発生しないものである。税は、人間が創設した社会現象であり、絶対的なものでもなく、そこに倫理的絶対真理としての正義などない（租税正義があるとの考えもあるが、社会現象である税は絶対的なものに支配されない。公平課税も絶対的公平を実現できない）。税は、市民から徴収される金銭であり、経済的、政治的かつ法的産物である。

3）税は国家権力を基礎とする

　税は社会現象であるが、友人関係、家族関係において、税は認められない。税は権力を前提基礎としている。そして、その権力は、国家ないし国家的組織・人の有するもの、主権に基礎づけられるものである。すなわち、税は、主権国家のものである。「国家であるところ、税はある」といえる。

　人民、領域があり、主権（領域内の最高意思・権力、領域外に対する独立権）があることが「国家」の要素といわれる。したがって、人民と領域があっても、主権のない「植民地」「租借地」等は主権国家として認められない。ただし、主権国家か否かは、国際的な判断としても難しい場合がある（台湾、パレスチナ、イスラム国などの問題）。つまり、国連加盟の有無に関係なく、主権国家と認められる国家、また対外的に主権国家でない国家的地域社会においても、税は存在しうる。

4）税は主権者の課税意思の実現作用（課税権行使）から始まる

　主権国家であっても、無税国家はありうる（松下幸之助「無税国家論」は有名。現実的には無税国家はないかもしれない）。しかし、通常の主権国家では、税がある。これは、主権者の意思に基づくものである。その意思は、課税権の実行である。この課税権行使がなければ、税は発生しない。

　民主主義国家では、市民が国家創造し、代表を通じて主権者として課税権を行使する。課税権の本質は、立法権であるともいわれる（北野・原論91頁）。

5）税は市民の承諾・同意がなければ成立しない

　税は、主権国家において主権者の課税権行使が実行されたとしても、これに

対する市民の承諾、同意、服従、妥協がない限り、成立しない。課税するという意思も、これが受諾され実現しなければ、空虚な課税である。現実に税の支払が市民からなされなければ、税は現実化されない。

主権者の課税意思への市民の承諾・同意は、民主国家では、市民代表を通じて議会制定法（税法律、税条例）として具現化される。それゆえ、市民は、税法を遵守する義務がある。

また、市民が承諾・同意する税支払負担は、市民的福祉を根拠とするものと考える（行政、軍隊は市民的福利のためにある）。何らの見返り反射利益もない経済負担を市民がすることは稀であり、反射的福利のない税負担が強いられる場合、市民はそこから逃避するであろう（税負担の費用便益効果）。逃避できない市民でも、できる限り税負担減少を追及するであろう。それゆえ、税負担が過重であると思う市民がいる限り、脱税、租税回避はなくならない。

市民的承諾・同意が税の実現とすれば、税は議会での税法立法による所産となる。しかし、現実の立法機関と市民との乖離、官僚制の支配、等により、単純に議会で承認された税が税であると認識すべきであるという形式主義は直ちには採用できない場合もある。しかしながら、税認識の出発点として、実定税法があることは否定できない。

6) 小　　括

税を社会科学的に認識すると、税は、①主権国家を前提とする、②主権者の課税権行使に対する、③市民の受諾による金銭支出である。現代の税制は、市民の受諾のあり様が民主主義システムに合致するものでなければならない。それは、税の市民的コントロールの保障があらゆるところで確約（法的保障）されていることを前提とする。

税は、権力者の課税意思に基づき発生するが、市民の承諾・同意がなければ成立・現実化しないものであり、民主国家では市民的承諾・同意としての「税法」がなければ存在しないものである。究極的にいえば、税は、市民的承諾・同意物であり、その意味では現代でも税は自主的な寄進物であり、権力者による一方的な課税徴収物ではない。民主国家では、税を課する課税権者も主権者である市民（国民）であり、その負担をするのも市民である。市民は、国家のあり様を決定する権利と義務とを有する。

6　市民のための税定義

　以上の考察から、市民のための税定義を試みる。

> 市民のための税定義
> 　民主国家における税は、市民がその共同生活・福利に必要な共同組織・国家の運営経費をその能力に応じて分担するものであることを直接または間接的に民主主義システムに基づき法的に承諾・同意した金銭給付であり、その課徴要件は成文法で明確に制定され、市民はその使途を追及する権利を有する。

　この税定義は、民主主義の原点の一つであるフランス人権宣言13条と14条を基に、今までの記述をまとめた試論的税定義である。税概念は、多様である。それゆえ、単に税の呼称で課徴される金銭を「税」と形式的に観念することも可であり、従来の反対給付の有無、強制徴収等の基準による税と税外徴収との区別することも可である。市民にとって重要なことは、市民が市民利益のために共同基礎として存在する国家・行政の必要性を認め、その経費を能力に応じて公平に分担することを議会成文法により承認することである。それが近代憲法以後の憲法においても確認された租税法律主義の理念である。そして、市民が税に関する立法、課税徴収行政、税の使途、税裁判（会計検査を含む）においてコントロールをすることである。

　税は、市民利益のために支出されなければならない。それが、国家・行政の基礎である。しかし、優遇税制として大企業、一部の市民のみに利益となる施策が行われることがある。

　この代表的なものが租税特別措置法の問題である。税は、税を課徴し、それを市民利益に使用するという一種の一方通行である。しかし、租税特別措置の多くは、政策として、とるべき税をとらないことで、補助金的役割を税制で実行するものとなっている。つまり、これは、「隠れた補助金」として指摘されるものであり、税の一方通行の逆走であり、税制を複雑にする。税制は、シンプルなものがよいと考える。市民の税使途追求権を侵害する「隠れた補助金」は許されない。租税特別措置は、廃止すべきである。そして、必要な補助金は、税の支出として予算計上すべきである。

【演習問題】
1 税の法的概念を論じる意義について説明せよ。
2 市民の公的金銭負担として、税と手数料との違いを述べよ。
3 市民の公的金銭負担として、税と社会保障料との違いはあるか論ぜよ。
4 民主主義的租税観について論じよ。
5 一の個人または法人のみに課税される税は、税であるか、また税である必要性について論じよ。たとえば、北海道電力のみが納税義務者となる北海道核燃料税。
6 ある税の納税義務者に対して、その税と同一課徴要件を設定し、その税と同一の課税団体が料金を課すことは許されるか。また、逆に公的料金がすでに課徴されている場合に、同様の要件にて税を課徴することは許されるか。たとえば、産業廃棄物処理税と産業廃棄物処理手数料。
7 税は、私有財産の侵害であるともいわれる。私有財産権が保障されない社会での為政者による強制的な市民からの金銭徴収は税であるといえるか。
8 税法令に定められた「○○税」は法的に税となるか論じよ。

第2章

税法とは何か
―税法関係の展開と市民的コントロール―

　税が①主権国家を前提とする、②主権者の課税権行使に対する、③市民の受諾による金銭支出であるとすれば、税法は、主権者の課税権行使と市民の受諾を具体化した法である。換言すれば、税法は課税権と納税義務との関係を明確化する実定法である。そして、税法学は社会における税法関係を研究する法学の一分野である。また民主国家では、あらゆる税法関係段階、すなわち基本的な権力分立論に従い大きくは税法立法と税法執行、さらに税法執行が税法行政と税法裁判とに展開されて、税法立法、税法行政および税法裁判の各段階での市民的コントロールが法的に保障されなければならないと考える。

1　税法は税に関する法学

1）税法は税に関する法学である

　税法は、税に関する法学である。この税法学の定義みたいな表現は、安直な学問定義である。これは、法学分野の学問ではよく使われている。
　しかし、これは、簡潔で、一見適切な表現と思われるが、税法は法学の一分野として独立したものとして認知されているからこそ、言い切れるものである。

2）税法は独立した法学である

　独立した法学であるための要件とは何か。これも難解である。しかし、一つの考えとして、法学分野の独立は、①実定法令の充実、②その法令の学問的研究の拡大（たとえば学会設立、大学での講義、司法試験科目などの社会的認知）、③独自理論の支配などにより認められるとされている。
　税法は、この要件を満たしており、独立した法学分野として認知されている。
　ただし、税に関する学問研究が多様であり（税法のほか財政学、税務会計など）、税に関する法学研究が十分に市民に認知されているかが税法の課題である。

2 税関連学問の多様性

1) 税研究の歴史的展開と学問

税については、多くの学問分野の学者・研究者が研究対象とし、様々な成果が出ている。歴史的に最初の税研究は誰によるかは確認できないが、ヨーロッパでは、17世紀の思想家の多くは、国家論を展開し、その中で税につき様々な検討をしている。そして、アダム・スミス (Adam Smith、1723-1790、英)、ジョン・スチュアート・ミル (John Stuart Mill、1806-1873、英) などの経済学者、財政学の祖であるアドルフ・ワグナー (Adolf Heinrich Gotthilf Wagner、1835-1917、独) などによる税研究が、著名である。

税研究の学問としては、税法学以外に、財政学（経済学と政治学の融合）、税務会計学（会計学の一分野）などが中心的に行っている。

2) 財 政 学

税研究の歴史は、経済学などに負うものである。税は、市民から公的機関への資金流出であり、基本的には財の移転という経済現象である。そして、税を国や地方公共団体の収入として、その運用を考察するのが財政学である。財政学は、近代経済学と政治学（官房学）の融合から誕生した。

財政学は、収入論として租税論と公債論、支出論として予算論を内容とする。税は国家の収入である。

経済学は、現在、多様であり、様々な経済学がある。税に関するものとしては、マクロ経済学、公経済学、これに政治学的要素が加えられ経済政策学、政治経済学などがあげられる。

税は、家計および企業（私経済）から国財政（公経済）への貨幣（財、交換財）の移転であり、経済過程である生産・流通（交換、配分）・消費の過程すべてに介入している。経済学で Y（国民所得）$= C$（消費）$+ I$（投資・資産形成）$+ G$（政府支出＝租税負担）という算式が示される。これは、課税基礎論に多大な影響を与えている。また、税の機能論として、公共資金調達、富の再分配、景気調整ということも論じられ、よく知られている。これらは財政学、経済学の成果である。

財政は、為政者の意思実現（政治）の経済的裏付であり、特定の政策実現の

ために税制が活用されることもある（政策税制ともいい、理論税制ないし基本税制とは別に論じられる）。これらは先の税の機能論の実践である。租税負担のあり方としての租税転嫁論、応益課税・応能課税の理論、また最適税制論、経済との関係で公平と効率、社会的厚生などの議論も有益である。

3）税務会計学

税務会計学は、税を企業会計・経理の視点から考究するものである。所得課税の進展とともに、税務会計学の研究も展開され、減価償却費の計算など、多くの成果があげられている。会計学の一分野として研究される。

特に企業所得課税は、企業会計理論と密接なところがある。法人税法22条4項は、「第2項に規定する当該事業年度の収益の額及び前項各号に掲げる額は、一般に公正妥当と認められる会計処理の基準に従つて計算されるものとする」と規定し、そのことを明白にしている。また、法人税法74条は確定決算主義に基づく確定申告を要請している。ただし、所得税法の事業所得金額の計算には、この趣旨の規定はない。また、法人税法も、「損金経理」（法税法2条25号。法人がその確定した決算において費用または損失として経理することをいう）を要請し、さらに「別段の定め」も多く規定し、企業会計において損失（赤字）であっても法人税課税において課税所得が計上されることもある。したがって、税法が企業会計に影響を与えることがあり、実際の企業会計は税法を無視しえないといえる。

4）その他の税研究学

税研究は法学、財政学、会計学が中心となり進められている。しかし、これら以外にも、社会学、心理学、歴史学の分野での研究もなされている。

税心理学の実践として、アンケート調査がある。日本でも税金に関する世論調査が数回実施されている（『月刊世論調査』1979年12月号〔調査時期8月〕、1982年4月号〔調査時期1981年10月〕、1986年8月号〔調査時期2月〕、内閣府ウェブサイト内世論調査を参照）。

3　税の法学的研究

1）税法学の生成

税研究は、今日、民主主義システムの下では税法定原理が働き、税法学が独

立した法分野として重要な地位を占めている。しかし、税法学が独立した学問として認知されたのは、日本では第二次大戦後のことである（日本で一番古い税法関連学会として日本税法学会があるが、その設立は1951〔昭和26〕年11月である）。

税の法学的研究は、ヨーロッパでも20世紀に入ってからであろう。それ以前は、政治経済学、財政学などからの研究が中心であり、一部、法学として公法学の一部として税の研究がなされていた（フランスでは、ガストン・ジェーズ〔Gaston Jèze、1869-1953〕が税財政の法学研究の祖とされるが、フランス税法学は、公法学者でもあるルイ・トロタバス〔Louis Trotabas、1898-1985〕が税法固有概念の展開をし、彼がフランス税法の祖といえる）。

日本でも、明治になり、ヨーロッパ法の継受がなされ、税法に関する研究も行われた。しかし、それは、近代法制整備のためであり、税の学問的研究も経済学、財政学からのものが多かった。法学的税研究としては、鈴木繁『帝国税法論』(1919年、東京寶文館)、泉至剛『最新租税学』(1920年、岩波書店)、田中廣太郎「地方税法」『現代法学全集第9巻』295頁および星野直樹「税法」『現代法学全集第23巻』203頁所収(1928年、日本評論社)、アルベルト・ヘンゼル、杉村章三郎訳『獨逸租税法論』(1931年、有斐閣)、鈴木保雄・磯部政治・松井静郎『税制改正　会社税務總攬』(1940年、賢文館)が初期のものとしてあげられる。国立国会図書館蔵書を検索しても、戦前のものは少なく、戦後のものが圧倒的である。

日本の税法学は、戦後、昭和の税制の基礎を築いたシャウプ勧告(1949〔昭和24〕年)の最終章14章末において「租税に対する学究的関心（Scholarly Interest In Taxation）」が提示され、大学での研究が展開された。

2）行政法学からの独立

税法学が今日のように独立した学問として認知されるようになった背景としては、シャウプ勧告に基づく大学法学部での税法講義の開設（東京大学、京都大学、中央大学、日本大学が早期に開講）、申告納税制度の普及・拡大、大衆課税の拡大などがあげられる。大衆課税により市民の税に対する関心が高まり、それに伴い税争訟も多くなり、税分野における法学的アプローチ、特に法解釈学的手法が重要とされるようになってきたことは、税法学の独立の背景として十分に考えられ、また実体税法の法学的研究を専門とする研究者を多く社会が必要とし

たともいえる。

　このような社会的状況とは別に、申告納税制度の拡大が税法学の独立の一因とも考えられる。申告納税制度を基本とする税法執行は、従来の課税処分を中心とする税法執行と異なるものとなった。そこでは、基本的に行政処分である課税処分が不要となった。このことは、行政作用法、税給付行政法としての税行政法の終焉を意味し、新たに課税権と納税義務との法律関係を考究する法学としての「税法学」または「租税法学」の創設を要請したといえる。かつてのように税行政の作用として税法執行を公法学ないし行政法学の一部として考察されていた時代は終わり、税法立法と税法執行（税法行政、税法裁判）は税法学の研究対象となり、税法学の独立も認知されてきた。

　しかし、税法は、依然として、行政法的手法を内包している。課税標準などを規定する税実体法は税法固有の論理が強く支配するが、税手続法は、行政作用法、行政手続法、行政争訟法の論理を適用・準用することがある。したがって、税法規を研究する行政法学者もいる。また、実定税法の研究には、当然、行政法学の成果も参考としなければならない。逆もありうる（例としては、青色申告書に対する更正処分の理由付記に関する理論が、行政処分に対する理由付記理論として展開された）。

　日本国憲法30条と84条に税に関する規定があることから、憲法学からの税研究も成立する余地がある。しかし、実定税法の研究を憲法学的アプローチで行うことには限界がある。実定税法の研究を本務とする税法学は、国内最高法規である憲法規定ないし憲法理論を無視することはできないのはいうまでもないことである。ただし、これに左右されない独自性も税法学には要請される。また、民主主義における税法定原理は、憲法典に規定がなくとも、税法学の根本原理として存在する。憲法典の税法定原理に関する規定（憲法30条、84条）は、これを確認しているといえる。

3）民事法と税法—固有概念と借用概念

　実定税法は、民事法（民法、商法、会社法、金融商品取引法等）秩序を前提としている。所得税、法人税、相続税、贈与税、消費税、関税など、ほとんどの税は、私人間の経済取引等を前提としている。たとえば、固定資産税は固定資産の所有に課税され、また所得税は日本国内に住所を有する居住者に課税される。こ

こでの「所有」「住所」は、民法上の概念である。すなわち、税法の課税対象となる経済取引等は、第一次的に民事法により秩序づけられ、それを前提に税法の適用がある。それゆえ、税法は民事法を基礎にしている。民事法は、税法と深い関係がある。

　これに関連して、税法における固有概念と借用概念の問題がある。「相続」や「贈与」という語は、民法の用語であり、相続税法などの実定税法でも使われる。両者における用語概念の相違は、国内法秩序を前提とすれば、あってはならない。しかし、相続税法は、遺贈（贈与をした者の死亡により効力を生ずる贈与を含む）と規定し、遺贈と死因贈与を同一の相続税法上の「遺贈」概念とし、また遺贈を相続と同様に取り扱い、これらによる財産取得者に相続税を課している（同法1条の3）。

　税法における固有概念は、もちろん税法独自の概念である。納税義務者、課税標準、税率などが、税法の固有概念である。これに対して、税法における借用概念は、他法令にて概念設定されているものを税法で使用するものである。これは、基本的には、他法令での定義や解釈を税法においても斟酌すべきである。本来的には、借用概念を税法において用いる場合、「適用」や「準用」という法技術を用いるべきと解する。しかし、所有、住所など基礎的法律用語については、これら法技術を用いなくとも、税法が民事法を前提とすることから、税法における借用概念として用いられることも是認される。

　税法における固有概念と借用概念の問題は、税法における借用概念を、他法令と異なる趣旨を含めて税法の目的に即して解釈すべきであるとの主張があることである。通常は、税法定原理の支配するところにより、相続税法の前記「遺贈」のように、追加趣旨を明確に記す立法により解決されている。しかし、税実務では、借用概念の拡張・拡大解釈が課税目的に傾注してなされることも多い（私法上の概念を超えた概念解釈設定がなされる）。

　これとは別に、税法の解釈および適用が経済行為に対して課税優先としてなされ、民事法での概念定義が不十分である、または概念そのものがない。概念もある。これは、民事法上の用語がすべて明確な概念設定されているものでもないことから（民事関係では当事者の契約が優先することがある）、またすべての経済取引等が民事法で規制整理されているものでもないことから（たとえば譲渡担保、

代償分割などの新しい経済活動取引に対する私法立法の遅滞)、そして税法による課税は毎年多量に発生することから、これら民事法で不確定な概念、民事法の対象として整理されていない概念に対して課税がなされることがある。その際、課税目的が優先され、経済行為を課税目的に即して民事法を超えて税法の適用がなされる。譲渡担保 (所得税基本通達33-2)、代償分割 (相続税法基本通達11の2-9) の税務取扱はその例であるといえる。これは、税法が難解な民事解釈問題に直面しているといえる。民事法研究が課税問題を考慮に入れてなされていないことから (当然なのかもしれないが、アメリカでは、法人税は企業法研究者が、相続税は民事研究者が、講義すると聞く。税法研究者は Tax Planning 租税計画を研究)、この種の税法問題が経済活動の複雑化進展に応じて発生する。

民事法を前提とする課税の現実は、税法規が民事法、私法の特別法であるともいいうる。しかし、税法は私法の特別法ではない。両者間に、借用概念について、特別法優先原則は適用されない。税法は、私人間の法律関係規範ではなく、国家主権の課税権と市民の納税義務との法律関係規範であり、両者は根本的に異なる独立した法体系である。それゆえ、税法規において法人格否認された法人であっても、私法上の法人格は認められる。また、法人税で損金不算入となった会社法の会社会計上の費用や税務調査で否認された経費が私法 (商法、会社法) 上も否認されることはない。さらに、法人税法で認定役員 (法税法2条15号、法税令7条) になった者が私法上も役員 (取締役等) であることもない。

実定税法の解釈および事実認定において民事法上の概念設定は重要である。ただし、税法令は経済事象の変化に対応し毎年度改正されるが、民法、会社法は改正されることは稀である。したがって、民事法での不確定な概念、民事法の対象として整理されていない概念について、税法令の適用が先行している事項は多い。先の譲渡担保は所有権譲渡か否か、代償分割は相続財産の分割か贈与かなどは、その例となる。これらは、民事法研究の怠慢として税法研究者には映る。本来的には、税法は、民事法を前提として、借用概念に対する課税問題を判断すれば良いのである。それに代わり、民事法を超え、税法が経済取引に直接適用することは、民事法における「法の欠缺」であり、税法固有の概念としてこれを規定しない限りは、税法の直接適用はすべきではないと考える (厳格な税法定原理の適用、または「疑わしきは国庫の利益に反して〔in dubio contra fiscum〕」の適用)。

4) 総合社会科学としての税法学

　税法は、他の法学との相違として、総合科学的要素が強いことが指摘できる（北野・原論19頁は「税法学は総合社会科学の典型としての特性をもたざるをえない」とする、金子・租税法34頁は「総合科目の性質をもっている」とする)。このことは、経済事象を対象とする法領域では一般的なこととなりつつある。なぜなら、法は社会の縮図という面を本質的に有しているからである。税法は特にこの要素が強い。それゆえ、税法は毎年改正される。必ず毎年度改正される法令は、税法令以外にないのではないか（租税特別措置法などによる時限立法が多いこともあるが)。

　しかし、税現象の研究は、税法、財政学、税務会計学に集約されている。これらは、相互に関係し、その研究成果を相互に取り入れ、ともに発展しなければならない。また、税法学は、他の法学分野の成果とも関係する。税法学は、総合科学としての特徴をもち、広範囲な知識が要請される。ある意味において、税法学は高度の常識の学問でもあるといえる。しかし、税法は、市民から離れた特殊専門家のためにある法領域ではなく、義務教育課程を終えた市民が理解できるものであるべきであろう。

　実定税法は、経済学、財政学、税務会計学などの成果を反映し、毎年度改正される。その際に注意しなければならないのは、これら専門領域の用語を周知のものとして実定税法において使用すると、市民には十分に理解できない用語があることである。その場合、実定税法は、市民に理解できるようにその用語を定義しなければならない。たとえば、賃貸借とは異なる措置を設けた「リース取引」(法税法64条の2③) など、実定税法において定義をしなければならない。売上原価などの会計用語が税法令においてもそのまま使用されることがある。これは、商法や会社法において定義がなされている場合には、税法における借用概念となる。しかし、法令に定義がない場合、これを会計学からの借用概念とすることは税法解釈として認めるべきではない。会計学は、学問であって、国内法ではないからである。ただし、売上原価なる語が常用国語として一般的に理解されているのであれば、別である。

　民事法で規定のない用語、特に会計用語が税法に規定されることがある。これを常識で理解すべき用語として、税法に定義規定をしないことは、解釈上の

混乱の原因にもなりうる。

5）税法学と租税法学、そして税財政法学

現在では、税法学と租税法学は、単なる呼称の相違で、内容的相違は基本的にはないといえる。法学と法律学、民法学と民事法学、刑法学と刑事法学では、多少の研究対象の相違が認識されるが、税法学と租税法学ではそのような相違もないであろう。税法学は実定法学であるが、税法律学とはあまり呼ばない。あるいは、税法学は基礎法学をも含めた実定法学であるといいうる。

税の法学研究学会として、設立順にあげると「日本税法学会」、次に「日本租税法学会」があり、税法学という呼称が学会的には古い。しかし、租税法も古くから使用されていた。

本書では、租税ではなく税、租税法ではなく税法、として呼称を使用する。

税法学を税財政法学として考究すべきであるという動きが1983（昭和58）年の財政法学会の設立に際して問われた。最近では、「税財政」という表現をみる機会も多くなってきた（さらなる進化として「行税財政」という呼称もある）。基本的には、財政の民主化を考える運動の高まりとして、北野先生の広義の租税概念論を背景に「税財政法学」という表現が誕生している。本書は「税法」科目のためのものであることから、「税法」という表現にとどめるが、税の市民的コントロールを前提として税現象を考究することを目的としている「税法学」は、「税財政法学」と同じものを志向する。民主主義的税の当否は、市民の国家経費分担にあるのではなく、市民の福利対価として税が使用されているか、税の負担と使途が市民のコントロール下にあるか、などにある。このような観点から税を考察することが、民主主義的税の考察として要請されるものと考える。

6）税の法学的研究

申告納税制度、シャウプ勧告、大衆課税、税争訟の激増などにより、実定税法の詳細なる研究が要請され、税法学は誕生した。

税法学は、税に関する法科学、法学的研究をなす学問である。このうち、学問とは、簡潔にいえば、体系的知識・理論的知識を構築することを目的とするものと解する。法学は、狭義には権利と義務との関係、法律関係を研究する経験科学・社会科学である。一般的に、権利と義務は、私人間の自由意思に基づ

いて成立する。税に関する法律関係は、課税権と納税義務との関係である。課税権と納税義務との関係は、税法関係と呼ばれる。一般的な民事的法律関係と異なり税法関係は、市民の自由意思の合致として国家が形成され、その主権の一属性として課税権が発生し、市民がこれに服する、またはこれを承認することで納税義務が成立するという国家的社会の下で成立する。

　税法学は、狭義には、租税法律関係を体系的理論的に研究する学問である（金子・租税法 22 頁）。その研究方法論としては、「解釈原理ないし解釈理論の解明と形成とを目的とする法解釈学的ないし実用法学的方法」と、税法の「立法から解釈・適用までの過程を社会学的にとらえ、その現状を客観的に究明することを目的とする法社会学的」とが指摘される（金子・同上）。また、税の法認識論（税法現象の法科学・法社会学的に考究）と法実践論（税法現象の解釈論、立法論的考究）とに区別し行う税法方法論もある（北野・原論 16 頁）。税法学の研究は、その研究対象の科学的認識のほか、研究者の価値表現も重要なものとなる。

　税は、市民の財産権侵害であり、民主国家では課税（課税権承認）システムが市民的コントロールの下で行われなければならない。税の市民的コントロールは、基本的には、議会制定法による法的コントロールである。それゆえ、税法研究は市民的コントロールのために行われるべきである。いかに精緻な税法解釈がなされたとしても、それが課税権者（課税庁）のためになされたのでは、そのような税法解釈は適正な税法研究とは呼ぶべきではない。

コラム　北野先生の「法実践論」

　「私は、税法学に於ける法実践論的研究にあたって次のことを意図してきた。すなわち、法実践論（法解釈論・立法論）それ自体は科学（scinence, Wissenschaft）ではないが、それを少しでも科学的なものにするために、第 1 に、当該問題に関する『生ける法』(lebendes Recht) を客観的に研究する（法認識論的研究）、この面の研究は科学として成り立つ、第 2 に、右の法認識論的研究の成果を踏まえて、現段階で、どのような法実践論が最も憲法的価値、具体的には日本国憲法の『租税法律（条例）主義の原則』（憲 30 条、84 条）および『応能負担原則』（憲 13 条・14 条・25 条・29 条等）等の趣旨に合致するか、を考究する。私の場合、法実践論における立法論も憲法規範論として展開される。」（北野弘久『税法問題事例研究』〔2005 年、勁草書房〕序文より）

税をめぐる法律関係は、税法定原理に基づき成文法により形成される。それゆえ、税は最終的には法的産物である。その研究は、行政処分を中心に考究構成される行政法学ではなく、また私人間の関係を規律する私法学でもなく、これらから独立した税法学により行われるべきである。税法学の独立は、大衆課税等による税争訟の激増も一つの根拠としてあげられるが、民主国家での公的経済負担の基礎である税につき市民的コントロールを具体化する法規範として、またそのための独自の体系と理論を有する法的手法を確立する必要性が社会的に認知されてきたからであると考える。税の市民的コントロールのための法規範体系が税法である。これを税行政の道具としての法体系として考究することは避けなければならない。税行政が主体となる税行政法学は、税法関係の市民的コントロールの下での考究の本道ではない。市民の代表を通じて制定された成文税法の執行を担当する税行政は、市民の監視の下に置かれるべきである。税行政は、あらゆる方向から中をみることがきる金魚鉢（fishbowl）に泳ぐ金魚でなければならない（しかし、現実はブラック・ボックスである。土地評価審議会〔相税法26条の2〕など）。

　そして、法的産物である税は、社会、経済、企業会計、政治などの社会科学の成果（時には自然科学分野の成果も）を採り入れ、かつ再検討され、法的手法に基づき是正改正されている。これにより税研究は、総合法科目的要素ばかりでなく総合科学的要素を強くもつ税法学において、財政学、税務会計学の成果を組み入れ、なされるべきである。これは、単に税法学研究者のみでなく、他の科学研究者との参画・協働により行われるべきものであり、それが税の市民的コントロールを実現する税研究となるものと考える。

4　税法関係学説—租税権力関係説と租税債務関係説

　税法学は、狭義には、課税権と納税義務との法律関係、すなわち税法関係（または租税法律関係）を体系的理論的に研究する学問である。その研究対象である税法関係につき、従来、代表的な2つの考え方が提示されている。一つが権力関係説であり、今一つが債務関係説である。これらはドイツでの議論に基づくものであるが、日本でも、代表的な税法関係論として論議されてきた。

1）租税権力関係説

権力関係説は、オットー・マイヤー（Otto Mayer）により主張され、ドイツの伝統的な行政法学説に基づき、税法関係を財政権力の発動の一場面として捉え権力関係（Gewaltverhältnis）であるとするものである。特徴としては、課税権と納税義務との関係を一種の主従関係として捉え、課税処分を重視し、課税手続法中心とする。

この考え方によると、税法は行政法の一部（特別行政法）であり、独立した法分野として構成することはないものとなる（金子・租税法24頁）。

2）租税債務関係説

これに対して、債務関係説は、1919年ドイツ租税基本法の制定（特に、81条において納税義務は租税要件〔Steuertatbestand〕が充足されると成立すると規定していたこと）を契機に、アルベルト・ヘンゼル（Albert Hensel、金子・租税法24頁では「アルバート・ヘーンゼル」）を代表として唱えられたものである。これは、税法関係を公法上の債務関係（Schulverhältnis）として捉える。その特徴は、税法関係を対等関係として捉え、権利救済を重視し、課税実体法中心とする。

3）税法関係論と税法学

伝統的行政法学から税法学の独立を論ずる場合には債務関係説を中心とすべきとするのが税法学の通説である（金子・租税法25頁）。「すなわち、債務関係説は、それまでの法律学においてネグレクトされてきた『公法上の債務』という法領域に光をあて、その中心をなす租税債務（Steuerschuld）について、課税要件の観念を用いて理論的究明と体系化を行おうとするものであって、租税法に全く新しい位置づけと体系とを与えることを可能にした。すなわち、税法関係を権力関係としてとらえた場合には、租税法は独立の法分野ではなく、特別行政法の一種にすぎないことになるが、租税債務の観念を租税法の中心にすえることによって、租税法を行政法とは独立の法の一部門として構成することが可能になるのである。なお、租税債務の内容をなす課税要件の領域は」、「租税法の独立性のモメントを提供することにほかならない」と指摘し、「租税法律関係の基本的・中心的な関係が債務関係にあることは否定できず、租税法律関係は、原理的には、債務関係として構成できる」とする（金子・租税法25頁）。

しかし、実定税法の執行において、税法関係は、債務関係説よりも権力説に

近いものとして捉える傾向を有しているのも事実である。課税権と納税義務との関係は、生の権力関係ではなく、民主国家では税法定原理が支配し、税法令に基づくものであることはいうまでもない。納税義務の成立は、税法令が規定する要件充足時であり（国通法15条②は、納税義務は、次の各号に掲げる国税については、当該各号に定める時に成立するとしている）、原則として課税処分時ではない。また申告納税制度では課税庁の行政処分が原則として存在しない。その意味において、権力関係説を支持することは今日では無理がある。

租税要件という観念を用いて公法上の債務の中心である租税債務を理論的体系的に究明する債務関係説は、今日でも、納税義務の成立等に関する議論において有益な示唆を与えている。しかし、これを税法の体系化の中心に据えることが適当であるかにつき、疑問もある。たとえば、「法技術的観点から実定租税法を見た場合には、租税法律関係を一元的に権力関係とか債務関係として割り切ることは困難で」、「あるものは債務関係であり、あるものは権力関係であると解さざるをえない」という指摘（金子・租税法25頁）も、また「単に租税法律関係を債務関係説でとらえる議論は一つの虚偽性を内在するものとなる」との指摘（北野・原論245頁）もあり、その中心的体系を債務関係説に据えることに疑念が向けられている。

権力関係説と債務関係説の前提とする税法関係は、課税行政機関、「課税庁の課税権」と納税義務との関係であったのではないか。先に述べたように、民主国家では、市民の自由意思により国家が形成され、その国家主権の発動としての課税権行使と市民の承諾・同意により税法関係が成立している。これは単なる債務関係でもなく、また単純な権力関係でもない。国家主権としての課税権行使と市民の納税義務との関係は、国家システムの中で形成されるものであり、基本的には、国家権力の行使を市民的に承認するものであり、権力的であるが、民主的市民的コントロールの下にあるべきである。納税義務は、民事債務とは本質的に異なるところが多くある（たとえば、租税債権確保としての自力執行の承認）。税法関係を課税庁の課税権と市民の納税義務との関係として捉え、これを権力関係説ではなく、債務関係説で説明することで、税法学の行政法学からの独立を説明することは有益であった。

しかし、税法学の独立は、税法関係を債務関係として説明しなくとも、今日

では認知されている。重要なことは、税法関係を一元的に債務関係で捉えることが現実の税法関係の認識と相違することである。したがって、従来の税法関係論には欠陥がある。税法学の対象とする税をめぐる法律関係は、基本的には、主権者の課税権と市民の納税義務との関係であり、民主的市民的コントロールの下にある。債務関係説は、行政権力中心の給付行政から税領域を区分し、民主的市民的コントロールをこの領域に導入しようとした一つの成果であったと評価する。税法学の中心的対象である税法関係をいかに市民的コントロールの下に置き、展開するかが重要である。

5 納税義務の性質

1) 納税義務の本質

日本国憲法30条は「国民は、法律の定めるところにより、納税の義務を負ふ」と規定している。これは、子女への教育を受けさせる義務（憲法26条）、勤労義務（憲法27条）とともに、国民の三大義務の一つである。納税の義務以外の義務は、一方で、教育を受ける権利、勤労の権利という権利を伴う。しかし、納税の義務のみが憲法において反射的権利が規定されていない。このことから、納税義務は一方的義務であるといわれる。

確かに、義務には、売買契約における商品引渡義務と代金請求権（買い手側では逆に代金支払義務と商品引渡請求権）のような双務契約上のようなものもあれば、贈与における一方的給付義務のような片務契約上のものもある。

納税の義務が一方的片務的義務であると解するのは一面では正しいものである。ただし、贈与における給付義務は義務履行により消滅するが、納税義務は、租税要件充足により発生し税支払により消滅するが、毎年毎年繰り返され永続的なものであり、市民的国費負担義務は永久である。また、納税義務は、個別契約ではなく、実定法・成文法により成立する。この点で、私人間義務とは異なる。

しかし、民主国家おいて、税根拠を国費分担義務として単純に義務説的に構成することには賛成できない面もある（税の根拠は課税権の市民的承諾・同意であると考える）。民主国家では市民的コントロールの下に税制はあるべきであり、市民の納税義務を単純に一方的義務として構成することもできない。市民は、民

主国家では基本的には税創設者であり、また市民として税制に対する基本的権利を有しているものと考えるべきである。税徴収と税使途とを分断することは、税の市民的コントロールから外れることを意味する（税収支の結合関係〔affectation〕をもたせずに議会の税使途決議・予算を拘束させないというノン・アフェクタション原則は財政法令原則として尊重されるが、議会の自由に予算決定できるものとは解すべきではなく、市民の福利になる予算支出を策定しなければならないものと解する。その意味で、アフェクタションが要請される）。フランス人権宣言 14 条は、税の使途までも市民的コントロールに置くことを規定していたことが喚起されるべきである。

なお、日本国憲法 30 条は「国民」の納税義務を規定したものであるが、ここでの国民は主権者・国民との対応として代表的納税者として提示したものであり、税負担者・納税者は市民であり、同条の英訳 The people shall be liable to taxation as provided by law での people が適正な表現である。したがって、外国人に対する日本国内での国税および地方税の課税は、憲法に反するものではない。日本国民も外国人も、税法令の規定に従って税負担をする。これは、日本国憲法 84 条（租税法律主義）の要請である。日本での外国人課税の憲法上の根拠は、30 条よりは、84 条にあると解する。また、法人の納税義務も同様である。

2）納税者の権利

納税者に全く権利はなく、一方的義務のみを負うと考えることは、民主国家ではあってはならない。納税者は、国民でなく市民のうち税法令の租税要件を充足した法人や個人であり、何らかの人権的権利は有している。しかし、税務における納税者の権利が明白であるとはいえないところがある。

そこで、諸外国では「納税者憲章」と呼ばれるものを制定し、納税者の権利保障を具体化する動きがある。フランスは、1975 年にいち早く「税務調査における納税者憲章（La Charte du Contribuable vérifié）」を制定した。その後、ドイツ（1977 年）、カナダ（1985 年）、イギリス（1986 年）、ニュージーランド（1986 年）、アメリカ（1988 年）、オーストラリア（1989 年）、韓国（1997 年）がこれを制定している。日本には未だに納税者憲章はない。既存の実定税法規においても納税者の権利が保障されているというのが理由である。しかし、一般的に実定税法規は複雑であり、そこから市民が自己の権利を見出すことは容易ではない。早

期の日本版「納税者憲章」が制定されるべきであると考える。これは、何も新しく納税者に権利を賦与するものではなく、単に既存の実定税法規において納税者の権利が保障されているということを、納税者に簡潔に明示するものでよいのである。平成23年税制改正大綱は、納税環境整備として「納税者権利憲章の策定」をあげたが、実現しなかった。

また、納税者憲章は、基本的には、実定税法令に基づくものであることから、納税者憲章の制定に際して、実定税法が市民の視点で簡素・簡易・公平なものとなることに期待している。

6　民主主義国家の税法関係の特質―課税権の市民的コントロール

1）民主主義と税法関係

民主主義国家は、前近代的封建君主国家からの決別である。君主国家は、君主が支配する「人の支配」であり、民主国家は、市民の自由意思の合致、基本的には代表者を通じて議会での合意形成される法律による統治、「法の支配」をする国家である。

君主国家では、税は例外的課徴金であった。民主国家になり、経済システムは封建システムから資本主義経済システムを前提とするものとなり、税が国家収入の大部分となり、その国家は「租税国家 (Steuerstaat)」と呼ばれるようになった。租税国家は、資本主義の発展と社会主義、共産主義の台頭により、一時的危機を迎えるが、今日まで永続している。これらを背景に考慮すると、税は租税国家の形成をまって成立したものであるとも言い切れる。すなわち、封建君主国家においては、今日的意味での税はなかったともいえる。

民主主義国家では、市民的コントロールがあらゆる社会、経済、政治、法分野で認められなければならない。税領域においては、税法定原理が支配し、基本的人権の保障、平和主義などの現代的人権思想をも採用し、納税者の人権を擁護する税法立法がなされなければならない。

民主主義国家を再考すれば、これは、日本国憲法前文「そもそも国政は、国民の厳粛な信託によるものであつて、その権威は国民に由来し、その権力は国民の代表者がこれを行使し、その福利は国民がこれを享受する。これは人類普遍の原理であり、この憲法は、かかる原理に基くものである」との記述に明記

されているように、またリンカーンのゲティスバーグ演説「人民による人民のための人民統治（government of the people, by the people, for the people）」にも表現されるように、国家の要素（主権・領域・人民）の一つである人民（people）が主権を有する国家である。

　これを前提に、民主主義国家における税をめぐる法律関係は、主権者・市民の課税権と個々の市民の納税義務との関係である（従来の税行政と納税義務者との法律関係を対象としていた「租税法律関係」論は、本書で展開される「税法関係」とは区別しなければならない）。これは、その市民が形成した国家の基本法・憲法が規定する人権・統治条項に従うこととなる。民主国家でも、国家形態が異なると、税法関係も異なり、それにより形成される税制も異なる。それゆえ、各国の税制は、類似するが、独自のものであり、相違するのである。

> 民主国家の基本的税法関係
> 主権者・市民の課税権　vs　税支払者・市民の納税義務

　民主政治体制では市民自治の視点が重要であり、税法関係の基本は、主権者の課税権と市民の納税義務との関係であるが、この課税権も市民的コントロールの下にあり、その淵源も市民にある。したがって、民主的税法関係は、繰り返すが、主権者市民の課税権と市民の納税義務との関係となる。日本国憲法の下では、主権者・国民の課税権と国民（市民）の納税義務との関係となる。日本における税法関係は、課税権利者・国民と納税義務者・市民との関係を民主主義システムにおいて解明しなければならない。また、民主主義システムにおいて、権力の集中は絶対に認められない。

2）国家形態と税制

　世界を見渡すと、日本と同じような国家もあるが、異なる国家もある。依然として、君主国家もあるのが現実である。

　国家形態として、単一国家（unitary state、Einheittsstaat、État unitaire）、連邦国家（federal state、Bundesstaat、État federal、または連邦制〔Federation〕）、国家連合（Confederation、現在はない）、国家共同体（Common-wealth、英連邦）などの形態があげられる。日本は、単一国家であり、フランスも同様である（フランスは民主主義単一国家である〔同国憲法1条〕が、日本国憲法には民主主義の語はないが国民主権は

明示されている)。単一国家では、一つの中央政府と一つ以上の地方政府とが統治組織体として認められる。この両者の関係は国家により異なる。中央集権的国家もあれば、地方分権型国家もある。国家の意思決定は、国会を中心になされる。

これに対して、アメリカ合衆国は、連邦国家である。アメリカ合衆国は、州の集合として国家があり、州の意思合意が合衆国の意思となる。また州は国家から独立した権限をもち、州内に地方自治体がある。地方自治体は合衆国との関係を有せず、州の憲法・法律により自治権を有している。

国家連合は連合下の国家が主権を保持しつづける一方で中央政府権限により各連合国家の主権が制限される。これは現在存在しない。しかし、中央政府がないが、類似するものとしては、ヨーロッパ連合 (EU) が例示される。国際的にも EU が代表権をもつことが認められ、また加盟国も代表権を有している。国家連合では、連邦国家よりも構成加盟国家の主権的要素を制限しない。それゆえ、加盟国家の主権も国際的に認められる。

国家共同体は、中央政府をもたないさらに緩やかな国家の結合である。イギリス連邦 (イギリス女王への忠誠) や独立国家共同体 (ベラルーシ共和国、ロシア連邦およびウクライナ) がある。

税制との関係でみると、単一国家の税制、連邦国家の税制、国家連合の税制を同一のものとみることは適当ではない。税法を比較法的に研究する場合、この点を看過してはならない。当然、これらの国家形態における税法関係、主権者の課税権と市民の納税義務との関係も異なる。

税法関係を従来の債務関係説のみで説明することはできず、国家形態 (国家基本法である憲法の統治組織法) を考慮し、税法関係論を論じるべきであろう。

7 単一国家の民主主義的税法関係モデル—循環的税法関係

1) 単一国家の税法関係

単一国家で民主国家である国では、主権者を国民とする。これは、議会制民主主義を採用する場合、代表者選出母体として市民という資格ではなく「国民」という資格要件をもつ者に参政権を与える手法を採用せざるをえないからであろうか。

日本国憲法は、前文1段と1条に国民主権が明記され、30条には「国民は、法律の定めるところにより、納税の義務を負ふ」と、また84条には「あらたに租税を課し、又は現行の租税を変更するには、法律又は法律の定める条件によることを必要とする」と規定している。日本の税法関係、主権者の課税権と市民の納税義務との関係は、国民の課税権と国民の納税義務との関係となる。日本における税法関係がどのように構成されているかの解明は、これら憲法の統治規定を無視することはできない。

2）循環的税法関係論

　従来、税法関係に着目せず、租税法律関係論は、税行政と納税義務者との法律関係を権力関係説と債務関係説とに分け、論議され、債務関係説を通説としている。権力関係説は課税庁と納税者との関係を命令服従の上下関係として、債務関係説は課税庁と納税者との関係を民事の債権債務関係と同様な対等な関係として、捉える。

　しかし、実際の税をめぐる関係では、課税庁の権利が強く、債務関係説が説明するような対等関係を実感しえない。課税庁の賦課徴収権と納税義務者の義務との関係をみる限り、賦課権が単なる確定権であって形成権ではないとしても、強制徴収権が課税庁に認められている限りにおいて、市民はそこに権力的要素を強く感じる。

　日本国憲法前文「国政は、国民の厳粛な信託によるものであつて、その権威は国民に由来し、その権力は国民の代表者がこれを行使し、その福利は国民がこれを享受する」に明示する民主主義システムでは、税法関係は、主権者・国民の信託により根元的な課税権行使が議会・立法機関によりなされ（憲法41条「国会は、国権の最高機関であつて、国の唯一の立法機関である」）、それにより立法された税法令（税法律・税条例）に従い課税行政が執行され（憲法73条「法律を誠実に執行し」）、これらの過程に違憲・違法があれば裁判所が正し（刑事法分野のような量刑的裁量はなく、実定税法〔憲法条項を含む〕に従った税額確定となる）、そして再び国民・住民・納税者が立法に進言し税法令の見直しがなされ、改正・新税法により再び税法執行されるという循環的構造を形成していると考えるべきである（図2-1）。主権者の課税権（課税主権）は、権力分立論に従い、日本では、議会の税法立法権、税行政組織の税法行政権（さらに税賦課権と徴税権に分割）、そし

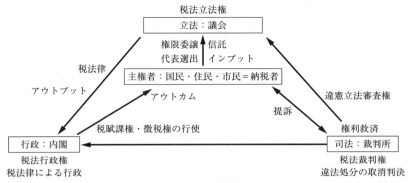

図 2-1 循環的税法関係

て裁判所の税法裁判権とに分割される。

　民主国家では、課税主権者の課税意思は、具体的に、税法立法権としてインプット (input) され税法律が形成されアウトプット (output) され、その成果としてのアウトカム (outcome) が税法行政権と税法裁判権とにより税法執行過程を通して、市民の納税として現れる。このアウトカムは、評価され、再び税法立法にインプットされ、改正すべき税法令が改正される。また、このアウトカムの財政学的評価、税務会計学的評価などもなされ、立法に反映される。この循環的税法関係において、いわゆるプラン (Plan 計画)、ドゥー (Do 実施および運用)、チェック (Check 点検および是正措置)、アクション (Action 見直し) という PDCA サイクルが実行されている。したがって、従来の税法関係の捉え方は、税法立法権および税法裁判権と市民の納税義務との関係を全く無視し、税行政と納税義務者との関係のみに焦点を当てていたものであったと評する。

　税の市民的コントロールは、税法執行段階のみでなく、税法立法段階、税支出の経済段階、あらゆる社会段階で実行され、手続的に保障されなければならない。

3) 日本の国税・地方税の法関係

　日本の国税に関する税法関係（国税法関係）は、上記のような循環的税法関係として捉えることができる。しかし、地方税に関する税法関係（地方税法関係）は、日本国憲法により地方独自の裁判権を認めていない（同法 76 条①）ので、税法裁判権において制約されている。したがって、日本の地方税法関係は、地方税

第 2 章　税法とは何か　　37

課税権が税法立法権と税法行政権に分割されるが、（国の税法裁判権に服することから）税法裁判権がなく展開される。日本の地方税法関係では、税法裁判過程での市民的コントロールが自治的に循環的に機能していない。これは、日本が単一国家であるということからの自治体課税権に対する一つの制約と解する。ただし、税裁判は、市民・住民の代表である地方議会が制定した税条例に従って税法裁判を行うべきであり、これと異なる独自の判断裁量をもつものではない（税法定原理、地方税条例主義の要請）。

【演習問題】
1　税法学の特質について論じよ。
2　租税法律関係論としての権力関係説と債務関係説について説明せよ。
3　三権（立法、行政、司法）分立が確立されている民主国家における税法関係、すなわち課税権と納税義務との関係は、どのような構造を有すべきか論じよ。
4　税法は税金をとるための法である。この適否につき論じよ。
5　日本の地方税に関する税法関係を説明せよ。

第3章

税法原理・原則

　税法は、課税権と納税義務との関係である税法関係を規律し、税の市民的コントロールを保障する法規範である。

　ここでは、税法関係を支配する原理・原則について検討する。結論的にいえば、税の市民的コントロールを保障するための税法の基本原理は、「承諾なければ課税なし」「代表なければ課税なし」、そして「法律なければ課税なし」と展開してきた日本国憲法84条に表明された「租税法律主義の原則」などと呼ばれるものにつきる。税の市民的コントロールは、市民のこの原理の実践にある。

　ただし、筆者は、従来の税法学原理・原則の呼称を整理し、一つの税法学体系樹として分類整理した。

1　租税原則と税法原理・原則

1）租税原則

　租税制度はある原理・原則に基づいて成立していると考えられてきた。代表的な租税原則は、経済学者や財政学者によるもの、アダム・スミスの租税4原則（18世紀後半）、アドルフ・ワグナーの9原則（19世紀後半）、マスグレイブ（Richard Abe Musgrave、1910-2007、米）の6原則（20世紀後半）、そして、最近では「公平、簡素、中立」という3原則が知られている。これらをまとめて、租税は公平、簡素、中立、徴税費最小を満たすべきであるといわれる。

　租税原則は、経済、社会の歴史的発展とともに多少の変化をみせている。しかし、いずれも公平に関しては共通し、最大の関心事となっている。また、納税者の権利を保護するために、税行政上の原則が明記されている。

　アメリカ合衆国が「双子の赤字」を抱え、税制改革がなされた際に主張され、日本でも税制改革法3条において基本原則としてあげられているのが、「公平、

簡素、中立」という原則である。

2）税法原理・原則との関係

　税法においても、これらの租税原則を無視することはできない。しかし、これら経済学ないし財政学での議論としての租税原則は、そのまま税法原理・原則として採用できるかというと、結論的には、できない。なぜなら、上記の租税原則の中には、公平原則や税務行政に関する原則もあるが、税法は、狭義には、税に関する権利と義務との法律関係を規律するものであり、税という経済現象を規律するものではないからである。公平原則は、民主的市民社会において求められる本質的なものであり、税法においても重要な原則となる。税法原則に税負担公平原則を支持する税法研究者は多い。しかし、上記の租税原則を税法原則として一括支持することはできない。別途、税法学の原理・原則が検討されるべきである。

　学問の原理・原則は、その学問の独立性とも関わるものである。その意味で、税法は、独立した学問として、法学の一分野として、独自の原理・原則があるといわざるをえない。

2　法律なければ課税なし

1）「承諾なければ課税なし」から「法律なければ課税なし」

　税法で注目すべきは、「法律なければ課税なし」という税に関するスローガンである。これは、マグナ・カルタにおいて「いかなる楯金または援助金（課税）も、朕の王国の一般評議会によるのでなければ、朕の王国においては、これを課さないものとする」とされ、イギリスでは権利請願および権利章典において展開され、そしてアメリカ独立宣言およびフランス人権宣言においても表現された「承諾なければ課税なし」「代表なければ課税なし」というものの発展的表現であり、近代憲法において採用された原則である。

　このように、「承諾なければ課税なし (no taxation without our consent, no taxation without grant of Parliament)」の考えは、「代表なければ課税なし (no taxation without representation)、代表なき課税は専制（暴政）である (Taxation without representation is tyranny)」と表現され、「法律なければ課税なし (no taxation without Tax Law)」の考えとしてまとめられた。

2) 近代憲法と「法律なければ課税なし」

旧憲法も、その62条に「新ニ租税ヲ課シ及税率ヲ変更スルハ法律ヲ以テ之ヲ定ムベシ」と規定した。旧憲法も、「法律なければ課税なし」の原則を規定した。伊藤博文は、その著『憲法義解』において「新に租税を課するに當て議會の協賛を必要とし之を政府の専行に任ぜざるは、立憲政の一大美果として直接に臣民の幸福を保護する者なり」（伊藤博文、宮沢俊義校註『憲法義解』〔1940年、岩波文庫〕）と評釈している。

近代憲法の課税原則として「法律なければ課税なし」の原則は、日本国憲法84条も「あらたに租税を課し、又は現行の租税を変更するには、法律又は法律の定める条件によることを必要とする」と規定し、明記した。近代以降の課税は、この原則に支配されてきた。

日本国憲法84条は、租税法律主義として理解されている。税法原則である租税法律主義については、憲法上においても重要なものとして、その条項において明記した。

3 代表的税法学説における税法原則論

1) 代表的学説として北野説と金子説

代表的学説として、ここでは、北野説（北野・原論89頁以下等参照）と金子説（金子・租税法71頁以下参照）との税法原則論をとりあげる。

北野説は、租税法律主義の原則、実質課税の原則、応能負担原則などを章別にあげ、租税法律主義のみ「租税立法上の原理であると同時に、税法の解釈・適用上の基本原理である」とする税法原則論である（北野・原論89頁）。特に、税法の解釈・適用上の原則は租税法律主義に限定し、応能負担原則を立法上の原則とし税法執行上の原則とせず、また実質課税の原則を全面的に否定する。

金子説は、「租税法の全体を支配する基本原則としては、租税法律主義と租税公平主義の2つをあげることができる。この両者は、ともに、近代以前の国家における租税のあり方に対するアンチテーゼとして、相互に密接に関連しながら、近代国家において確立したものであって、前者が課税権の行使方法に関する原則であるのに対し、後者は主として税負担の配分に関する原則である。したがって、前者は形式的原理であり、後者は実質的原理である、ということ

ができる。なお、日本国憲法が地方自治を保障していることとの関連で、自主財政主義も、現行租税法の基本原則の1つであると考えるべきである」とする（金子・租税法71頁）。

このように税法原則としては、租税法律主義のほかに、いくつかの原則があげられる。

北野説は、租税法律主義を税法の基本原理とし、独自の納税者基本権論や新財政法学へと展開している点が特徴的であろう。また、北野説は、税負担公平原則の内容を応能負担原則とし、これを立法原則として捉え、また実質課税の原則を否定する。北野説の最たる特徴は、憲法人権論を基礎とする税法学の展開であり、法認識論と法実践論とを峻別する独自の学問方法論を採用しているところである。税法原則に関して北野説は、税法立法面のものと税法執行面とのものとを区別し、租税法律主義の原則のみ両面を統合する税法基本原理としている。

金子説は、実質と形式とに税法原理を分け、実質原理の内容として租税公平主義を、形式原理の内容として租税法律主義をあげている（自主財政主義はいずれに属するものかは不明である）。税法原理を実質・形式に分けることは、一つの理論構成であるといえる。金子説では、課税権の行使方法に関する原則を形式とし、税負担の配分に関する原則を実質としている点が特徴的であろう。しかし、税法の基本原則の実質は租税公平主義とすると、税法執行面での租税法律主義の原則が崩壊する（北野・原論143頁）懸念がある。

税法原則は、税法関係を規律する実定法としての税法につき、税法立法面（課税権行使の具体的インプット面）と税法執行面（課税権行使のアウトプット面）とに段階的に分け、それぞれを指導する原則、また両面を統合し指導する原則として構築されるべきものと考える。

2）税法原則の内容

従来、税法原則としては、租税法律主義の原則、税負担公平原則（租税負担公平原則、租税公平主義、租税平等主義とも呼ぶ）、実質課税の原則、税法における信義誠実の原則、税法立法不遡及の原則などが検討されてきた。そして、これらのうち租税法律主義の原則については、諸種の下位原則が提示されている。また、税負担公平原則についても、応能負担原則と応益負担原則、水平的公平負

担と垂直的公平負担、生活費非課税の原則などが提示されている。

また、日本国憲法の規定との関係において、これら以外の原則も提示されている。その代表が自治体自主課税原則である。

4 租税法律主義の原則

1）租税法律主義に関する主たる学説比較

租税法律主義は、すでに1215年のマグナ・カルタ、1689年の権利請願などに萌芽した考えであり、フランス人権宣言（1789年8月26日）14条に「すべての市民は、みずから、またはその代表者によって、公の租税の必要性を確認し、それを自由に承認し、その使途を追跡し、かつその数額、基礎、取立て、および期間を決定する権利をもつ」と規定され、非常に古くから税に関する基本原理として議論されてきた。これは、近代憲法にも採用され、旧憲法62条に「新ニ租税ヲ課シ及税率ヲ変更スルハ法律ヲ以テ之ヲ定ムベシ」と規定し、現行の日本国憲法84条にも「あらたに租税を課し、又は現行の租税を変更するには、法律又は法律の定める条件によることを必要とする」と規定している。租税法律主義は、憲法原則でもある。

代表的な学説として、北野説（北野・原論89頁以下等参照）と金子説（金子・租税法71頁以下参照）をみる。

両説は、共通点として、租税法律主義の目的・機能として、税領域での「法的安定性・法予測可能性の保障」をあげていること、相違点として、租税法律主義の内容が金子説では「課税要件法定主義」「課税要件明確主義」「合法原則」および「手続的保障原則」の4つに分けているが、北野説では税法立法面での「租税要件等法定主義の原則」と税法執行面での「税務行政の合法律性の原則」の2区分である。そのほか、北野説は、日本の旧憲法と現行憲法との比較をし、租税法律主義の現代的意義を主張している。その意味で、金子説は、伝統的近代的な租税法律主義論に止まっているともいえる。両説とも租税法律主義が税領域における法的安定性（stability）・法予測可能性（foreseeable and calculable）を市民に保障するものであるとの認識で一致する。これが租税法律主義の伝統的理解であり、租税法律主義理論の重要な成果である。なお、金子説では、遡及立法禁止なども租税法律主義の内容として取り込んでいる。

2）税法立法面での租税法律主義の原則—租税要件等法定主義

　主権者の課税権行使とその市民の受諾は、民主国家では、議会における実定税法の立法として現れる。税は、最終的究極的には法的産物であるが、社会、経済、企業会計、政治などの社会現象の成果を実定税法に取り込まれるのが通常の税法立法である。これはすべての「法」の特徴でもある。「社会あれば法あり」の格言が示すように、法は社会と無縁ではなく、社会現象を集約したものであり、政治的社会階級的対立の成果である。逆に、法をみれば、その社会がわかるといえる。

　税法立法の内容は、税制度の創設であり、具体的には租税要件等（Steuertatbestand, taxable events）の成文法である法令による設定、明文化であり、実定税法の創設である。租税要件等とは、課税団体、納税義務者、課税物件（課税対象、課税基礎）、課税標準（課税物件の数量化、数量的把握）、税率、帰属、納税義務の履行方法、罰則、税争訟などと広範囲にわたる。

　北野説での租税要件等法定主義は、課税団体、納税義務者、課税物件、課税標準、課税物件の帰属、税率等の租税要件はもとより、納付、徴収等の手続についても、国民の代表機関である国会の制定した法律において、できるだけ詳細に明確に規定されなければならないとする（北野・原論94頁）。これは、「租税要件等明確主義」をも包含する税法立法原則として説明される。金子説は、租税法律主義の内容を4区分するが、立法原則と執行原則とを明確に区分せず、税法全体の基本原則として租税法律主義をあげ、これを課税方法に関するものとし、形式的原則としている。

　税法立法では、租税要件等法定主義はもちろん租税要件等明確主義も重要である。北野説は、前者に後者を含めて税法立法原則として捉えたが、金子説は、租税要件等法定主義と租税要件等明確主義とを並列的に説明する概念設定を採用した。北野説の概念設定はシンプルである。金子説は、裁判での争点となりがちな明確主義に重要性を見出し、並列設計としたものと解する。実務的重要性からすると、租税要件等明確主義が税法立法原則としては自明な租税要件等法定主義より市民的関心を引く原則とも解する。

　税法立法において注意しなければならないこととして、実定税法は、国内法体系に組み込まれ、最高法規である憲法に違反することはできないという国内

法体系からの立法上のしばりである。このことから、たとえば日本では、日本国憲法の諸規定が税法立法においても考慮されなければならない。具体的には、日本国憲法39条（遡及的処罰禁止）の規定は、北野説での租税法律不遡及の原則（北野・原論98頁）および金子説での遡及立法の禁止（金子・租税法74頁）として説明される。さらに実定税法においても、日本国憲法98条（国際法遵守）の趣旨が税法律等の国内法に対する租税条約（一般に、租税条約とは、日本国が締結した所得に対する租税に関する二重課税の回避または脱税の防止のための条約をいう。租税条約等の実施に伴う所得税法、法人税法及び地方税法の特例等に関する法律2条参照）の優先として要請される。そのほか多くの憲法規定が実定税法規に関係する。これらの憲法規定に基づく諸立法原則は、租税要件等法定主義の内容となるかが問われる。北野説および金子説は、これに積極的であると解する。

　租税要件等をいかに実定法として定めるかは、主権者の意思であり、その主権国家の政治（憲法）制度に依拠する。民主国家であれば、日本国憲法と同様の要請があるものと考えられる。民主国家の税法は、主権者意思と市民の意思とが同一であることを前提とし制定されなければならない。しかし、（行政官僚支配等による）議会制民主主義の形骸化、選挙の投票率低下などが日本でも問題となっており、税法立法の市民的コントロールをいかに実現するかが課題となる。

3）税法執行面での租税法律主義の原則—税務行政の合法律性の原則

　税務行政の合法律性（Gesetzmässigkeit, the legality of administrative practice）の原則は、課税庁が租税法律の規定するところに従って厳格に租税の賦課・徴収をしなければならないとするものである（北野・原論95頁）。

　これは、金子説では合法原則として表現されている。しかし、合法原則は、租税法律主義の手続法的側面のものとし、北野説が税務行政の合法律性の原則を税法執行面の原則とするものと微妙に異なるものとも解しうる。

5　税負担公平原則

1）日本国憲法14条と税負担公平原則

　日本国憲法14条1項は、「すべて国民は、法の下に平等であつて、人種、信条、性別、社会的身分又は門地により、政治的、経済的又は社会的関係におい

て、差別されない」と規定している。平等原則ないし公平原則と呼ばれる原則が規定されている。税法関係においても、当然にこの原則は適用される。それが、税負担公平原則、租税公平主義や租税平等主義などと呼ばれる税法原則である。

税負担公平原則についても、金子説と北野説とを比較しておく。

金子説では、「税負担は国民の間に担税力に即して公平に配分されなければならず、各種の租税法律関係において国民は平等に取り扱われなければならないという原則を、租税公平主義または租税平等主義という。これは、近代法の基本原理である平等原則の課税の分野における現れであり、直接には憲法14条1項の命ずるところであるが、内容的には、『担税力に即した課税』(taxation according to ability to pay, Besteuerung nach Leistungsfähigkeit) と租税の『公平』(equity, Gleichheit) ないし『中立性』(neutrality) を要請するものである」と説明される（金子・租税法81頁）。また、金子説では、租税公平主義は、租税法律主義と同様、税法全体の基本原則とし、実質原則とする。それゆえ、税法立法においても税法執行においても、この原則を採りあげる（金子・租税法83頁、88頁）。なお、中立性原則は、税制改革法において「税制の経済に対する中立性」（同法3条）と規定され、法原則として認容すべきか疑わしい。

北野説では、「租税負担公平原則の実質的中身は応能負担原則といってよい。つまり、各人の能力に応じて平等に負担するということが、日本国憲法の要求する租税負担公平原則である。別の言葉で表現すれば、垂直的公平を前提とする水平的公平が要求されている。応能負担原則の徹底においてこそ、租税負担公平原則が確保されることになる」とし、またこの原則は「租税立法上の最も重要な指導法原理であるが、これを税法の解釈・適用上の指導法原理とするときは、税法は事実上『行政の手びき的存在』となり理論的には憲法の租税法律主義は崩壊する」と説明される（北野・講義20頁）。税負担公平原則は、立法原則であるが執行原則ではないとする。また、実定税法がこの原則に反して違憲無効となる場合、それは憲法論のレベルにおいては法解釈上の原理ともなるとする（北野・同上）。

金子説と北野説との相違は、税法立法における税負担公平原則の適用を両説とも認めるが、北野説では執行面でのこの原則の適用について消極的であると

いうことである。これは、金子説が租税法の全体を支配する基本原則として租税法律主義と租税公平主義をあげ、北野説が租税法律主義のみを税法全体を支配する基本原則としていることからの帰結である。この相違は、税法原則の捉え方からくるものと考える。

　税法原則をどのように構築するかは、税法という法現象、法分野の捉え方により、大きく変わるものといえる。税法は、狭義には課税権と納税義務との法律関係を考究するものであることから、この法律関係を支配する原理・原則を体系的に構築するのが税法の原理・原則である。平等原則は、民主主義社会でのあらゆる法領域で保障されなければならないものであり（フランス人権宣言1条参照）、それゆえ税法固有の原理・原則としての税負担公平原則は、重要であるが、税法立法面で確保されることで執行面でも合法性原則により担保されるものと理解する。

2）内　　容

　税負担公平原則の内容としては様々な事項があるが、ここでは応益課税と応能課税、水平負担と垂直負担について考察する。

　（1）応益負担と応能負担　　国家経費の市民的分配はいかにあるべきかにつき、2つの考えがある。一つが国家からの便益供与に比例して国家経費を分担するとする応益課税説、もう一つが個々人の支払能力（ability to pay）に応じた負担を求めるとする応能課税説（能力課税説）である。資本主義の発達、軍事費の膨張、福祉国家経費の負担増に伴い、消費課税・資産課税を中心とする税制では財政不十分となり、応益課税説は衰退し、応能課税説が主流、基本となり、所得課税が中心となってきた。所得課税は、市民の支払能力に応じた負担を求めやすいものであるが、応能課税＝所得課税であるという単純な式は成り立たない。応能課税は、総合的な支払能力を斟酌して実行されるべきものと考える。

　日本の税制改革法やアメリカ税制改正の租税理念である「公平、簡素、中立」は、受益者負担の志向をもち、応益説的論調を支持している（累進税制の所得課税の逓減、逆進負担性のある消費税の増税）。それゆえ、国税庁が税金は会費であるという。社会的弱者への福祉行政サービスの経費は、これらの者が負担せよというような勢いがある（現実に障害者、老齢者の社会福祉負担が増大している）。資本

効率を維持する（経済成長に対して中立で超過負担が最小化すると考える）税が最適な税であるか疑問である。社会保障、社会福祉、公衆衛生など福祉国家の基本、富の再分配（富裕者への課税、収税金を社会的弱者に支出する）は、主権者・市民的選択であり、一つの社会的公平である。福祉国家自体が応益課税を前提とせず応能課税を前提としている。

また、日本では地方税につき応益課税主義がよく論じられるが、単なる負担分任原則に基づく応益課税主義は民主主義的租税観に合致せず、地方税においても基本は応能課税主義である。

（2）水平的公平と垂直的公平　　負担公平について、一つは「等しい経済力をもつ人々の等しい取扱い」とする水平的公平（horizontal equity）と、今一つは「異なる経済力をもつ人々の異なる取扱い」とする垂直的公平（vertical equity）の考えがある。

税の比例的平等を求める平等課税、一律比例課税は、水平的公平で、各人の負担が同一で平等であり、正に公平であるように思えるが、本質的には応能負担からみて不公平になる。一定税率の消費税やかつての人頭税は不公平な税制とされる。これに対して、納税者の個人的事情を配慮し、最低生活費非課税、累進税率の適用など、所得格差を考慮した垂直的公平を担保する課税が求められる。

しかし、最近の先進国税制は、負担配分、所得分配の公平に目が向けられ、水平的公平へとシフトしている。これにより社会格差が拡がっている。

なお、「同一所得、同一税負担」の考えがあるが、生涯所得が同質同量の2人の間で、生涯税負担、すなわち毎年課税額の合計が同一になるように税制を構築するのは不可能である。1人が1年で3億稼ぎ、1人が20年かけて3億稼いだものとすると、その生涯税負担を同一にする税制を考案するのは、いかに所得、消費、資産に対する税制を駆使しても、不可能であろう。日本国憲法14条も絶対的平等ではなく相対的平等を前提とし、法の下の平等を規定している。所得課税原則として「同一所得、同一税負担」の考えは重要であるが、絶対的なものでなく相対的なものと理解すべきである。

6 実質課税原則の否定

1）租税法律主義論からの実質課税原則の否認

実定税法の立法・執行を支配するのは租税法律主義の原則である。しかし、かつて税法学研究において、税法固有の原則として「実質課税の原則」が論じられていた。

1953（昭和28）年の税法改正において所得税法と法人税法に「実質課税の原則」という標題をもった条項が登場した（詳細は北野・原論123頁。現行法では「実質所得者課税の原則」として所税法12条、法税法11条にある）。その背景としては、1976年に廃止された旧ドイツ租税調整法1条2項「租税法律の解釈にあたっては、国民思想、租税法律の目的及び経済的意義、ならびに諸関係の発展を考慮しなければならない」（金子・租税法112-114頁）という「経済的観察法」があるとされる。そこから、「最初は、租税法の解釈は、その文言にとらわれることなく、その規律対象たる経済事象に適合するように行われなければならない、という趣旨に解されてきた。わが国でも、『実質課税の原則』の名のもとに、同様の解釈方法が主張されることがある」（金子・同上）と、実質課税の原則が展開された。そして、その成果が先の立法となった。

実質課税に対する考えは、「租税法律主義以外のいかなる法原則も、税法の運用・執行の段階では持ち込まれてはならない」（北野・原論121頁）とし実質課税原則を全面否定するものと、「今日の判例・通説は、法的安定性を重視する立場から、租税法律は原則としてその文言に即して解釈されなければならない」が、「このことは、租税法律の解釈にあたって、その経済的意義が解釈の基準として重視されるべきことを、否定するものではない」（金子・租税法113頁）とするものとがある。

租税法律主義の原則は、税の市民的コントロールのための市民的アイテムであり（北野説では道具概念とする。筆者も、法は市民の権利擁護の道具であると考えている）、これ以外の原理・原則を持ち出すことは、税の市民的コントロールを阻害し、税領域での法的安定性・予測可能性を害することになる。特に、実質課税の原則には、税の市民的コントロール機能を見出すことができない。仮に、この原則が税負担公平を実現するための実質主義、実質原理であると主張されるなら

ば、その場合には、実質課税原則は税法立法原則として認められるが、税法執行原則として実定税法の解釈原則でもあるとする考えは採用できない（北野・原論140頁参照）。したがって、租税法律主義から実質課税原則は否定される。

2）実質所得者課税の原則

1953年の税法改正として登場した「実質課税の原則」は、今日、標題を「実質所得者課税の原則」として、所得税法12条、法人税法11条に同じ規定が置かれている。また、地方税法24条の2、72条の2、294条の2、さらに消費税法13条にも、同様な規定がある。

「これらの規定は、いわゆる実質所得者課税の原則を定めたものであるが、その意義については、二つの見解がありうる。一つは、課税物件の法律上（私法上）の帰属につき、その形式と実質とが相違している場合には、実質に即して帰属を判定すべきである。という趣旨にこれらの規定を理解する考え方である。これを法律的帰属説と呼ぶことができる。他の一つは、これらの規定は、課税物件の法律上（私法上）の帰属と経済上の帰属が相違している場合には、経済上の帰属に即して課税物件の帰属を判定すべきことを定めたものである、と解する立場である。これを、経済的帰属説と呼ぶことができる。これらの規定が『収益の享受』というような経済的な表現を用いている点からすると経済的帰属説が正しいように見えるし、名義人というような表現を用いている点からすると法律的帰属説が正しいようにも見える。文理的にはどちらの解釈も可能である。しかし、経済的帰属説をとると、所得の分割ないし移転を認めることになりやすいのみでなく、納税者の立場からは、法的安定性を害されるという批判がありうるし、税務行政の見地からは、経済的に帰属を決定することは、実際上多くの困難を伴う、という批判がありうる。その意味で、法律的帰属説が妥当である」との見解がある（金子・租税法163-164頁）。

実質課税の原則は、租税回避行為（実定税法に定める租税要件等に該当しない行為、詳細検討は111頁）の否認に活用されることがある。ただし、通常の経済行為に対して実質課税の原則は用いられることは少ないといえる。基本的には、実務においても税法定原理が支配し、厳格な実定税法解釈が行われている。

たとえば、給与所得者である夫の給与は夫名義の銀行口座に振り込まれるが、実質的口座管理は妻が行い、夫の生活費等支出は妻の管理下で1日500円支給

される場合、その給与所得は妻の管理支配に属する所得となると解釈するのは、法律解釈として認められない（であろう）。先祖代々の農地を所有する夫はサラリーマンとして働き、農地耕作は妻が専業としている場合、そこからの農業所得は妻のものであるかについては、裁判例がある（広島高松江支部判昭34.3.20・判例ID：21011400）。

　実質課税の原則の適用は、法的安定性・法予測可能性を害するものであり、認められない。

　しかしながら、現行の日本の所得税法等に規定する「実質所得者課税の原則」は、非常に不明確な条文であるにもかかわらず、違憲とはなっていない。解釈として法律的帰属説が妥当するとしても、税事実認定、適用税法の検索に際して、また適用税法の解釈において、この「実質所得者課税の原則」が認められること自体が税の市民的コントロールに対する障害であると考える。租税法律主義の原則の厳格な適用が望まれる。

7　その他諸原則

1）信義誠実の原則

　民法1条2項に「権利の行使及び義務の履行は、信義に従い誠実に行わなければならない」とし、いわゆる「信義誠実の原則」（信義則）を定めている。これは、民法のみでなく、法の一般原理として認めるものである。厳格な税法定原理からすれば、実定税法にこの原則に関する明文規定がない限り、この原則の税法上の適用は基本的には認められないものと解することができる。しかし、学説、判例ともに一定の場合に、この原則の適用を容認している（北野・原論178-182頁、金子・租税法129-133頁、最三小判昭62.10.30判例ID：22002024）。

2）租税法律不遡及の原則

　法の効力は、法施行日より発する。法律は、国会で審議され、両院で可決したときに成立し、公布され、施行される。施行期日については、法の適用に関する通則法2条に「法律は、公布の日から起算して20日を経過した日から施行する。ただし、法律でこれと異なる施行期日を定めたときは、その定めによる」と規定されている。ただし書きにより、法律施行日は、当該法律本則・附則、当該法律の委任による政令規定、特別法により規定される。法がその施行

日より遡った事実等に対して適用されることは、法的安定性・予測可能性を害することから許されない。これは、法一般原則として、法遡及適用禁止原則、遡及立法禁止原則、法の不遡及原則などと呼ばれている。特に、刑法分野では、日本国憲法39条「何人も、実行の時に適法であつた行為又は既に無罪とされた行為については、刑事上の責任を問はれない」と規定され、明文規定がある。税法領域で表現すると、この原則は「租税法律不遡及の原則」といえる。

　この憲法39条の規定する、また法一般原則としての不遡及原則が税法においても適用されるかが問われる。基本的には、法一般原則である不遡及原則は、市民に不利益である法改正がなされた場合には、その法の適用については不遡及原則が主張される。しかし、納税者に有利である場合には、法不遡及原則の例外として、遡及適用が認められるとするのが通説である。すなわち、「過去の事実や取引から生ずる納税義務の内容を、納税者の利益に変更する遡及立法は許される、と解してよい」(金子・租税法110頁)、「租税法律主義のもとでは、納税者に不利益に変更する租税法律については租税法規不遡及の原則が妥当するといえる。法律の明文規定によって法律を遡及的に納税者の利益に変更することは許されるとしても、不利益に変更することは許されない。人々の法的生活の安定を害するからである。租税法律主義の規定は、右のような意味の租税法規不遡及の趣旨を包含するものと解される。このように、この原則は単に立法政策上の要請ではなく、憲法上の要請である」(北野・原論98頁)。

　この通説的解釈では、市民に有利改正の遡及適用を限定的に認め、租税法律主義の一つの内容として租税法律不遡及の原則が提示される。しかし、そもそも納税義務のない市民にとって有利な遡及適用の恩恵はなく、結果、すべての市民に対する恩恵ではなく一部の市民に対する恩恵となり、その意味で不公平である。基本的には、納税義務の成立前に租税要件等が明確に規定されていること、また所得税のような期間税では課税期間の開始時までに租税要件等が明確に規定されていることを要請するのが租税法律主義であると解する。したがって、法律不遡及の原則の税法領域での適用は納税者に利益となる場合に限り適用除外とするということではなく、厳格に適用されるべきで、法は施行日を基軸として法の効力運用がなされるべきである。災害等による税減免措置などの遡及立法は、例外的に、許されることもありうる。

期間税である所得税法の改正は、3月末に成立することが多く、それを1月1日から遡って適用することも近時では当たり前のようになっている。平成16年改正における租税特別措置法附則27条等による遡及適用につき、適用違憲判決もあった（福岡地判平20.1.29 判例ID：28140470）が、最高裁判所は租税法律主義を規定する憲法84条に違反しないと判決した（最一小判平23.9.22 判例ID：28174059）。不利益変更となる遡及立法は、許されない。法施行日を基準とした法適用基準が厳守されるべきである。

8　税法原理・原則の再構築—税法公準に基づく税法原理・原則体系樹

1）税法原理・原則の体系—体系的原理・原則論

　税法の原理・原則を実質・形式という捉え方も一方法論であるといえる。しかし、法という社会的事象の捉え方として、特に実定法・議会制定法については、立法と執行との両面で捉えることが市民の目線からみて明確であると考える。税法学は、実定税法の解釈法学（税法律学）としてのみ存在するのではなく、税法現象をあらゆる方向から市民の権利保護のために存在する法学である。

　このような目的意義を有する税法学の独自の原理・原則を構築することで、税法学の独立を確固なものとすべきである。

　従来、税法原理・原則については、一概にいえば、並列的な列挙をする説が多かった。そこに、税法学原理・原則についての体系的理解はなかった。それゆえ、「租税法律主義の原則」（北野説）と「租税法律主義」（金子説）とが同じものとして理解されてきた。

　会計学での原理・原則などの説明では、「主義」は「原則」の下位のものである。会計学において、「公準」から「一般原則」へ、これから「損益計算書原則」と「貸借対照表原則」へ、そして下位の「原則」（費用収益対応原則など）、さらに下位の「主義」（発生主義、実現主義など）や「方法」「基準」などへと展開する「体系樹」が確立されている（筆者の30数年前の会計学知識であるので、誤解もあるかもしれない）。税法学においても、従来の確立された原理・原則を整理し、税法学の原理・原則の体系樹（図3-1）を確立すべきであると考える。

2）租税原則等と税法原理・原則との関係再論

　税法学の原理・原則を考察するに、従来の租税原則論、最近の「公平

図 3-1 税法学の原理・原則の体系樹

(Equality, Fairness)」「簡素 (Simplicity, Practicability)」「中立 (Neutrality)」という原則も重要なものとして検討されなければならない。現実の税法立法の背景として、社会的、経済的、政治（政策）的な諸条件が加味されていることから、これらの租税原則も重大な税法的関心事である。公平・簡素・中立の考えも、税制改革法に明示され、税法学の原則として無視しえないものである。しかし、これらは、結論的にいって、税法の立法において考慮されるものであって（それゆえ、税制改革法の原則となっている）、税法の執行において考慮すると、税領域での法的安定性・法予測可能性を害する恐れがある。

　税法学は、基本的には、税の市民的コントロールの下に税法関係を置き、課税権の行使である税法立法、またその成果としての実定税法令の執行としての税法行政と税法裁判につき体系的理論的に考究する学問であると考える。したがって、税法学の原理・原則は、税法立法の原則と税法執行原則とに分け考究されなければならない。

　税法原理・原則は、基本的には、税法立法から税法執行までのものである。

したがって、財政学租税論や公共経済学において論議されている租税原則のうち、直接的に税法立法に関係しない原則、たとえばワグナーの租税原則でいえば①財政政策上の原則や②国民経済上の原則は、税法原理・原則として考慮する重要性は③公正の原則に比べ低いものと考える。しかし、先にも指摘したように、現実の税法立法では社会的、経済的、政治（政策）的な諸条件が加味されなければならないことから、税法立法において租税要件等を確定する際に、これらも考慮せざるをえないのは事実である。

税法立法においては、ありとあらゆる税研究成果が租税要件等として税法規に採用される傾向があり（土地税制、連結納税、リース取引、信託取引、複雑な国際取引に関する税制）、実定税法は、市民的感覚から乖離したものとなり、義務教育課程・中学卒業したばかりの市民では理解できない税法令もある。しかし、彼らは納税することもありうる。これでは、市民的コントロールも十分に機能しないことも想定される。しかし、税の市民的コントロールは、税法立法から税法執行まで保障されなければならない。この市民的コントロールを保障するものが税法原理・原則の基本となる。

財政学、税務会計学などの税制研究成果が実定税法に取り込まれ税法条項として実行される場合、それがこれら関係学問領域の成果であったとしても、実定税法のものとして執行されることに注意しなければならない。それゆえ、これら成果は、租税法律主義の要請する諸原則を充足するものでなければ、立法も執行もされない。結局、これら学問の成果が実定税法に取り込まれるということは、これら学問の成果ではあるが、税法立法上の資料である（北野・原論3-12頁参照）という認識をしなければならない。税法がこれら成果を採用または採用しない場合でも、それは税法がこれら学問の独立を侵害するものではない。

3）税法原理・原則の段階的構成

税法学の原理・原則の体系化を試みると、税法の原理・原則は、税法の前提基礎としての税法公準、税法全体を支配する一般原則、その具体的内容としての税法立法原則と税法執行原則、さらに立法形式として税成文法原則を、そして、複税制度を前提とした各税目に共通する税法総論原則と税目に対応する税法各論原則を中心に段階的に展開されるべきものと考えられる。

4）税の公準—税法定原理

民主主義政治体制および資本主義経済体制を基礎とする租税国家では、税そのものの存在基礎、要請基礎としての税の公準がある。それは、①主権国家の実在（税は主権国家のものであり、植民地の税は本国〔宗主国〕の主権行使の内で行われる。税の政治的基盤であり、法的基盤である）、②その国家内に自由経済の実在（税は経済活動を基礎とする個人・法人が所有する財の公的団体への移転であり、市場経済、私有財産制を基礎とする。経済中立性原則〔economic neutrality principle〕、財政充実原理〔improving public finance principle〕、最適課税理論〔Optimal Taxation Theory〕、効率性〔efficiency〕、公平性〔equity〕、効率と公平のトレードオフなどの論議が反映される。税の経済的基盤、財政学等の租税論はこれを基に展開される）、③社会的公正の実在（税は社会的存在であり、社会的公正、公平負担〔これは水平的公平と垂直的公平〕、社会厚生〔social welfare〕などの社会的要請としての租税負担公正原則を充足すべきである、租税正義という表現があるが税領域に倫理観が必要であるか疑問である。税科学において「正義」という倫理観は不要であると解する。また21世紀環境時代において税の環境保全機能も考察されるべきである—税の社会的基盤）、の3つである。そして、税法は、これら税の公準を前提として、課税行使の民主主義システムとして「法律なければ課税なし」原理に基づき成立する。税法学は、この原理を「税法定原理」と表現し、これを税法学の存立基盤としていると解する。いわば、税法の公準的原理が税法定原理である。この原理が認められ、税を法学的に研究する税法学という学問は存立する。

税は、租税国家においては、最終的には、法的産物である。それを研究する学問領域は多様であるが、税法学は、市民のための税制を考察し構築する税科学の一つであり、「税法定原理」に基づき存立されている。

5）税法基本原則

税法を狭義には課税権と納税義務とを規律する法分野と解すれば、民主主義国家では、たとえば日本では、主権者・国民の課税権と市民の納税義務との法的関係を税法として、その立法とその執行との両面において指導し支配する原理は、「法律なければ課税なし」という表現が用いられる「税法定原理」である。税法分野において提示される原則を統括する税法一般基本原理は、この原理である。そして、この原理から税法全体を支配する基本原則である「税法定原則」が要請される。

金子説では租税公平主義も基本原理とされたが、この原理は、民主主義的税の成立基盤、税の公準としての社会的公正として要請されるものと理解しうるが、税を創造する税法においては北野説のように税法立法原則として理解すべきものであり、税法執行面を支配する原理とは解すべきではない。税法定原則に支配される税法では、執行面での原則を税法執行の合法性原則のみとすることで、税法領域における法的安定性・法予測可能性をいっそう十分に市民に保障するものと解する。

　税法定原則は、内容的に税法立法原則と税法執行原則を統合した税法一般原則であり、形式的には税成文法原則を要請する。これらは、税法総論原則である。そして、税制の基礎として、所得課税、消費課税、資産課税と分割されるものとし、それぞれ税法各論として所得課税法、消費課税法および資産課税法があり、税法定原則の下に各論原則・主義などが構築される。税法各論は、経済主体である「企業」と「個人・家計」とを税法主体と捉えて、企業課税法と個人課税法とを分別する体系化もありうる。現時点では、前者のもので体系化を試みる。

6）税法定原則の内容―税法立法原則

（1）税法定原則と税法体系　　税法定原理に基づき税法（学）が確立し、税法定原則が税法の立法・執行の両面を統合する税法一般原則としてある。

　現実の税法学の研究は、税法各論研究として、実定税法を中心に、各税目に関する租税要件等についての詳細な判例研究などの解釈法学に傾注しがちである。しかし、そのような研究も税法基礎の研究や税法総論の研究をベースとして行われることが望ましい。

　そこで、税法基礎・総論の税法原則として、税法定原則の内容的展開としての税法立法原則と税法執行原則をまず検討する。

　税法立法原則として検討されるものは、租税要件等法定原則および税負担公

コラム　租税要件と課税要件

　租税要件は、通説的には課税要件とされる。課税要件という表現は、課税徴収の要件という印象を受ける。税法は、本質として、税の成立要件を規定しているものと解する。本書では「租税要件」または単に「税要件」の表現を用いている。

平原則である。税法執行原則は、税法執行の合法性原則のみである。

　実定税法は、税の課税徴収のための税関連法規のみでなく、税に関する行為規範、組織規範、裁判規範のすべてを網羅するものとして把握されるべきである。これら税すべてに関する法的要件（租税要件）を規定するのが税法である。したがって、税法は、税実体法（納税義務の内容）、税手続法（納税義務の履行手続）、税組織法（税行政組織法、税裁判組織法）、税刑法（税法違反への罰則）、税裁判法（税法執行の是正、納税者の権利救済）などを内容とする。これらは、税法各論を構成しうるものと認識せずに（金子・租税法は、これに類する税法体系化を講じている）、税法総論として各課税法に共通する事項として本書では処理している。

　（2）税法立法原則①―租税要件等法定原則　　税法の立法は、税制度の創設であり、複雑な様相を有している。あらゆる税研究は、その成果につき立法を通して、税制として実現することを願っている。しかし、その研究は、科学的認識を受け、議会という政治的フィルターを通過し、最後に法的スクリーニングを受ける。どんなに優れた研究成果でも、それが税法令条文として表現できないものは、税制として確立しない。税は、最終的に、法的産物である。税法定原則の立法原則である租税要件等法定原則は、まさにこのスクリーニングの基準となる原則である。

　まず税法定原則の内容的立法面での展開として、租税要件等法定原則がある。この原則は、立法形式面での国税法律主義に基づく国税法令（税法律、税施行令、税施行規則等）において、また地方税条例主義に基づく地方税法令（税条例、税規則等）の制定立法において、従来、一般的に論じられてきた租税要件等法定主義、租税要件等明確主義、および手続保障主義を具体的税法立法において要請する。

　（a）租税要件等法定主義　　これは、租税要件等法定原則の基本的要請であり、租税要件等を成文法、すなわち議会制定法で定めることを要請する。「法律による行政」「法律の留保」の原理は、税領域から派生したものである。租税要件等法定原則、その内容としての租税要件等法定主義は、形式面での税成文法原則を要請する。

　租税要件等法定主義は、すべての租税要件等が議会で審議され立法されなければならないことを基本的に要請する（法律の留保理論）。しかし、これは、実現困難であり、非現実的である。一般には、一定の範囲で議会制定法による行

政機関の立法（行政立法）である政令等への委任が行われている。

　日本では、日本国憲法73条6号に「この憲法及び法律の規定を実施するために、政令を制定すること」と規定し、行政権を有する内閣に政令制定権を認めている。しかし、北野説で指摘される「包括的・一般的委任命令の禁止」の要請がある（北野・原論95頁）。しかしながら、どの程度の範囲において委任が認められるかは不明確である。判例では、ほとんどの現行法の委任規定が合憲とされている。

　日本国憲法下では税法領域においても、独立命令（旧憲法下の天皇が有した独立命令大権）、白紙委任は認めるべきではない。また通達（上級行政機関から下級行政機関への命令、示達）による新たな税をめぐる法律関係の形成、または既存の税をめぐる法律関係を改訂することは、明らかに租税法律主義の理念に反し、認められない。しかし、実務では、通達行政が周知のものとされ、通達が法源性を有している（日本だけの現象ではない）。日本の相続税財産評価通達はまさに実定税法の域にあるといえる。

　通達課税は厳格に排除されるべきである。このような通達に対する市民的コントロールが税争訟制度の中に取り入れられるべきである（行訴法5条の民衆訴訟で通達規定の内容是正訴訟を納税者資格で行うことが可能とすべきである）。しかし、現行の税争訟は原告適格から広く市民的コントロールに門戸を開いているとはいえない。

　実定税法は、行政の課税のための道具ではなく、税の市民的コントロールのための道具であるべきである。税の市民的コントロールが保障されている場合、租税要件等に関する基本的事項の立法で十分であり、厳格詳細な事項までの税法立法を行う必要はない。しかし、市民的コントロールがない場合、租税要件等の詳細を実定税法令（法律、条例）で規定すべきものと考える（この場合、厳格性を追求すると、一切の政令、通達は否定される）。

　この主義の下においては、①包括的・一般的委任命令の禁止、②税務通達による課税等の禁止、③遡及的税法立法の禁止が法理として要請される。

　（b）租税要件等明確主義　租税要件等を規定する場合、その条項は明確で一義的な概念設定に基づいて規定されるべきである（不確定概念の禁止）。これは租税要件等明確主義の要請である。この租税要件等明確主義は、不確定な法

律用語による多様な解釈を回避させる目的を有する。個別の原則として定立させることも可能であるが、原則の乱立を避けるため、ここでは租税要件等法定原則に内包させる。

　税法の執行において、税法条文の解釈は「厳格な文理解釈」（文理解釈以外の論理解釈をもっての税法条文解釈を許さない）が要請されるべきである。しかし、立法技術からみると、明確で一義的な概念のみで立法することは難しく、立法において不確定概念を用いなければならない場合も不可避であることも現実である。また、実定税法は専門的技術的要素をもたざるをえないところもあり、そこには市民の常識からすると難解なものも含まれる。

　基本的には、実定税法は、日本では義務教育を受けた者の知識または一般的常識をもって理解できる条文で構成されることが望まれる。すなわち、「公平」な税負担、「簡素」な税法令制度、「簡易」税計算・支払を市民に保障する税システムが理想である。

　実定法は、過去の社会問題を前提に、その社会問題の法的解決と、将来に起きるであろうことの類似問題の一般的予防策をも講ずることで、社会の秩序と安寧を市民に保障するものであり、その条項は抽象的にならざるをえないといえる。実定税法でも、多くの抽象的条文がある。たとえば、「不当に減少させる」（法税法132条など）、「不適当であると認められる」（所税法18条）、などが指摘される（金子・租税法77頁）。このような条文規定を市民的に許すことは、行政解釈である通達に「法源性」を与える結果ともなる。「Aは非課税」は、「非Aは課税」という反対解釈も、「A′も非課税」という類推・拡張解釈も、「aも非課税」という縮小解釈も成立しない。Aのみが非課税である。公平な課税を考慮し、税務通達で「Aはもちろん、Bも非課税」とするのは論外である。

　不確定概念は厳密には許されるべきものではない。特に、税行政などによる公権力の恣意性を認めるようなものは許されない。しかし、税の市民的コントロールの下、ある程度、その概念が市民共通の常識的概念を前提するもの（その意味で一義的）である限り、許されるものもあると解する。税法規の明確性に関する訴訟も多くある（秋田市国民健康保険税訴訟〔仙台高秋田支部判昭57.7.23 判例ID：21076789〕はその代表例）。

　(c) 手続保障主義　租税要件等法定原則は、税実体法のみでなく、税手続

法、税組織法、税刑法、税裁判法の内容規定の法定化を要請する。手続保障主義は、税実体法規定のみならず、税手続法の詳細をも実定税法において規定されることを要請する。税手続法の内容規定は、税実体法の内容実行を担保するものであることから、税実体法以上に詳細な規定が定められることが要請される。

　現実の税務は、税行政内部規程（公表されないマニュアル本、税務調査マニュアル）、通達により税法執行されているともいえる。税法執行は実定税法条項とは別のものが支配しているように思えることがある（国税庁ウェブサイトでは、法令解釈通達のほかに、法令解釈に関する情報、事務運営指針、国税庁告示、文書回答事例、質疑応答事例も公表され、ある程度の税務行政の透明性が保障されてはいる）。税法の改正は毎年度なされ、改正条項が市民に周知されたとしても、税法の技術性・専門性もあり、その条項だけでは実務対応ができないこともある。その際、実務的なQ&Aなどが発表され、それに基づいて実務、行政が実行されているのも事実である。これは、税法定原則の理念からは遠い実態である。

　これら内規等は、議会制定法でもなく、またその委任を受けた行政立法法規でもないので、市民が訴訟などをし直接的に正す手続をもたないものである。税法立法での手続保障として、法令のみならず、通達や内部規程等の制定に関する市民からの意見聴取が要請される。行政手続法では、意見公募制度（同法38条〜45条）もあるが、税領域では機能していない。

　税務手続（税務調査、税裁判など）については十分な法整備がなされているとはいえない。いわゆる「納税環境」という語は、納税者背番号制による課税側の税領域での環境整備であり、納税者の権利を保障するものになっていないようである。税務調査の手続など市民に開示できるものは、詳細な立法化がなされるべきと考える。

　(3) 税法立法原則②—税負担公平原則　　税法立法は、租税要件等の実定税法における明文化のみならず、税法の宿命として広く社会現象の成果を採り入れなければならない。税公準につき①主権国家の実在、②自由経済の実在、③社会的公正の実在をあげたが、税法立法は、特に社会的公正を重視し実行されなければならない。現実の税法は、他の法分野の成果も、社会学、経済学、政治学、会計学などの社会科学の成果、時には自然科学の成果をも含め、立法

される。その中でも最重要なものとして従来論議されてきたのが、税負担公平である。税負担公平原則は、税法立法に際して最大の配慮されるべきものである。税負担公平原則の展開として、先に検討した、応益課税主義と応能課税主義、水平的公平と垂直的公平の問題がある。

なお、税負担公平原則の内容として、租税の「公平 (equity)」と「中立性 (neutrality)」、また「効率性 (efficiency)」と「簡素 (simplicity)」を要請するという考えがある（金子・租税法81頁）。このほかにも最低生活費非課税の原則なども、この原則の内容として主張しうる（北野・原論157頁）。

しかし、経済現象としての税は、企業と家計から政府への財の移転であり、そこに社会的公正がなければならないのであり、これがなければ、それは略奪でしかない。人は自由・平等に生存し、これを侵害できるのは共同利益のためのみである。社会的公正を担保するのが税法定原理である。したがって、あらゆる税研究科学の成果は、税法立法原則である租税要件等法定原則と税負担公平原則によってフィルタリングされ、最終的には税法定原則に基づくスクリーニングがなされ実定税法条項として立法される。

（4）**税法立法の合憲性**　実定税法も国内法である限り、合憲性が要請される。日本国憲法98条1項は「この憲法は、国の最高法規であつて、その条規に反する法律、命令、詔勅及び国務に関するその他の行為の全部又は一部は、その効力を有しない」と規定し、このことを確認している。

税法の原理・原則として「合憲性の原則」を考慮する必要はない。これは国内実定法の立法制約であり、学問としての税法学を拘束するものではない。

日本国憲法30条および84条は税に関する憲法条項である。これは成文憲法が税法学のエッセンス事項を憲法条項として確認したものであると解する。そのほかにも14条や25条など実定税法令に重大な影響をもたらす憲法条項がある。実定税法は、国内法秩序において、これら条項に違反することはできない。したがって、日本国憲法の各条項規定は、実定税法において租税要件等の立法において具体的に消化されなければならないと解する。

想定しうる日本国憲法の条項と租税要件等立法事例を列挙すると、以下のようになる。

①9条：税平和主義、税目設定として軍事費目的税の禁止制限や税の平和利

用（PKO 目的税、地球環境保全税）
② 13・25 条：幸福追求、生存権の展開として環境権論、環境保全税制
③ 14 条：税負担公平原則、市民生活を配慮した課税除外・非課税、弱者市民の課税除外、課税標準として人的要素を考慮する、累進税率構造やゼロ税率
④ 20・89 条：宗教法人課税中立主義、宗教法人優遇税制禁止
⑤ 25 条：最低生活保障主義、課税物件、納税義務者の範囲、課税標準、税率等
⑥ 26 条：教育を受ける権利、教育機関の非課税
⑦ 30・84 条：租税法律主義、すべての租税要件等で要請される
⑧ 31 条：税手続保障主義、調査手続、処分手続、争訟手続、強制徴収手続
⑨ 39 条：租税法規不遡及主義、附則の施行日と課税期間
⑩ 73・76 条：税法執行の合法原則
⑪ 92 条以下：自治体税財政自主権保障、地方独立税、付加税の禁止（所税法237 条、法税法 158 条、相税法 67 条）
⑫ 98 条：国際課税相互主義、租税条約優先

なお、税負担公平原則は、日本国憲法 14 条から直接的に導かれる原則とする考え（金子説）が示されているが、そうではなく、先の税公準としての社会的公正からのものである。「人は、自由、かつ権利において平等なものとして生まれ、生存する（Les hommes naissent et demeurent libres et égaux en droits）」（フランス人権宣言 1 条）のであり、民主社会を基礎とする国家においては、これを確認する憲法条項は当然である。憲法があって、税法原則があるのではない。税法学は独立した法学分野である。ただし、国内法秩序において、実定税法は、憲法条項に違反しえない。実定法は、憲法を頂点とする国内法秩序に組み入れられるが、学問体系は別である。この認識は重要である。

「租税憲法学」という呼称が用いられる。その内容は確固たるものとなっていないが、税法原理・原則などの税法基礎に関する研究であれば、本書のように「税法基礎」という表現で十分である。実定税法は国内法規である限り憲法と重大な関係があるが、繰り返すが、学問としての税法学は憲法に支配されない独立した学問である。新たに「租税憲法学」という領域が法学において成立

するか疑問である。

　最後に、確認的に述べておくが、日本国憲法30条および84条の規定がない場合でも、民主国家において、主権者は直接または間接に課税権を行使でき、市民は納税に同意・承諾した限りにおいて税を負担しなければならない。

7）税法定原則の内容—税法執行原則

　（1）税法執行の合法性原則　　税法執行面では「税法執行の合法性原則」のみが原則となる。租税公平主義が実質原理として税法執行においても、特に税法執行機関による納税者の平等取扱を要請するものであるとの考えもあるが（金子・租税法88頁）、基本的には、税負担公平原則に基づき立法された実定税法がそのまま執行されることで公平は実現されるのであり、執行段階での公平原則の適用を持ち出す必要はないものと考える。もし実定税法の執行が不公平である場合、それが税法執行の合法性原則違反である場合と、そもそも実定税法が不公平である場合とでは、法的措置が異なる。前者の場合には、違法執行であり、その作為・不作為は適正な執行に是正されなければならない。後者の場合には、循環的税法関係の中で、実定税法の見直し改正が行われることが要請される。

　主権者の課税権行使とその市民的承諾・同意は、議会民主主義システムに基づき、議会制定法としての実定税法として結実する。実定税法は、単に租税要件等を明確に規定するばかりでなく、税負担公平原則を満たすものでなければならない。このように立法された実定税法がその執行において税法執行機関から全く無視されたとすれば、税法定原理が保障すべき税の市民的コントロールが形骸化される。それゆえ、税法執行において実定税法がそのまま執行されることが要請される。これが税法執行の合法性原則である。

　この原則は、実定税法・成文税法に基づき税法執行が税法行政組織、税法裁判組織、市民において実施されることを要求する。合法性は、税務行政に対して強調されてきたが、裁判所、納税者も当然に税法に従い行動しなければならない。

　この原則は、日本では、国税行政合法律主義、地方税行政合条例主義、税裁判の合法主義として展開される。国税行政合法律主義の基礎は、日本国憲法73条が「内閣は、他の一般行政事務の外、左の事務を行ふ」とし、その1号

に「法律を誠実に執行し、国務を総理すること」と規定している趣旨に現れている。また、地方税行政合条例主義の基礎は、日本国憲法8章地方自治の各規定（特に92条、94条）を受け、地方自治法138条の2に「普通地方公共団体の執行機関は、当該普通地方公共団体の条例、予算その他の議会の議決に基づく事務及び法令、規則その他の規程に基づく当該普通地方公共団体の事務を、自らの判断と責任において、誠実に管理し及び執行する義務を負う」と規定し、明記している。そして、税裁判の合法主義の基礎は、日本国憲法76条3項「すべて裁判官は、その良心に従ひ独立してその職権を行ひ、この憲法及び法律にのみ拘束される」の規定に見出すことができる。

(2) 実定税法の解釈と適用　一般に、法の適用は、生起した事実が法に規定する法要件に該当する場合、その事実に法の規定する法効果を与える、三段論法的手法を用いて行われる。そこでは、事実認定の問題、適用法の検索問題、そして適用法の解釈問題が検討される。

　実定税法の適用も基本的にはこのようなプロセスで行われる。しかし、税領域では、刑事法のような「生の事実」（人を殺す、物を盗むなど）を前提としていない。税は人の経済行為を前提とするもので、この経済行為は、「生の事実」ではなく、法的評価の下での「法的事実」である（北野・原論101頁参照）。たとえばAからBへのジュース1缶の移転についてみると、（経済的）事実は財の移転であるが、法的評価としては売買（販売利益）、贈与（受贈益）、労働対価（現物給与、福利費）、貸借（使用貸借、消費貸借、有償無償の貸借）、など多様な法的構成が想定できる。このように法的に異なる性質をもつ市民の経済行動に対する課税は、税負担公平原則から、それぞれ異なる課税対応が望まれる。それゆえ、事実認定も一般的な方法では適当でない場合も起こる。一般的な事実認定は科学的に証拠（物証、人証）に基づき行われるが、税法に関する事実認定（税事実認定）は一つの価値判断をもって法的認定評価を通して、ある意味において二次的に行われる。それゆえ、一つの経済行為に対して複数の法的事実認定がなされることがある。

　現実の税争訟は、事実認定の問題である裁判も多くある（最近事例では組合契約を利用した航空機リース事業からの所得判定〔不動産所得〕・名古屋高判平17.10.27判例ID：28102494、親会社から子会社の役員に付与されたストックオプション行使利益は給与所

得・最三小判平 17.1.25 判例 ID：28100276）。

　事実認定に基づき、適用法令の検索がなされる。適用法令の法要件に合致させるように事実認定をするのは、法適用のプロセスからみて、真逆であり、不適切である。

　(3) 実定税法の解釈指針　　実定税法は、課税権力の発動に裏づけられた権力的側面が認められ、強行法規である。それゆえ、基本的な解釈は厳格な文理（文字）解釈の方法による。立法において租税要件等法定原則の内容としての租税要件等明確主義が要請されることから、実定税法の条文は一義的な概念でなければならない。しかし、「課税要件明確主義の下でも、課税要件に関する定めが、できるかぎり一義的に明確であることが要請されるのであるが、租税の公平負担を図るため、特に不当な租税回避行為を許さないため、課税要件の定めについて、不確定概念を用いることは不可避である」（秋田市国民健康保険税訴訟・仙台高秋田支部判昭 57.7.23 判例 ID：21076789）場合もある。このような場合にも、法規の類推、拡張解釈・適用は禁止されるべきである（北野・租税法律主義論）。問題は、同一の法令条文の解釈でも、課税する立場と納税する立場とで全く相反することになる場合のように、複数の解釈が成立することが多いことである。

　税法技術としての実定税法の解釈は、科学性をもち、誰が解釈しても同一結果になることが望まれる。しかし、税事実認定も一つの価値判断である法的事実認定であるが、税法解釈も価値判断である以上、複数の見解・解釈が成立することがある。現実の税裁判では、まさに相対立する解釈が行われている。このような場合の実定税法の解釈指針として、「疑わしきは国庫の利益に反して（in dubio contra fiscum）」という考えがある（金子説は「疑わしきは納税者の利益に」、金子・租税法 113 頁）。逆の「疑わしきは国庫の利益のために（in dubio pro fisco）」という考えは、誰もが認めないであろう。

　(4) 疑わしきは国庫の利益に反して　　「疑わしきは国庫の利益に反して」の考え（北野説では租税法律主義の法理）は、税法解釈のみならず税事実認定についても妥当する（北野・原論 98 頁）。

　しかし、これに対して、反論もある。すなわち、「疑わしきは国庫の利益に反して」という命題が「解釈原理として成り立つ余地は、論理上ありえないよ

うに思われる。この命題は、刑事法の分野における『疑わしきは被告人の利益に』という命題に由来するものであろうが、『疑わしきは被告人の利益に』という命題は、刑事法の解釈に関する原理ではなく、犯罪構成要件事実の認定に関する原理であって、犯罪構成要件に該当する事実の存否を判定しがたい場合に、その事実は存在しないと認定すべきことを意味する」。「同じことは、課税要件事実の認定についても妥当すると考えてよい。しかし、意味内容が不分明で見解が分かれている規定がある場合に、その意味内容を明らかにすることこそ、法の解釈の作用であり、法を適用する者の任務であって、規定の意味内容が不分明で疑わしい場合であるという理由で解釈を中止するのは、その義務を放棄することにほかならない。その意味で、『疑わしきは納税者の利益に』という命題は、課税要件事実の認定については妥当するが、租税法の解釈原理としては成り立たない。『疑わしきは国庫の利益に』という解釈原理が成り立ちえないことも、いうまでもない。もし、租税法上許される解釈方法を用いてもなおその法的意味を把握できないような規定がある場合は、その規定は、前述の課税要件明確主義に反し無効である」という考えもある（金子・租税法113-114頁）。

　しかしながら、実定税法の解釈は、結果において市民的税負担が多くなるか少なくなるかの問題に関係する。実定税法の解釈指針としての「疑わしきは国庫の利益に反して」は、実定税法の法解釈学的手法を否定するものではなく、「租税法律主義のもとではこのような法理が論理的に成り立つことを確認しておくことは、租税法律主義の原点的原理の確認としてきわめて重要である」（北野・原論100-101頁）とし、また税の市民的コントロールに寄与するものとして、支持されなければならないものと考える。基本は、「法律なければ課税なし」である。税法条項の解釈は、課税側に立脚するのではなく、納税者側に立脚してなされるべきである。それが「疑わしきは国庫の利益に反して」である。

　(5) 罪刑法定主義と租税法律主義の相違―誰が計算しても同額　　刑罰に関する基本原則である罪刑法定主義が租税法律主義の説明において引き合いに出される（金子・租税法74頁）が、罪刑法定主義の適用される刑事法での量刑は裁判所の裁量に委ねている面もあるが、租税法律主義の適用される税法では一切の裁量を執行機関である行政・裁判所に認めないと考える。この点で、罪刑

法定主義と租税法律主義は本質的に異なる。

　租税法律主義は、税の市民的コントロールの具現であり、主権者の課税主権行使の法定化、明確化を要請するとともに、税法執行の厳格な合法性を要請するものである。刑事法は法違反への対応が基本であり、税法は法厳守が基本となり、若干の相違が両者にある。税の執行において、市民の個人的状況を執行機関が判断し、納税義務額の決定に一定の裁量権を執行機関に認めることは、税法定原理の基本からして許されない。実定税法に基づき計算される納税義務者の確定税額は、同一経済行為に対する実定税法の適用であることから、誰が計算しても同額であるべきである。一納税者の納税義務額が、計算する担当者が異なると、税額も異なるということは、税法定原則に反し、あってはならない。

　（6）税法執行における憲法条項　　税法学は、憲法学から独立した法学である。しかし、実定税法は、国内法体系秩序から憲法条項に反することはできない（憲法98条①）。

　違憲問題は、基本的には「違憲立法審査」ともいえる。しかし、違憲には、「法令違憲」と「適用違憲」とがあるとされる。

　実際の裁判において最高裁判所への上告理由として、違憲を申し立てることがなされる。税法事件でも同様である。税法令または税行政処分が日本国憲法14条に反するという判決は、税法執行において税法立法原則である税負担公平原則が適用されたのではなく、日本国憲法14条の解釈・適用の事例である。税負担公平原則は、税法立法原則であり、税法執行原則ではない。税法執行原則は、税法執行の合法性原則のみである。すなわち、税負担公平原則は、日本国憲法14条の税法上の展開としての原則ではなく、民主社会での市民の基本権である平等権の税法領域での表現であり、税法に固有の原則である。

　（7）関係学問領域の成果と税法解釈・適用　　結論的にいえば、税法の関係学問領域の成果は、税法立法の資料として、税法立法原則によりフィルタリング、スクリーニングされる。したがって、実定税法の解釈・適用において、その成果が持ち出されることはない。

　しかし、法人企業活動に対する所得課税（法人税）は、企業会計を前提としているともいえ（法税法22条④）、益金や損金の計算事実の認定では企業会計記

録を重要な証拠物として捉え、そこでの計算方法・基準について企業会計理論を無視しえない面もある。また、現行の個人事業所得に対する所得税は、企業会計を前提としていない所得計算構造を採用しており（所得税法には法人税法22条④に類する規定がない）、所得税法と企業会計との間の連携がなく、それゆえ、事業所得金額の計算基礎における諸概念は不確定のままであるともいえる。これらは、立法の不備として指摘できる。

税法執行における税法原則は、税法執行の合法性原則のみである。

8）税成文法原則―国税法律主義と地方税条例主義

（1）税成文法原則　　税法一般原則である税法定原則は、内容的には立法面での租税要件等法定原則と税負担公平原則、そして税法執行面での税法執行の合法性原則として展開される。そして、立法形式として、税法が制定法であるべきとする「税成文法原則」がある。

この原則の下に、各主権国家の税制に関する実定法制により、たとえば日本では「国税法律主義」と「地方税条例主義」が置かれる。国税と地方税との間の相違は、課税団体の立法形式のみにあり、市民負担として両者に相違はなく、また市民的コントロールにおいても差異はない。

しかし、国税法律主義は、日本国憲法84条にも明白に規定されており、十分に認識されているものである。従来の租税法律主義の議論は、国税法律主義の意義・内容として認識される。これに対して、地方税条例主義は、十分に市民的に認識されていないといえる。

（2）国税法律主義　　税法原理・原則として従来誰もが最初に提示するのが「租税法律主義」である。租税法律主義は、今でも税法の基本原則である。本書では、租税法律主義ではなく税法学の体系を考慮し「税法定原理」という表現・呼称を用いた。

国税法律主義は、国、中央政府が関与する税制である国税に関する税法令の立法形式原則である。その内容として、租税要件等法定原則等が適用される。これは、従来の租税法律主義論の成果を当然に踏襲するものである。

日本国憲法84条は「あらたに租税を課し、又は現行の租税を変更するには、法律又は法律の定める条件によることを必要とする」と規定し、また旧憲法62条も「新ニ租税ヲ課シ及税率ヲ変更スルハ法律ヲ以テ之ヲ定ムヘシ」と規

定し、国税法律主義は憲法に規定され認知されている。

関税は、国境税として分類され国内税と区分され、また条約優先を関税法等の国内関税関係法において採用していることから(協定税率の適用など)「関税条約優先主義」が実質的にも採用されるべきである。しかし、関税事務は中央政府の事務として処理されること、また関税条約が基本的には国会承認の対象であり、国税法律主義は、関税にも及ぶものと解する。

(3) 地方税条例主義　租税法律主義の原則は、民主主義国家において憲法に明文の規定がなくとも、税に関する基本原理であるといえる。国税法律主義は当然のものとして認知されている。しかし、地方税条例主義は十分に認知されていないようである。本書が租税法律主義ではなく「税法定原理」として税法原理・原則を展開する今一つの理由は、ここにあるといっても過言ではない。

地方税条例主義を理解するために、まず形式的地方税条例主義と本来的地方税条例主義との区別を知っていただきたい。

(4) 形式的地方税条例主義と本来的地方税条例主義　日本国憲法94条は、「地方公共団体は、その財産を管理し、事務を処理し、及び行政を執行する権能を有し、法律の範囲内で条例を制定することができる」と規定している。これにより地方公共団体は、独自の財政処理権能を有することが憲法上保障されていると解される。しかし、この規定は同時に「法律の範囲内」での条例制定を認めるもので、国の法律に違反する条例は制定することができないことも規定している。さらに、日本国憲法92条(地方自治の本旨)、93条(長、議員の直接選挙)、95条(特別法の住民投票)の各規定には、「法律の定める」とか「法律の定めるところにより」という表現が用いられている。

このことを受けて、国の法律である地方自治法223条は「法律の定めるところにより、地方税を賦課徴収することができる」と規定し、さらに、地方税法2条「地方団体は、この法律の定めるところによつて、地方税を賦課徴収することができる」と規定し、地方団体の課税権は、地方税法の定めるところによって行われるものと規定している。

そして、地方税法3条は、「地方税の税目、課税客体、課税標準、税率その他賦課徴収について定をするには、当該地方団体の条例によらなければならな

い」と規定し、地方税の賦課徴収に関する規定を地方団体の条例で定めることを強制する。

現行実定法では、憲法規定から法律規定へ、法律規定から条例へと、地方税の賦課徴収に関する法令上の委任がなされ、地方税は条例で規定されると解する考えがある。すなわち、憲法の「法律の範囲内」が強調され、地方自治法では「法律の定めるところにより、地方税を賦課徴収することができる」と規定し、地方団体は実質的に課税自主権をもたず、地方税条例主義も「賦課徴収について定をする」という立法形式として捉えられている。これが形式的地方税条例主義論、または委任租税条例主義である（形式的地方税条例主義は筆者、委任租税条例主義は北野・原論105頁）。この考え方は、旧自治省などが採用していた。しかし、日本国憲法が保障した地方自治の理念から導かれる自治体自主課税論、自主財政主義からは疑問とされる。

これに対して、「国のレベルにしろ、自治体のレベルにしろ、課税権は立法権の一つの態様であり、課税権の本質は立法権である。自治体の課税権は、地方議会の議決を経て条例の制定というかたちで行使される。住民はこの条例のみによって法的に納税の義務を負うのである。国の法律ではなく条例が、地方税についての租税債権債務関係発生の法的根拠となるのである。自治体の課税権は日本国憲法92条以下によって創設されたものである。このように考えてくると、かりに日本国憲法84条の『租税法律主義』が地方税についても適用されるとしても、同条の『法律』は地方税については『条例』そのものを意味するものとみなければならない。つまり、地方税については国の法律である『地方税法』が委任した場合のみに例外的に租税条例で規定できるとする委任租税条例主義ではなく、本来的租税条例主義こそが日本国憲法の意図するところであるとみなければならない」（北野・原論105頁および357頁以下）という本来的地方税条例主義が展開されうる（秋田市国民健康保険税訴訟。判例ID：21076789はこの論理に基づき展開された）。

日本国憲法は、第7章92条以下に地方自治に関する規定を設け、地方自治を保障・確立した。これは、旧憲法の中央集権体制に対する反省であった。日本は、憲法において地方自治を認め、独自の課税自主権をも認めていた。しかし、現実には中央集権的（旧自治省、現総務省を中心とする）自治運営が国の法律

によりなされ、特に自治体財源は不十分なものにされ、かつ法定受託事務（かつての機関委任事務）が多く、交付税、補助金にたよる自治体運営であり、「ひも付き」自治がなされてきたといえる。「地方の時代」は何度となく叫ばれたが、一度もなく今日に至っている。憲法が保障した地方自治を再確認し、「地方分権」ではなく、法律により奪取された自治を奪還することが早急に行われなければならない。

　日本国憲法が保障した地方自治の本旨からすれば、本来的地方税条例主義が全うされなければならない。当然、民主国家における地方自治も市民的コントロールの下に置かれる。地方税の市民的コントロールとして、あるいは国民的コントロールとして、国家制定法・法律である「地方税法」が地方制定法・条例である「税条例」より優越するものと考えるべきなのかが問題である。

　フランスは、かつて租税法律主義を厳格に実施し（1955年憲法34）、地方税の課徴についても「法律」（租税一般法典〔Code générale des impôts〕）で規定していた。しかし、1980年に税率決定権が地方団体に移譲され、国の税法令で地方税率を知ることはできない。そして、フランスは地方分権を基本とする2003年憲法改正を行った。その結果、国際的にも提唱される「補完性の原則」を採用し、課税標準の決定権も地方団体に移譲した。民主主義の実験場として地方団体は機能しなければならない。

　日本国憲法は1946（昭和21）年制定時に地方分権を保障していた。しかし、現実には、フランスより遅れている感がする。これは日本における地方税の市民的コントロールが不十分であったことの証である。本来的には、市民の納税義務は市民代表により構成される議会制定法（法律・条例）により規定され発生するものと考える。税は最終的には法的産物である。憲法が地方自治を保障している限りにおいて、地方税の市民的コントロールは、地域市民のものであり、その代表の合議体である地方議会の制定法・条例が地方税の制定をする権限を有するものといえる。ただし、単一国家である日本において自治体課税権は、日本国憲法が地方自治を保障したとしても、国家的にある程度の制約を受けることは認めなければならない。この点において、日本の地方自治権は、連邦国家を組織する州の自治権とは異なるものといえる。

　（5）地方税条例主義の認識と進展　　国税法律主義に比べ、地方税条例主

義は十分に認識されているとはいえない。税法学研究者の中では、上記の地方税条例主義は周知のことである。これを否定する学説はないであろう。

しかし、国税法令では、たとえば、法人税法2条（定義）44号における地方税の定義は、地方税法に規定するものとする。また同38条（法人税等の損金不算入）も「地方税法の規定による道府県民税及び市町村民税」と規定する。国税法令は、地方税について地方税法の規定を前提としている。

また、判例においても、秋田市国保税訴訟の後、地方税条例主義ないしは自治体自主財政権を基調とする裁判が提起されているが、消極的判決が多い。たとえば、大牟田市電気税訴訟（福岡地判昭55.6.5 判例ID：21069801）、固定資産評価基準による市町村長の固定資産評価を義務としている地方税法403条に関する訴訟事件（神戸地判平11.3.29 判例ID：28050883、神戸地判平9.12.22 判例ID：28040641、前橋地判平8.9.10 判例ID：28021044）、東京都銀行税訴訟（東京地判平14.3.26 判例ID：28071568、東京高判平15.1.30 判例ID：28080770）、神奈川県臨時特例企業税訴訟（横浜地判平20.3.19 判例ID：28141785）など。なお、神奈川県臨時特例企業税訴訟は、高裁（東京高判平20.2.25 判例ID：28160577）にて行政側の逆転勝訴判決となり、最高裁（最一小判平25.3.21 判例ID：28210886）では再逆転となり、条例の違法無効とされた。

9）税法各論原則等

（1）税法学体系と原理・原則　　本書では、税法（学）を税法基礎、税法総論、税法各論に分ける。

税法基礎は、税概念、税法学の意義等、税法学の原理・原則、課税権と市民的コントロールの構造等を考察する。税法総論は、循環的税法関係に従い、税法立法から税法執行（税法行政、税法裁判）までにおける市民的コントロールを、日本税制における税法総則法令を基礎として考察する。税法各論は、課税基礎論に従い所得課税法、消費課税法、資産課税法に分け、日本税制を中心に検討する。

税法学は、税公準である「主権国家の実在」「自由経済の実在」「社会的公正」を基礎に、税法学存在根拠の税法（学）公準として「税法定原理」を認め、さらに税法一般原則である「税法定原則」を認め、この内容的展開として税法立法原則である「租税要件等法定原則」と「税負担公平原則」を展開し、かつ形

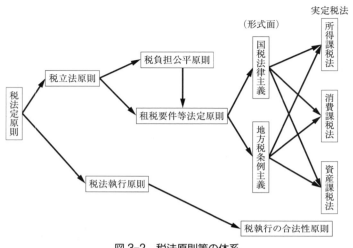

図3-2　税法原則等の体系

式原則である「税成文法原則」を展開し、これらに基づき税法の基礎原理・原則を構築する（図3-1、3-2）。税法学は、税法定原理・原則の下にある。

このことは、税法各論においても踏襲される。しかし、各課税において税法学以外の税研究科学からの要請などを考慮し、これら税法基礎原理・原則に加味される各論原則、またその下位の諸原則・主義・方法・基準が検討されるべきである。

(2) 税法各論の構成　本書は、所得課税、消費課税、資産課税の課税基礎論に基づき税法各論を検討する。しかし、別の体系方法論もありうる。たとえば、①国税・地方税・関税、②企業課税・個人家計課税、③直接税・間接税などの分類方法もある。また、税法学を実体税法の規定体系である税実体法、税手続法、税処罰法（租税刑法）、税救済法、税雑則法などに分類する税法学体系研究も認められる（金子・租税法はこの体系とみる）。

税法の基礎、総論から各論までを体系化するのであれば、特に税法学の対象である税は、税法学の独占対象ではなく、様々な税科学の成果を実定税法に採り入れることが要請されており、とりわけ税法各論ではこの見地からの原則等も税法学原則として導入し税法各論を体系化しなければならない。所得課税は、

会計理論を無視できない。この点を考慮すると、所得課税、消費課税、資産課税の課税基礎論に基づき税法各論を構成することが現時点で望ましいものと考える。

【演習問題】
1 租税法律主義の意義・内容等について述べよ。
2 租税法律主義は古くからの原理であるが、この現代的意義について論じよ。
3 実定税法の解釈・適用において税負担公平原則はいかに機能するか説明せよ。
4 地方税の賦課・徴収につき日本国憲法84条は適用されるか論じよ。
5 所得税法12条「実質所得者課税の原則」の意義内容について説明せよ。
6 税制改革法の制定背景とその理念「公平、簡素、中立」につき説明せよ。
7 税法における信義則の適用関係について論じよ。
8 所得税は暦年課税で実施されるが、その年度中である4月1日施行の改正法において1月1日まで遡って改正法を適用することは、どのような問題があるか説明し、論じよ。
9 税法改正により、分離課税制度において遡及的に優遇税制としての損益通算措置を廃止するという不利益変更を行う反面、同時に適用税率を軽減するという利益変更措置をする場合、この遡及的税法改正は遡及立法禁止に反するか。
10 日本の裁判所における税金事件が租税法律主義に基づき争われることが多い。その理由を説明せよ。

第4章

課税権、その市民的コントロール

　税法は課税権と納税義務との関係を規律するものである。課税権の理解が税法理解の鍵である。特に、主権者の課税権は三権分立国家では税法立法権、税法行政権、税法裁判権に分掌的段階的に構成され、この課税権と市民の納税義務との関係は循環的税法関係と理解され、税法は各段階での課税権の市民的コントロールを保障する法体系を目的としている。

1　政府と市民

1）経済的関係

　初期の資本主義では、政府は、「小さな政府」として位置づけられ、消極的な存在であった。しかし、資本主義の発達による弊害（貧富格差、景気の波、失業、寡占、独占）が顕著となり、「国家による自由」が求められ、市場への国家介入（経済法、労働法）が拡大し、経済での政府機能（公共投資等）が重要なものとされてきた。

　市民として企業活動や家族生活をするうえで、政府は、市民の財産と生命を守るものであり、その経費は市民（企業、家計）が税金として負担する。このシステムが基本的な国家経済システムである。市民の税負担は、消極的国家から積極的国家へと移り、増大していった。

2）政治的かつ法的関係

　国家主権は、国内的最高意思決定権であり、対外的には独立権として認識される。

　主権在民の「民」は国民主権、民族主権などと呼ばれ、主権の主体は国により異なることもある。しかし、その基本は、人民であり、市民である。

　政治の現実は、君主国家システムと民主国家システムとの対立、共存などにより行われる。政府と市民の政治的関係は、国により多様である。しかし、日

本の政治は、日本国憲法前文が「国政は、国民の厳粛な信託によるものであつて、その権威は国民に由来し、その権力は国民の代表者がこれを行使し、その福利は国民がこれを享受する」と述べているようなものとして認識される。政治は、常に権力的であるが、国民の福利を実現するものでなければならない。そして、政治は、主権者国民の代表者が成文法を制定し実施される。

政府には、国家の中央政府が必ず存在し、また地方政府もある。基本的には、市民と中央政府と地方政府との関係は、その国の憲法が定める。

2　課税権の本質

1）課税権は主権の一属性

課税権は、主権の一属性であり、政府の市民への税の課徴権利であるが、その根源は国家主権にある。

2）課税権の権力性と合法性

先の日本国憲法前文の規定が示すように、政府と市民との関係は、支配と服従との関係として現れ、権力的である。したがって、課税権の行使も、常に権力的に行われる。しかし、課税権の行使は、民主国家においては、常に合法性、法の支配が要請される。封建君主国家時代の君主と市民との関係は直接的権力関係であったとも評することができるが、民主国家の政府と市民との関係は、市民代表を通じて立法した法令に基づいた権力関係である。

3　課税権の段階的構成

1）課税権とは何か

課税権とは、言葉的意味では、税を課徴する権利または権限である。従来、課税権の主体は、政府、行政としてのみ理解されていたといえる。そのため、従来の租税法律関係論は、主権と納税義務との関係を捨象していた。

税は主権国家における主権者の課税権行使と市民的承諾・同意により発生する歴史的、社会的、経済的、政治的、法的現象である。主権者の課税権行使と市民的承諾・同意は、税法関係（課税権と納税義務との関係）として理解され、通常、議会制民主主義システムを通じて行われ、税法定原理が支配し、実定税法・成文税法として規定される。税法関係において課税権は、市民的コント

ロールの対象であり、市民の納税義務と対峙され、税法体系は課税権の体系としてみることができる。

　課税権とは、主権国家における主権者がその領域内の市民から税の課税徴収を行使するという意思の基礎的表現である。課税権は税創設力である。課税権の行使は、公権力の行使として表現される。

　課税権は、主権国家の主権の一属性である。この主権国家の課税権を課税主権（Tax sovereignty、Souveraineté fiscale）と呼ぶ。そして、税の課徴母体となる課税団体は、国（中央政府）のほかに地方団体（地方政府）もなることがある（このほか、公的団体を課税団体とすることもありうる）。このような課税団体が有する課税権を課税権能と呼ぶ（日本国憲法94条「権能」から）。さらに、課税主権の具体的展開として、権力分立論に基づき、各国憲法の統治組織制度に従い、税法立法権、税法執行権とに大きく分けられ、税法執行権が税法行政権と税法裁判権とに分けられ、さらに税法行政権が税賦課権と税徴収権とに細分される。各統治組織が有する課税権を課税権限と呼び、日本では税法立法権、税法行政権、税法裁判権に分けられる。

　このように課税主権を頂点とする課税権の段階的構成が一般に認められる。下位の課税権は、上位の課税権の具体化であり、上位の課税権者の意思に反する課税権の行使は許されない。課税権は、常に権力的である。民主国家の主権は市民・国民が有することから、各段階の課税権行使は市民的コントロールの下にあり、かつそれを法的に具体化し保障しなければならない。

2）段階的課税権と納税義務との関係

　税法関係は、基本的には、課税権者と納税者との関係、すなわち主権国家における主権者の課税権と市民の納税義務との関係である。主権国家の課税権を段階的課税権として構成する場合、そこにおける課税権と納税義務との関係も段階的に構成される。また、各段階における税法関係の市民的コントロールも段階的に保障され、規定されなければならない。そして、税法関係は、民主国家では、循環的税法関係として理解されなければならない。

　課税主権と市民の納税義務との関係は、市民的国費分担として表現され、市民の納税義務は具体的納税義務額が確定していない抽象的納税義務である。フランス人権宣言13条、日本国憲法30条は、この段階の納税義務に関する規定

である。

　課税主権から課税権能、課税権限へと課税権が展開し、市民の納税義務もより具体的なものへと展開する。最終的には、税法行政権（税賦課権〔金子説では税確定権〕と税徴収権）と市民の納税義務との関係となり、市民の納税義務は具体的納税義務額の確定した具体的納税義務となる。なお、申告納税制度の下では、税行政機関の課税処分を基本的に必要としないことから、市民の自主的な税確定となり、主権者・市民・納税義務者の自己課税（self-assessment）と市民の納税義務との関係となる。これは、ある意味で民主主義を表現するものともいえる（北野・原論253、259頁「申告納税制度を日本国憲法の国民主権原理の税法的表現・展開としてとらえることができる」参照）。

3）主権国家の課税主権

　国際課税（主権国家間の課税問題：国際的二重課税問題、国際取引における税障壁の排除などを検討する税法分野）において問題となる、日本の課税権、アメリカ合衆国の課税権と呼ばれるものは、課税主権としての課税権である。

　課税主権は、主権と同様に、当然であるが、主権国家に一つの課税主権が存在する。課税主権は、その主権国家の主権が及ぶ地域と市民に対して適用される。

　しかし、実際の課税システムでの納税義務者は、市民としてではなく、国籍、本店所在地、居住者、非居住者などの基準をもって決定される。日本国籍を有する者であっても、アメリカ合衆国に居住する者は、日本の課税権にも属するが、アメリカの課税権にも属することになる場合がある。これが国際課税の基本的問題である国際的二重課税である。これは、課税主権に対する市民の納税義務の関係を、属地的に捉えるか（属地主義）、属人的に捉えるか（属人主義）、による相違である。

　また、国際的領土問題も課税主権との関係では重要な問題となる。日本では、北方領土問題、竹島問題（東京地判昭36.11.9判例ID：21015512）などがある。「北方領土はわが国固有の領土である」との日本の主張は、相続税の課税において現実性がない（課税されている事実が確認できない）。相続税法附則2項「この法律は、本州、北海道、四国、九州及びその附属の島（政令で定める地域を除く。）に、施行する」と規定し、同施行令附則2項「法附則第2項の規定により法の施行

地域から除かれる地域は、当分の間、歯舞群島、色丹島、国後島及び択捉島とする」と規定し、北方領土は「当分の間」法施行地域から除外されている。この除外は、相続税法以外にも所得税法などにもある。

　課税主権の基本問題として、その地域が主権国家として国際的に認められているか否かがある。国際関係において主権国家は、独立した国家として認められ、主権国家間平等の原理が保障される。しかし、租借地（イギリスの旧租借地・香港、ポルトガルの租借地・マカオ）、植民地などは、本国の課税主権の支配に属する。また、独立国か否かの問題として、国際的承認問題との関係では、たとえば、台湾、パレスチナなどの問題が提起される。課税主権は、一国一課税主権である。

　課税主権と市民の納税義務は抽象的納税義務関係である。日本国憲法30条は、国民の納税義務を規定しているが、基本的には市民の納税義務であり（英訳ではpeopleを使用）、また住民、法人、外国人も実定税法における租税要件等に関係する限りにおいて日本での納税義務を有する。同条が「国民」と規定しているから、日本における外国人課税は違憲であるという解釈は成り立たない。同条は、国費の市民的分配について、日本の市民代表として「国民」という表現を用いたに過ぎない。この規定自体、1条の国民主権、84条の租税法律主義の各規定があることから、不要であり、単なる確認規定であり、形成規定ではない。

4）国と地方団体の課税権能

　課税権の国内的展開として、国のほかに、地方団体にも課税権を認めることが行われる。課税団体ごとの課税権を課税権能という。国の課税権能については説明する必要はないが、地方団体の課税権能は、国により全く異なる態様を示す。また単一国家と連邦国家でも、異なる。

　主権国内において地方自治が認められる程度により、地方課税権能の範囲等も高低差がある。その判定基準は、統治システムとして税法立法機関と税法執行機関（税行政機関と税裁判機関）が完全に保障されているか否かである。

　日本では、税法立法権は保障され（法律の範囲内という憲法上の制約がある）、税行政も認められるが、地方独自の税裁判機関が完全でないことから、日本の地方課税権能は不完全である。これは単一国家であることからの制約である。日

本国憲法における地方自治の保障は、旧憲法下の中央集権的国家運営に対する反省であり、単一国家機構の範囲での制約を課される。しかし、民主主義的租税構造は、地方税においても貫かれるべきであり、国の法律で地方税の賦課徴収規定、地方税の租税要件等をすべて規定することはすべきではない。

課税権能と市民の納税義務との関係は、基本的には課税主権との関係と変わらない。ただし、国の課税権能と地方の課税権能との関係は、税源（市民の税支払泉である所得、消費、資産）配分問題を有する。また複数の地方団体がある場合、その各地方課税権能間の問題として、市民の住所有無、行政境界などによる問題が発生する。

市民生活と密接な関係を有する地方自治体の課税権は、国の課税権よりも優先されるべきである。税源配分も自治体優位のものであるべきである。特に、地方の時代、地方分権といわれる今日、補完性原理に基づいた国・地方行政の役割に応じた国税・地方税のシステムが構築されるべきである。

5）税組織の課税権限

主権者の課税権は、国税、地方税に分けるか否かにかかわらず、税法立法権と税法執行権とにより行使される。税法執行権は、一般に、税法行政権と税法裁判権とに分けられる。そして、これらはそれぞれの税組織法に基づく税法執行組織、税法行政機関、税法裁判機関に所轄される。

課税権というと税務署（税法行政機関）の課税権を直ちに想定しがちである。その課税権は末端の課税権でしかないことを確認しなければならない。

税法行政権は、狭義の課税権ともいえる。税法行政権は、税法立法権により具体化、明確化され法定された主権者の課税意思の実行であり、市民・納税義務者に対する納税義務の履行を強制請求する権利を税行政機関に付与する。税法行政権は、税賦課権と税徴収権とに分割しうる。日本では、税賦課権と税徴収権とを異なる行政機関に分掌されていないが、行政内部統制を図るためには、税賦課権と税徴収権を異なる行政機関に分掌させ（たとえば、フランスはかつて税賦課権を租税総局に、税徴収権を会計局に分掌させていた。人員採用も異なる採用試験）、互いの権利行使を行政内部的にチェックさせることが市民的コントロールから望ましい。したがって、会計官は、課税官の合法課税適否をチェックし税の課徴を実施する。そして、会計官の税課徴の適正は、会計検査院により損害賠償

を含め裁判的に統制される。

　税賦課権は、実定税法の厳格な執行として、納税義務者の行為に対する税法を適用することで、納税義務額を確定することを税行政機関に認めるものである。納税義務額は、実定税法に定める租税要件等に基づき算出されるべき納税義務額と過不足なく一致しなければならない。税法定原理は、これを保障するものである（法予測可能性）。申告納税制度では、市民の申告納税額も実定税法に規定する租税要件等に基づき算出されるべき納税義務額と同額でなければならない。税法の執行としての税賦課権行使は、税法の内容と異なるものを形成する行為でないことから、金子説が説くように「確定権」という表現が適切ともいえる（「納税義務は法律の定める課税要件の充足によって成立し、更正、決定、賦課決定は租税を賦課する行為ではなく、納税義務の内容を確定する行為であることから、賦課権とか賦課処分という言葉を用いるのは不適当でいると考える」金子・租税法140頁「＊確定権」参照）。ただし、申告納税の市民・納税義務者による自己課税、無申告の場合の税行政機関の決定は、本質的には課税権行使であり、「確定権」という呼称より「賦課権」の呼称が適当であると考えている。

　税徴収権は、税賦課権の行使により確定された納税義務額の強制徴収を税行政機関に認めるものである。これは、市民・納税義務者が自主的に納税義務額の支払をしない場合、すなわち納税義務の履行が遅滞した場合にのみ、認められる。税徴収行政機関は、税賦課行政機関の税賦課権行使の後に税徴収権の行使が置かれることから、行政内部統制として、税賦課行政の行政的統制を実行することにより市民的コントロールを保障するものと考える。税徴収行政機関の市民的コントロールは、行政段階での行政監査請求制度、第三者機関である会計検査院（本質的には、会計官、出納官、徴収官など財政収支に直接携わる公務員の違法行為を判断する裁判所）により行われる。

　税裁判は、税法行政権の執行に違法がある場合、市民・納税義務者が実定税法の執行を妨害する場合（詐害行為取消権の行使等）などに、税裁判機関に認められる税行政機関または市民・納税義務者の行為是正をするものである。税法裁判権は、特殊裁判所としての税裁判所（Tax court）、または通常の司法裁判所に属する。日本では、司法裁判所である最高裁判所とその下にある下級裁判所が税法裁判権を有する。税裁判は、その事件の性質により、行政争訟手続、民

事訴訟手続、または刑事訴訟手続に従い、対処される。

　税裁判における問題として、訴訟物の取扱いに関し「総額主義」か「争点主義」かの問題がある。裁判所の基本は、訴えてきた者（原告、原告人）の主張が正しいか正しくないかの判断をする場である。したがって、裁判所の基本からすると、争点主義が採用される。

　しかし、税法裁判権の行使を税法執行の合法性原則を担保するものと位置づけすると、税法裁判は、税法立法の適正かつ厳格な執行を税行政機関の税法行政権行使とともに履行すべきものとなる。このような考えは、総額主義が妥当する。実定税法の適正額150、原告・納税者の申告額100、被告・税行政機関の更正処分額120の場合、税裁判は、通常、原告・納税者の主張である被告・税行政機関の更正処分額120の取消請求の適否を判断し判決（適：認容、否：棄却、手続不備：却下）する。争点主義では、この場合、棄却判決が妥当とされ、判決効果として、被告・税行政機関の更正処分額120が納税義務額として確定する。税裁判所は、実定税法の適正額150とする判決はできない。この結果、適正額が税法執行で保障されないともいえる。これに対して、総額主義では、適正額150判決も可能となる。しかし、この考えは、裁判法の基本、通常理解を超える。また、税裁判機関に裁判機能以外の行政機能をもたせるものであり、現実に裁判所が税法行政権も行使することは、権力分立論からも問題がある。ただし、税裁判所の税事実認定が適正な税行政の見直し（再更正の材料）になる。

　税法執行は、現代行政、裁判のあり様が反映し、時として権力に従属する。日本の税金裁判において原告・納税者の主張が認められる判決（認容判決）は、非常に稀である。この原因を市民の間違った提訴と解したくないが、なぜに納税者の敗訴となる裁判が多いのかは学問的にも検討されなければならない。

4　課税権の限界

1）課税主権の限界

　課税主権は、主権が国内最高権力、最高意思力であることから、基本的には国内無制限である。これに対して、国外では、国際関係上の限界、制約が課税主権に対してある。

　すなわち、課税主権の限界として、地理的地域的限界（属地的限界）と対人的

限界が認められる。

　課税主権の属地的限界は、主権の及ぶ領域内である。日本は、第二次世界大戦の敗戦前、現在の領土のほか、朝鮮（大正9年制令〔朝鮮総督命令〕第16号朝鮮所得税令）、台湾（大正10年律令〔台湾総督命令〕第4号台湾所得税令）、樺太（大正9年勅令第228号樺太所得税令）が領土とされ、また関東州（大正9年勅令第227号関東州所得税令）、南洋群島（直接国税として人頭税、鉱区税）も統治下に置いていた。戦後、日本の課税主権は属地的に縮小した。

　課税主権の対人的限界は、個人であれば国籍、法人であれば本店、主たる事務所の登記地の問題と関係する。課税主権は、その統治領土内の市民に対して及ぶのが基本である。それゆえ、国籍、本店所在地等は、課税主権との関係において、さほど重要ではない。フランス人権宣言13条も国籍を有する「国民」が国費分担をするものとせず、「すべて市民」が主役である。また日本国憲法30条は「国民」の納税義務を形式的には規定しているが、これは市民の代表としての「国民」であり、またこの「国民」の英訳（宮沢俊義『コンメンタール憲法』〔1955年、日本評論新社〕参照）は「people」である。したがって、日本の主権が及ぶ領域内（実定税法が法適用地域から除外しているものを除く）において、日本国籍の有無、日本領土内に本店所在の有無に関係なく、日本の課税主権は行使される。

　しかし、国際的な「モノ、カネ、ヒト、情報」が複雑に行き来する現代社会では、国際課税も複雑なものとなり、国際的二重課税（排除）問題ばかりでなく、国際的租税回避行為、脱税行為への対処、諸外国の課税権行使との調整など、多岐にわたる問題を抱え、一国の課税主権の行使は国際的調整の中で実行されなければならない時代になっている。特に、21世紀環境の時代には、先進国の課税主権は、地球環境保全を無視して実行することは許されないものと考える。

2）課税権能の限界

　課税権能レベルの課税権は、その国家における課税団体の種類と数に応じて存在する。単一国家では、通常は、国の課税権と地方の課税権とに分けられる。そして、課税主権者に認められた課税権能は互いに平等で独立したものであるべきである。したがって、国が地方団体に課税することも、地方団体が国に課

税することも認めるべきでない。また、他の課税権能に服従・従属するような課税権の行使も認められない。

国税課税権能は、本質として国家課税権であり、課税主権の限界と同様のものが考えられる。ただし、国税課税権能の国内的限界として、地方団体に一定の自主財政権を憲法的に認めた場合、国と地方との間での税源配分をめぐる基本問題が発生し、これによる国税課税権能の限界がある。

これに対して、地方税課税権能は、憲法または国の法律に保障された限りにおいて認められるものである。地方税課税権能は、複数の地方課税団体が認められるとき、ミニ国際課税問題ともいえる地域的限界と対人的限界がある。地域的限界は、行政区画、行政境界内と一致する。また対人的限界は、住民か否かによるものである。

3）課税権限の限界と実定税法

主権者の課税権行使は、基本的には課税権限としての税法立法権と税法執行権として理解される。税法定原理の税法執行面での基本原則である税法執行の合法性原則から、税法立法権が税法執行権に優越する。したがって、課税権限の限界は、税法立法権の限界、より具体的には実定税法の限界として理解される。これには、(1)地域的限界、(2)対人的限界、(3)経済的限界、(4)時間的限界、(5)憲法的限界がある。実定税法の立法に際しては、これらのことが基本的に考慮されなければならない。

（1）地域的限界　課税権は、主権の属性であり、その主権が及ぶ領域内において行使される。日本の実定税法では、これは「法律の施行地」（所税法2条、法税法2条、消税法2条など）、「法の施行地域」（相税法附則2項）として規定される。

（2）対人的限界　課税権の行使の相手は、基本的には「すべて市民」である。しかし、実際の課税権の行使は、基本的には、国籍、住民登録、本店登録などを基準として行われる。これは、「納税義務者」の範囲として実定税法において規定される。

日本の所得税は、居住者課税であり、日本国籍の有無ではなく、住所の有無が納税義務者判定の基準となっている。この場合、外国籍の居住者も想定され、国際的二重課税の問題が常に発生する

（3）経済的限界　税法公準として「自由経済の実在」があることから、

課税権の行使の結果が市民経済を崩壊させるものであってはならない。

経済学で、Y（収入・国民所得）＝C（消費）＋I（投資・資産形成）＋G（政府支出、租税負担）があるが、これを是認するものとすれば、市民の税負担総額は国民所得を超えることはできないものと考える。また課税対象の価値を超える税負担は税ではないともいえる。たとえば、たばこ1箱1000円のうち税金が500円を超える場合の税率は製造原価等に対して100％を超えるものであり、また200％関税などは、基本的に許されない。これが許されるには、市民的承諾・同意が民主的コントロールの下になければならない。そうでないものは、税ではなく、単なる権力による略奪である。

これは、「納税義務者」の範囲、「課税標準」の計算、「税率」構造などとして実定税法において規定される。かつてフランス租税一般法典1条は、「納税義務者の直接税負担はその者の所得の50％を超えるものであってはならない (Les impôts directs payés par un contribuable ne peuvent être supérieurs à 50 % de ses revenus)」と規定していた（これを「課税シールド〔bouclier fiscal〕」〔投資分野での節税効果としての「タックスシールド」とは異なる〕と呼ぶ。2013年廃止）。

（4）**時間的限界**　　税法定原理の目的・機能は、税領域における法的安定性・法予測可能性を市民に与えることにある。そこから、課税権の具体的行使は、一度、具体的納税義務が確定したとしても、永久的なものではなく、一定期間の行使がない場合には、その義務履行を認めないことが税法定原理に適合する。これは、徴収権の「消滅時効」、賦課権の「除斥期間」として実定税法に規定される。

また逆に遡っての課税権行使も法的安定性・法予測可能性に反することから、「税法立法の遡及禁止」が認められる。ただし、市民に有利な税法立法の遡及は、原則論からは認められないが、税の市民的コントロール下において認められる場合もありうる。

課税権行使の時間的限界に関して、税徴収権を毎年の予算成立と関係させるか否かで、「年税主義」と「永久税主義」との相違がある。フランスは議会における予算成立と税徴収を関連させている（毎年成立する財務法律〔Loi de finances〕1条に規定する慣例）。日本では、旧憲法63条「現行ノ租税ハ更ニ法律ヲ以テ之ヲ改メサル限ハ旧ニ依リ之ヲ徴収ス」と規定し永久税主義を採用して

いた。また同 71 条「帝国議会ニ於イテ予算ヲ議定セス又ハ予算成立ニ至ラサルトキハ政府ハ前年度ノ予算ヲ施行スヘシ」と規定し、税財政議会中心主義を形骸化していた。これに対して日本国憲法はこれらの規定を有していない。ここから永久税主義を廃止したともいえるが、財政法などに年税主義を採用する規定もなく、実質的に実定税法が改正されるまではそのままで課税徴収される永久税主義的制度がとられている。

(5) 憲法的限界　実定税法も国内法である限り、国内法体系に従い国内最高法規である基本法・憲法に反することはできず、実定税法は多くの憲法規定との調整を必要とし、課税権の行使である税法立法は憲法的限界を有する。

すでに検討したように、税負担公平など多くの税法的判断が憲法規定に基づき論じられている。ただし、実定税法が実定憲法に支配されるとしても、学問としての税法学は憲法学に支配されるものではない。

5　課税権の競合とその調整

1) 国際的課税権競合とその調整

国際的課税権の競合は、現代のような複雑な社会においては仕方のないところである。しかし、従来、特に国際的二重課税 (多重課税) は、排除されなければならないものと考えられてきた。二重課税ないし多重課税は、市民が負担すべき税額が二重ないし多重に負担する結果となることである。これには、法的二重課税と経済的二重課税とがある。

法的二重課税とは、同一の課税物件を有する市民 (一定の法人も含む) に対して居住地国 (本店所在地国) と源泉地国とがともに課税権を行使することで市民が二重に税負担を被る、課税を受けることをいう (複数課税権の行使による二重課税)。国内的にこの法的二重課税は、国内実定税法において調整され規定されていることから起こることはない。しかし、国際的には、「ヒト、モノ、カネ、情報」の国際的移動が頻繁になるにつれ、調整がつかず、この二重課税が頻発してきている。そこで、実定税法では、国際的二重課税排除の条約締結が行われている。モデル条約として、OECD モデル条約 (Model Double Taxation Convention on Income and Capital) や国連モデル条約 (United Nations Model Convention for Tax Treaties between Developed and Developing Countries) がある。法の効力と

しては、条約が実定国内税法に優先することが認められる。また、実定税法による排除方法としては、①外国所得免除方式、②居住地国課税方式、③外国税額控除方式などが採用されている。

これに対して、経済的二重課税とは、株主としての市民が法人企業利益に対して法人税課税を、また法人企業利益の配当に対して所得税課税を受けるというように、あるいは給与所得者が給与所得に対する所得課税を受けた後の所得を貯蓄したときの利息に所得課税するように、同一課税権が同一人の複数の経済行為段階での同一税源に対する課税を受けることをいう（同一課税権の同一税源に対する多段階経済行為課税）。国内実定税法でも起こる二重課税であるが、基本的には排除調整が行われない。ただし、株主と法人企業利益との経済的二重課税については、各国で、調整措置を講じている。この経済的二重課税が国際的に起こる場合（外国法人企業への投資など）、無調整国と調整国との間では問題となるが、基本的に、実定税法はこれを排除しない。

国際的二重課税のほかに、領土問題に関連する税問題（日本では竹島問題があった）、ユニタリー課税問題、タックス・ヘイブン問題、トランスファー・プライシング（移転価格税制）問題、国際的脱税・租税回避問題、インターネットによる電子商取引への課税問題、社会保障税（年金掛金）の統合問題、課税亡命（Exil fiscal）、国際的税マーケット競争など国際課税問題は広範囲になってきている。

2）国内的課税権競合とその調整

同一課税主権の下での課税権能間の競合は、基本的には、国内実定法（憲法を含む）により調整され排除されるものといえる。ただし、国と地方の税源配分、自治体境界線上の土地課税等、労働人口の地域間移動による税財政上の問題が発生することが考えられる。

国と地方の税源配分は、地方自治を重視するか、国の統一的管理を重視するかにより、異なるものとなる。日本では、憲法が地方自治を保障していることから、地方自治運営経費を補充できる税財政構造が地方自治体に認められなければならない。しかし、現実には、三割自治と呼ばれ、十分な税財政構造が保障されているとはいえない。その根本の原因は、国の法律である「地方税法」にある。地方税に関する租税要件等は、すべて地方税法に規定されているとい

っても過言ではない。実務においても「○○税条例（準則）」としてモデル条例が作成され、各地方団体は、「○○」に具体的な市町村名を入れるだけで、それが地方議会で審議・可決され、地方税の実務が遂行される。

　自治体間の境界線は、地域の市民的自治を中心として、その一種の「縄張り」的境界を基礎とし、河川の流れの中心線、山の稜線を基準として、流域的自治を形成していたものを前提に発展してきている。自治体境界線上の土地課税は、その境界線の設定により、課税団体の決定に大きく影響する。隣接する地方団体間では、国際課税における領土問題と同様、重大な問題となる場合もある。日本の事例では、筑波山土産店事件（最一小判昭61.5.29 判例ID：27100042）がある。この事件では、上告人・被控訴人・原告である茨城県真壁郡真壁町と、被上告人・控訴人・被告である茨城県筑波郡筑波町との争いである（行政法的には市町村間の訴訟として注目された）。

　このほかの境界線上の問題として、固定資産税評価額の調整の問題がある。現実には、行政協定として関係地方団体間の協議で解決する。地方税法8条は、「地方団体の長は、課税権の帰属その他この法律の規定の適用について他の地方団体の長と意見を異にし、その協議がととのわない場合においては、住民基本台帳法（昭和42年法律第81号）第33条の規定の適用がある場合を除き、総務大臣（関係地方団体が一の道府県の区域内の市町村である場合においては、道府県知事）に対し、その決定を求める旨を申し出なければならない」と規定している。また、市町村の廃置分合があった場合の課税権の承継（地税法8条の2）、市町村の境界変更等があった場合の課税権の承継（地税法8条の3）、都道府県の境界変更があった場合の課税権の承継（地税法8条の4）の各規定がある。

6　課税権の市民的コントロール

1）税法立法権の市民的コントロール

　税は立法により創設される。判例は、税と税外負担との基準を立法裁量に委ねている。税の本質は、税法立法にある。民主国家では、市民・国民が主権者であり、議会制民主主義を採用する限り、市民代表が議決した法律・条例に対する市民的コントロールは不要であるとも考えることができる。そこには、市民の代表が市民の福利を考慮しない法令を立法することはありえないという大

前提がある。しかし、違憲立法審査も、地方議会に対する解散請求手続等も現実に制度化されていることから、議会に対するコントロールの必要性が認められる。

議会は国権の最高機関である。その議会に対するコントロールは不要ともいえる。しかし、現実には、国政選挙での投票率の低下、二世三世議員の誕生、議会の官僚支配（官僚立案の法案提出、可決）などにより、議会の形骸化が叫ばれる。結果として、市民感覚と異なる立法がなされうる。裁判所の違憲立法審査手続は、一つの裁判手続であり、市民に負担となる。市民が簡易に法案などに意見を述べることができるシステムが望まれる。最近では、法案提出に際してネット等での意見収集がなされている。

請願権（憲法16条）が市民・国民に認められるが、その具体的な手続について知る市民は少ないのではなかろうか。これは、市民の議会コントロールとしては有効なものと考える。また、執行面でも請願権行使は有効である。

国政に比べ、地方議会に対する条例制定については、直接民主主義的手続が地方自治法に規定されている。直接請求として、条例の制定または改廃の請求（地自法74条）、議会の解散請求（同法76条）がある。

2）税法行政権の市民的コントロール

税行政は実定税法規の誠実な執行をしなければならない。また、税行政は法令実施のために政令または規則を制定することができる。前者の税法執行は、執行相手である市民からの訴えに基づき、裁判所による統制の対象となる。後者の行政立法は、法律の範囲内で認められるものであり、これも裁判所による統制を受ける。税行政の市民的コントロールは、税法執行を受けた市民のみによりなされるもので、個別的なもののみが認められているといえる。

税行政の市民的コントロールが裁判所によるものであることは、訴えの利益、原告適格の問題が常に論議される。議会の市民的コントロールと同様、裁判所によるもののみでは、手続的に市民の負担は重いものとなる。

行政への市民による直接的コントロールとして、苦情相談、オンブズマンなどの制度がある。前者は、日本でも制度化されている。後者については、地方レベルでの採用はみられるが、国の行政については未だ制度化されていない。諸外国では、税財政に関する特殊なオンブズマン制度を採用するものがいくつ

かみられる（フランス、カナダ、オーストラリアなど、伊藤悟「フランス財務省メディアトゥールの創設」日本財政法学会編『財政の適正管理と政策実現』〔財政法講座2〕〔2005年、勁草書房〕第5章所収）。

　税行政は通達行政である。これは、税行政のみではなく行政一般の問題である。税理士も、実定税法規ではなく、基本通達などの税行政示達に頼り税務を行う者もいる。この税行政示達は、行政による実定税法規解釈であり、税行政の画一化による税行政の公平性を確保するものとして必要であることは認識される。しかし、その解釈が誤っているとき、示達による新たな租税要件等の設定をしているときなどの場合に、これに対する直接的な市民的コントロールは、「苦情」しかないといえる。この誤謬を訂正するための裁判手続が望まれる（しかし、裁判所にその適否を判断する能力・機能があるかも疑問である）。

　税務争訟では、税行政が税法紛争を審判する。市民としては裁判経済を考慮し、不服申立て段階での紛争解決を望むものである。この手続での市民的コントロールが保障されることが要請される。フランスでは、土地の評価額の決定問題に際して、市民代表（農家代表、漁民代表、商工業者代表などの業界代表）にて構成される委員会が評価額決定や裁決を行っている。日本でも固定資産評価審査委員会（地自法202条の2⑤、地税法423条）も、このような機能を有している。国税不服審判所は、このような代表委員会制ではない。専門性を重要視すると、現行のような組織とならざるをえないが、市民的コントロールが機能するような制度が望まれる。

3）税法裁判権の市民的コントロール

　裁判所は市民にとって権利救済の最後の砦である。しかし、現実には、特に税務裁判において市民が勝訴することは稀である。通常、裁判は原告の勝訴率が高いものである。税裁判では、原告・納税者の勝訴率が低い。これは、裁判官の税法解釈が専門家である税法行政機関の税法解釈（通達等）に傾注する傾向があるとも指摘できる。

　三権分立によるチェック・アンド・バランスがとられているのが日本のシステムである。しかし、官僚支配が強く感じられ、立法機関である議会も行政提出法案を審議・可決し、裁判機関である裁判官・裁判所も法律に拘束されることから、結果として、行政に支配されている感が市民にある。循環的税法関係

において、税法行政が大きな権力を行使している。

　裁判による最終的市民救済システムは維持されなければならない。新司法試験制度では、「租税法」が選択科目となり、法曹人の税法理解が進み、税法解釈もより市民的コントロールに傾注することが期待される。また、税理士が裁判における補佐人（税理法2条の2）となったことも、市民的コントロールとして機能することが期待される。税法専門家は、市民的目線での税法解釈をすべきである。

【演習問題】
1　日本国憲法の下での日本国の課税権構造を説明せよ。
2　日本国憲法30条「すべて国民は」「納税の義務を負ふ」という規定から、日本での外国籍を有する者への課税は認められるか否か、論じよ。
3　課税権は主権の一属性であるから、いかなる課税も当該国内において認められるとする考えは正しいか、論じよ。
4　無税国家というものがあるとすれば、どういう国家であるか説明せよ。
5　国家において、国税のほかに地方税等は必要か否か論じよ。
6　日本国の領土である北方領土にかかる日本の税法の適用について論じよ。

第5章

税法立法権、その市民的コントロール

1 税法立法の意義

　主権国家における主権者の有する課税主権の具体的行使は、税法定原理・原則に基づき税法立法権の行使から始まる。国内の税法関係は、税法立法に基づき展開され、これを中心に循環的関係が形成されている。

1）課税主権の具体化・行使と市民の承諾・同意

　税法立法は、基本的には民主主義主権国家では議会制度により実行され、主権者の課税意思、課税主権の具体化がなされるとともに、市民の代表者を通じての間接的課税承認として認識される。どのような税法制度を創設するかは、主権者の意思である課税主権行使、すなわち立法による。これは、税法定原則の立法面での基本原則である租税要件等法定原則に従うものであり、税成文法原則に基づくものである。

　課税主権の具体的行使は、その国の憲法が定める統治システムに従うものとなる。日本は、日本国憲法前文第1段落に、「ここに主権が国民に存することを宣言し、この憲法を確定する。そもそも国政は、国民の厳粛な信託によるものであつて、その権威は国民に由来し、その権力は国民の代表者がこれを行使し、その福利は国民がこれを享受する。これは人類普遍の原理であり、この憲法は、かかる原理に基づくものである。われらは、これに反する一切の憲法、法令及び詔勅を排除する」とし、日本の統治システムを明記した。同1条にも国民主権を明記し、日本の主権は国民にあることを明白にした。そして同41条は、国会が国権の最高機関であり、唯一の立法機関であることを明記している。このことから、日本の課税主権は、主権者である国民にあり、その具体的行使である税法立法は、国権の最高機関である国会により行われる。

　国税システムでは、上記のことが明白である。しかし、地方税システムにつ

いては、日本国憲法94条にいう「法律の範囲内」での地方議会での条例制定が認められ、一定の制約がある（地方団体に固有の税法裁判権はない）。しかしながら、地方税システムにおいても、住民代表である地方議会による税条例立法が課税主権者による課税権の具体的行使となる。

2）租税要件等の法定化・明確化

税法立法は、租税要件等法定原則に従い、租税要件等（納税義務者、課税物件、課税標準、税率、諸手続など）を具体的に明確に成文法・実定法に規定しなければならない。それにより、市民は、いかなる税が立法・創設されたかを知ることができるとともに、各自が負担する税額を事前に計算し確認することができる。これは、税法定原則が市民に法予測可能性と法的安定性を保障するものである。

3）税法の法源

税法立法の成果は、税法の法源を提供する。一般に法源とは、法の存在形式、または裁判基準となるものと理解される。法源としては、法律（憲法を含む）、命令、条例、規則、条約、判例、慣習法、学説、条理などがあげられ検討されている。ICT（Information and Communication Technology）時代の今日、国税庁提供ソフトでの電子申告が普及しつつあるが、このソフトも法源である。ソフトの不当・違法につき市民的コントロールをいかになすかが課題である。

4）税制の創設・改廃

税法立法は、課税権の具体的行使であることから、税制の創設を意味するものと容易に理解される。その一方で、税法立法は、税制の廃止、改正をなすものでもある。民主国家の循環的税法関係においては、国権の発動としての課税権行使としての税法立法が市民代表によりなされ（税制のインプット）、その税法立法に基づく課税権・税法執行として市民の納税義務の確定がなされ、かつその納税義務の履行が強制され、税法執行の市民的コントロールもなされ（税制のアウトプット）、そして税制のアウトカム（税収額、滞納額、脱税額、税裁判件数等）の評価がなされ、再び税法立法へと課税主権者（市民の政治的表現としての国民）の意思が循環的に組み込まれ、現行税制の是非が検討され、新たな税制の創設、現行税制の改廃が行われる。租税国家である民主国家では、財政収入の大部分を税収で賄われることが望ましい。日本の税財政制度は、租税国家の危機的状況にある。

5）税法執行の市民的コントロールの基礎

税法立法は、税の市民的コントロールの第一歩であり、税法執行の前提である。税法執行は、税法定原則の税法執行面での基本原則である税法執行の合法原則に従うものである。それゆえ、税法立法は、税法執行をコントロールする。税法執行のあり方は、税法立法で確定するものであり、基本的には、裁量権は税法執行機関には認められない。日本国憲法は、73条に行政権をもつ内閣は「法律を誠実に執行」することを、76条に司法権を司る裁判官は「法律にのみ拘束される」と規定している。

税法立法に基づく税法執行が要請されるが、その税法立法は、日本では、実質的には、課税庁側に掌握されている（主税局の職務となる）。また、税法執行のアウトカムの評価、その評価に基づく税法改正も、政府税制調査会を中心に税法行政によって行われる。市民の代表である議会は、税制の是非につき十分な審議をしているとはいえない。

6）日本の税法立法権と市民の納税義務との関係

日本国憲法における統治システムの下での税法関係は、循環的税法関係となる。主権者国民の税課徴の意思は、国民の代表である議会議員を通じて税法立法として規定される。税法立法は、主権者の意思実現であり、市民の受諾を表現するものである。課税権行使と市民の納税義務は、議会制定法に基づき履行される。

2 税法の法源と立法組織

1）国会制定法—憲法、法律

日本の立法権は、国会に属する。税法の法源は、国会制定法に求められる。国会制定法は、「法律」（Act. Code）と呼ばれる。広い意味での法律には、成文「憲法」（Constitution）も含められる。

日本の憲法は、旧憲法21条（臣民の納税義務）、62条（租税法定主義）および63条（永久税主義）に、また日本国憲法30条（国民の納税義務）および84条（租税法律主義）に、それぞれ「税」という語を使用している。これら規定は、民主国家での税法原理を定めたものであり、憲法にこれら明示規定がなくとも、民主国家での税制度の創設は、主権者・国民の意思として議会システムの中で実現

されうるものである。実際、日本国憲法30条は、内閣草案にはなく、衆議院にて修正され追加された条項である。

　税に関する法律は明らかに税法の法源である。税法定原則は、現実の税法立法において、租税要件等の詳細すべてを法律で規定しなければならないことを要請するものではない。国内税法律に優先しての租税条約の適用、地方団体の条例での地方税の課徴は、日本国憲法84条に反するものではない。また行政立法としての政令も、法律の委任に基づき、許される。当然ではあるが、納税義務者、課税物件、課税標準、税率、帰属関係、賦課徴収手続などの基本的な租税要件等は、明確に税法律化または税条例化されなければならない（租税要件等明確主義）。しかし、税務の詳細まで、たとえば税務申告書書式を法律で制定することは、民主的税実務であり厳格な税法定原則の実践であるともいえるが、議会審議の効率性等を考慮すると、無益である。逆に、政令で税法律等に規定されている要件等とは別に、新たな税課徴、要件設定、要件変更、要件削除はできないのはいうまでもない（なお、税実務において、所税基通9-7〔船員法第80条第1項の規定の適用がない漁船の乗組員に支給される食料〕などを称して「通達による非課税」ということがある）。内閣法11条「政令には、法律の委任がなければ、義務を課し、又は権利を制限する規定を設けることができない」はこれを確認した。租税要件等の議会制定法で規定すべき範囲は、常に、市民的コントロールの下に置かれるが、明確な基準は確定されていない。それゆえ、税実務の基盤となる税法規範（税法行政の通達・示達等、電子申告ソフトを含む）は市民の前に開放されていなければならない。

2）地方議会制定法——条例

　日本国憲法は、地方自治を保障し、地域住民・市民の代表である地方議会において条例を「制定」し（都道府県条例〔Prefectural Ordinance〕、市町村条例〔Municipal Ordinance regulation〕）、事務処理権能（課税権能）を認めている。ただし、すでに検討したように、税法裁判権は地方自治体に認められていない。

　税条例は日本税法の法源である。税条例と国の法律である地方税法の抵触は、基本的には、日本国憲法94条「法律の範囲内」、ならびに地方自治法223条および地方税法2条「法律の定めるところによって」という規定があることから、回避されるべきものと考える。このことは、法律が条例に優先することを直ち

に意味するものではない。日本国憲法92条「地方自治の本旨」に反する法律規定は違憲無効であり、このような法律に条例が従う義務を有しないのはいうまでもない。地域市民の意思に基づく税実現が民主的であり地方自治の本旨に適合しているものと考える。東京都銀行税訴訟（東京高判平15.1.30 判例ID：28080770）および神奈川県臨時特例企業税訴訟（横浜高判平22.2.25 判例ID：28160577、最一小判平25.3.21 判例ID：28210886、平成21年3月31日にて条例失効）は、この問題に関する最近の判決として注目されている。

　地方税法の法的性格論としては、「標準法であり枠法でもある」（北野・原論106頁参照）との説が有力である。私見ではあるが、地方税法は、国と地方の税源配分基準を他の国税法律と合わせて国の法律で設定したものと考える。それゆえ、地方税法の諸規定は、税源配分基準であり、具体的な各自治体の課徴する地方税の租税要件等の根拠条項ではない。このことは、地方税法が定める標準税率が実際の地方税の適用税率とはならないことなどから理解できる。地方税の租税要件等は、各地方団体の議会制定法である条例に明確に法定化される必要がある（地方税法に規定のない地方税実体法事項および手続法事項は必ず税条例で定めるべきである）。地方税の課税権行使と市民の承諾・同意は、条例を介して具現される。ただし、地方の課税権行使は、その国の憲法が定める統治システムに従わなければならない。日本国憲法94条が「法律の範囲内で条例を制定する」と規定することから、国の法律である地方税法は、標準法であり枠法である。しかし、具体的な各自治体の課税は、当該自治体の税条例によらなければならない。地方税法に規定されている事項であるからとして、税条例に当該事項に関する規定を設けない、または当該事項については「地方税法第○条を適用する」というような税条例制定は、地方税条例主義に照らして問題である。

　国の法律に規定のない事項につき、条例独自に制定すること（独自の課税標準の計算、税率、罰則など）は、憲法に反するものではない。ただし、現行の地方税法は、法定税目以外の税目、すなわち法定外税目を自治体が独自に設定するには、総務大臣の同意を必要とすると定める（地税法59条、669条、731条）。この同意のない独自の税目は、現行法では認められない。

　また、日本の税法では、独立行政法人、自治体の100％出資第三セクター、地域自治区（地自法202条の4）、広域連合（地自法291条の2）などが課税権を行

使することが認められていない。国および普通地方公共団体のみならず、これら公的団体の課税権行使も許容されるべきである。

3）行政立法—政令、府省令、告示、通達等

税法定原則を純粋に実践すれば、税法の法源は、議会制定法のみに限定されるべきとなる。しかし、議会制定法が複雑な現代社会に対応した詳細な租税要件等を定めることは、効率性から、また現実的にも合理的ではない。日本国憲法も、国会を国権の最高機関で唯一の立法機関（憲法41条）としながらも、内閣に法律の誠実な執行のほかに「この憲法及び法律の規定を実施するために、政令を制定すること」（憲法73条）を認めている。行政権を所掌する内閣の政令制定は、「行政立法」とも呼ばれる（行政立法には「法規命令」と「行政規則」とがある）。これには、国の行政である内閣が制定する「命令」（政令〔Cabinet Order、内閣制定成文法、閣議決定、主務大臣の署名、内閣総理大臣の連署、天皇の公布〕、府令〔内閣総理大臣が発する内閣府令、Cabinet Office Ordinance〕、省令〔Ordinance of the Ministry、各主任の国務大臣が発する命令〕、規則〔行政委員会、人事院、会計検査院の規則 Rule〕、庁令〔海上保安庁令〕）のほか、地方団体の長（知事、市町村長）が制定する条例「規則」がある。

行政立法は、「憲法及び法律の規定を実施するため」に制定されるのであって、執行命令と委任命令に限定される。執行命令は、法律を執行するために必要な命令であり、委任命令は、法律により立法委任された限りにおいて行政機関が制定できる命令である。旧憲法下では、天皇が立法権をもち、独立命令や緊急勅令が認められていたが、日本国憲法下では、これらは認められない。

税法領域における重要な行政立法として、税法律に関する政令（〇〇法施行令の形式をとる）と省令（〇〇法施行規則の形式をとる）、地方税条例に関する規則、また命令ではないが国税および地方税に関する告示（公的機関の所掌事務に関して必要な事項を公示する行為・形式、国は官報掲載、地方は公報掲載、例：固定資産評価基準）、通達（上級行政機関が下級行政機関に対する示達、命令文書、法令解釈通達、基本通達、個別通達）などがある（行組法11〜14条）。通達は、内部命令であり、市民の納税義務を直接規律するものでなく、また税法裁判の基準として裁判所を拘束するものではない（通達は、基本的に税法の法源ではない。法源性は否定される）が、税理士業務での活用等から法社会学的には税法の法源となっている。

これらのほかに、国税庁ウェブサイトでは、事務運営指針、文書回答事例、質疑応答事例が公開されている。

4）条約・国際法規

日本国が締結した条約および確立された国際法規は、誠実に遵守され、法律より優先適用される（憲法98条②）。条約とは、国との間において文書の形式により締結され、国際法によって規律される国際的な合意である。

税法領域では、租税条約が国際的二重課税の排除、国際的脱税または租税回避の防止のために締結されている（租税条約特例法2条1号）。たとえば、二国間租税条約、多国間租税条約がある。日本が締結している租税条約締結状況については、財務省ウェブサイトにて掲載されている（同ウェブサイト＞税制＞国際課税＞我が国の租税条約ネットワーク）。

なお、日本では、憲法規定から、条約が国内法に優先適用されるのが原則であるが、国際税法では、プリザベーション・クローズ（納税者に有利な法令適用）とセービング・クローズ（国内法優先適用）が認められることもある。

5）判　例　法

裁判所の判決は、紛争事件の解決としての裁判所の判断であり、その事件に対する個別的判断であり、他の事件に影響を基本的には及ぼすものではない。しかし、英米法系の法制度の下では、先例拘束原則が支配することから、いわゆる「判例法」の形成が認められ、法源となっている。これに対して、大陸法系の法制度の下では、制定法主義が採用され、先例拘束原則が支配しない。日本は、後者に属し、基本的には先例拘束原則が法令により認められない限りにおいて、判例法を認めない。しかしながら、現実の裁判では、裁判官は先例判決に従った裁判をする傾向がある。このことは、先例判決の指導性なり、事実上の法源性を認めるものである。

税法領域では、税法定原理・原則が支配することから、基本的には、成文法・制定法である税法が法源であり、判例法のような非制定法は法源として否定されるべきである。ただし、紛争回避として、争訟における経済性を考慮すると、税法裁判先例を知ることは重要であり、事実上の法源性が認められる。

6）行政先例法、慣習法の否定

行政先例法、慣習法は、判例法と同様、非制定法であり、不文法である。そ

れゆえ、これらを税法の法源と認める余地はない。

　しかし、実定税法令は、すべての税法行政事務を管理所掌するものとはなっていない。現実に市民・納税者に提供されている所得税の確定申告書Ａや確定申告書Ｂの書式も法令化されていない（法人税の申告書は法定書式）。どこまで税法令で規定しなければならないかの基準は難しいが、市民・納税者の権利に不利益となる事項については法定化されるべきである。

3　税法体系

1）税法体系の基礎

　実定税法は、一国の主権者の課税権（課税主権）と市民の納税義務との関係（税法関係）を規律する法体系である。この税法体系は、税法関係に関する行為規範、裁判規範、組織規範に分けて体系化することができる。これらは、基本的には税法関係における課税権者と市民・納税義務者の行為規範（各主体の権利・義務の規律）を基軸として、裁判規範と組織規範とが付随し、体系化される。

　これら税法体系と法令編纂形式により、実定税法は制定されている。

2）税行為規範・税法裁判規範・税組織規範

　税法は税行為規範、税法裁判規範および税組織規範から組織体系化される。

　（1）税行為規範　　税行為規範は、税法の柱となる法規範である。実定税法は、課税権者の課税意思の具体化であり、租税要件等（課税団体、課税物件、納税義務者、課税標準、税率、帰属、手続等）を規律するものであり、具体的には市民・納税義務者の義務の成立、確定、変更、消滅に関する実体法と手続法、これら法に対する違反の処罰法、紛争処理のための裁判法、その他の雑則法として体系される。

　税実体法は、租税要件の基幹である納税義務の成立要件を中心に規律する。また、具体的納税義務額の算出のための、課税物件、課税標準、税率、帰属に関する規定も税実体法の内容となる。この租税要件の法定化、明確化は、租税法律主義論からの要請である。税実体法の民主化は、現代税法の中心である。

　税手続法は、税実体法の内容の実現手続を規律する。その中心は、納税義務の履行手続である。具体的には、納税者申告手続、税法行政賦課課税手続、納税手続、強制徴収手続、税務調査手続、その他各種申請手続、各種書式などに

関する規定が税手続法の内容となる。従来、税手続法が賦課課税処分を実行する税法行政機関に委ねられていたところであり、その民主化が要請され、税手続法の実体法的構成が提示されてきた。また、逆に、税実体法の手続法的構成、すなわち税実体法の内容を手続法により明確化するということも重要である。たとえば、所得税の課税所得区分として納税義務者の所得を事業所得とするために開業届（所税法229条）提出の有無で判定する。これは、他法令にて明確に事業とされるもの（医者、歯科医、弁護士、税理士等）を除き、手続による所得区分に資するものと考える。

　税処罰法は、実定税法に違反がある場合の違反者への罰を規律する。これは、税刑事法、または刑事法の特殊分野として理解される。

　税雑則法は、市民・納税義務者の行為として付随的に必要とされる事項を規律する。たとえば、所得課税では、課税基礎に資する帳簿作成に関する事項などが、これである。

　実定税法は、たとえば日本の所得税法をみると、税実体法（第2編2、3、4章など）、税手続法（第2編5章など）、税処罰法（第6編）、税雑則法（第5編）、が組み込まれ制定されている。

　(2) 税法裁判規範　　税行為規範は、税法裁判規範でもあることから、これらを峻別する必要は基本的にはない。税法裁判規範は、実定税法においても、税行為規範の一部として規律されているものもあり、独立した実定法を形成するものでもないかもしれない。しかし、税紛争処理、税処罰処理などの税法裁判基準、税法裁判手続に関する規律は、税行為規範の中でも特殊性を有することから、個別的なものとしてまとめうる。

　実定税法では、国税通則法8章や地方税法第1章総則第13節が規定する不服審査及び訴訟に関する条項がこれにあたる。これらのほかに、日本国憲法76条3項「すべて裁判官は、その良心に従ひ独立してその職権を行ひ、この憲法及び法律にのみ拘束される」の規定は、税法執行の合法原則を明示するものとして重要である。また民事訴訟法、刑事訴訟法、行政不服審査法、行政事件訴訟法なども、これに含めて考えることができる。税に関する争訟は、税法行政処分に対する抗告訴訟が中心となるが、その他にも脱税等の刑事訴訟、過誤納に係る不当利得返還訴訟、税徴収に係る詐害行為取消訴訟など、広範囲で

ある。

(3) 税組織規範　税組織規範は、税行為規範の主体組織に関する規律である。特に、課税権力機関の組織に関する規定が税組織規範の中心となる。

実定税法では、「国家行政組織法」「財務省設置法」などの国税法行政組織の根拠法令、国税通則法78条「国税不服審判所」規定、相続税法26条の2「土地評価審議会」の規定、地方税法423条「固定資産評価審査委員会」の規定、などがこれにあたる。このほかに、「納税貯蓄組合法」や「税理士法」も税組織規範として考慮される。これら税組織規範は、税行為規範と全く別のものではなく、これに組み込まれ、関連するものとして考察しなければならないのはいうまでもない。特に、税組織規範の税実体法・税手続法への組入を考える必要がある。税務署が市民の納税義務の相手として税法律関係の中核にあると同様に、税理士を単に外部税務補助事務者として考えるのではなく、税法律関係の中の者として位置づける必要がある。

3) 税法の編纂形式

以上の税法体系に関する考究は、理論的税法体系といえる。しかし、理論的体系をいかに実定税法化するかは、立法形式も重要である。

税法の立法形式としては、大きく「統一法典主義」（または「単一法典主義」）と「個別法令主義」（または「複数法令主義」）との2つがある。前者は、単一の統一法典に一国の全税目に関する税法令を規定するものであり、後者は、税目ごとに複数の個別法令を規定するものである。統一法典主義を採用している例としては、フランス・租税一般法典（Le Code général des impôts、1948年以降）、アメリカ合衆国・内国歳入法典（The Internal Revenue Code）が知られる。個別法令主義を採用している例としては、日本の税法令（所得税法〔Act of Income Tax〕など）がこれである。統一法典は、一国の税制全体について体系化した法編纂であるが、条文が膨大なものとなり、個別税目を知るための利便性に問題がある。個別法令は、税情報を知るには便利であるが、一国の税制全体を知るには不便である。

また法令形式としては、本則と附則という区分がなされる。これは、法令の主要規定が本則であり、本則の施行日や改正等による経過措置を規定するのが附則である。附則の中には、法令によっては重要な特例などを規定するものも

あり、無視することのできないものもある。たとえば、日本の地方税法附則はその例である。

さらに、個々の条文の形式として、権利規定と義務規定とがある。前者は「〜は、〜できる」など、後者は「〜は、〜しなければならない」などの表現形式を有している。実定税法において権利規定形式は、課税庁側に関するものもある。この場合、「税務署長は、○○できる」と規定されている場合であっても、税務署長に自由裁量が認められていると解するのではなく、基本的には、税法令が定める要件を具備したとき、税務署長は一定の行為をしなければならないものと解すべきである。逆に、「納税者は、○○できる」との規定は、納税者に選択可能性を付与するものと解する。

4 税制の構築と税の分類

1) 単一税制と複税制

税法立法は一国の租税制度（または単に「税制」ともいう）を創設することである。税制の構築につき、「単一税制論」と「複税制論」がある。前者は、単一、唯一の税が一国の税制として採用されることを主張するものである。ジャン・ボーダン (Jean Bodin) の単一所得税論、ホッブス (Thomas Hobbes)、ペティ (William Petty) 等の単一消費税論、重農学派の単一地租論、単一土地価格税論、単一資本税論などが従来主張された。しかし、単一税のみで財政十分を満たすのは無理であり、また市民・納税者の担税力を公平に把握することも不可能であり、ユートピア税論とも呼ばれる（ボールテール〔Voltaire〕：「単一税、それはきわめて不公平である〔Impôt unique, impôt inique〕」）。

したがって、現実の税制は、複税制論を採用し、複数税目にて税制が構築されている。多くの税があればよいというものではなく、複税制も、経済学等の租税原則や税法原理・原則などの要求に従うものでなければならない（タックスミックス論）。このように租税原則等に従い理論的に構成される租税制度を「学理的租税制度」という。しかし、現実の税制は、各国の社会的事情等により異なり、各国の独自の歴史において自然に発達してきた税制がある。これを「史的租税制度」という。学理的租税制度は、国家政策目的に基づいて制定される「政策税制」ではなく、「理論税制」であるといえる。現実の税制は、理

論税制のみでは構成されず、何らかの社会経済的諸事情を考慮した政策税制に傾注する。

　税は国家団体の収入であるが、現代税制として、環境税のように収入目的より環境保全目的を優先するもの、国家団体の収入ではなく国際的団体の収入となる国際連帯税などの新たな税制が創設されている。

2）税の分類

　複税制を採用する場合、税制の理解、整理の一環として、理論的な税の分類が行われている。

　税の分類としては、①課税団体による分類：国境税（関税）・内国税（さらに国税・地方税＝都税、道府県税、市町村税）、②納税義務者と担税者との関係、租税転嫁の有無：直接税（租税転嫁なしと立法が想定）・間接税（租税転嫁ありと立法が想定）、③課税権行使：独立税・附加税・交付税（分与税）・分賦税、④課税基礎による分類：所得税（または収得税）・資産税（または財産税）・消費税（流通税）、⑤課税方針：人税・物税、⑥税率：比例税・累進税、⑦課税標準：従量税・従価税、⑧税支払：金納税・物納税、⑨税徴収と税使途との関係：普通税・特別税（目的税）、⑩課税形式：申告納税税・賦課課税税などのものがある。

　一般的な税分類は、課税団体（国税と地方税）、直接税・間接税、普通税・目的税、などが組み合わされ検討されている。

5　日本の税制

1）国税関係法と国税目

　関税を除く国税に関する税法令と税目は、次のようになっている（現行税制の税目については財務省ウェブサイト等参照）。基本的には、複税制による個別法令主義が採用されている。ただし、国税の共通法規もあり、一法令に複数の税目が規定されているものもあり（例：相続税法、地方税法）、純粋な個別法令主義ではない。なお、国税所得課税として、地方法人特別税等に関する暫定措置法による地方法人特別税、地方法人税法による地方法人税、ならびに東日本大震災からの復興のための施策を実施するために必要な財源の確保に関する特別措置法による復興特別所得税および復興特別法人税がある。

　①共通法規：国税通則法、国税徴収法、国税犯則取締法、税制改革法（平成

税制の基礎)、租税特別措置法、財政法、会計法、特別会計法、国の債権の管理等に関する法律、財務省設置法、税理士法、等

②直接税：所得税；所得税法（所得税）、法人税法（法人税）、資産税；相続税法（相続税、贈与税）、地価税法（地価税）

③間接税：消費税；消費税法（消費税）、酒税法（酒税）、たばこ税法（たばこ税）、揮発油税法（揮発油税、俗称「ガソリン税」）、航空燃料税法（航空燃料税）、自動車重量税法（自動車重量税）、石油ガス税法（ガス自動車への石油ガス税）、石油石炭税法（石油石炭税）、地方道路税法（地方道路税）、電源開発促進税法（一般電気事業者の販売電気に対する電源開発促進税）、流通税；印紙税法（印紙税）、登録免許税法（登記料ともいわれる登録免許税）

　国税にも、普通税と目的税との区分が適用される。目的税は、特定支出のために課徴されるものである。消費税は、創設当初、基本的には普通税とされ、その収入の使途は特定されていなかったが、税と社会保障の一体改革に基づく改正により、「消費税の収入については、地方交付税法（昭和25年法律第211号）に定めるところによるほか、毎年度、制度として確立された年金、医療及び介護の社会保障給付並びに少子化に対処するための施策に要する経費に充てるものとする」（消税法1条②）とされ、目的税化がなされている。

　税と呼ばれるものの中で、交付税および譲与税は、課税団体の課税権能の行使として実効されている通常の税とは性質が若干異なる。これは、地方財源の偏在をならすことを目的としている。地方法人税なども同じ目的による税である。これらは、国税として課徴されるが、本質としては地方税である。

2）法定地方税と法定外地方税

　地方税は、地方税法が規定する地方団体が「課すもの」とされる税目と「課すことができる」税目と、ならびに地方税法の規定にないが地方団体が「別に税目を起こして」課すことができる税目とがある（地税法4条、5条）。地方税法が規定する地方税目を「法定地方税」または「法定税」といい、それ以外の地方税を「法定外地方税」または「法定外税」という。また、それぞれに普通税と目的税とがある。法定税目は、地方税法4条（道府県税）と5条（市町村税）に規定され、東京都の特例がある（同法734条以下）。

　法定税目には、地方団体が課すものとされる税、すなわち「徴収に要すべき

経費が徴収すべき税額に比して多額であると認められるものその他特別の事情がある」場合を除き、課税すべき税目と、課すことができるとされる選択的課税すべき税目とがある。ただし、地方団体は、公益上その他の事由により課税を不適当とする場合においては、課税をしないことができる（地税法6条①）。また逆に、地方団体は、公益上その他の事由により必要がある場合においては、不均一の課税をすることができる（地税法6条②）。さらに、地方団体は、その一部に対して特に利益がある事件に関しては、不均一の課税をし、またはその一部に課税をすることができる（地税法7条）。

　法定外地方税は、地方団体の条例で新設・変更することのできる税目である。これには、法定外普通税と法定外目的税とがある。いずれの税も、新設・変更しようとする場合において、あらかじめ総務大臣に協議し、その同意を得なければならない（地税法259条、669条、731条）。地方分権一括法の制定により、法定外普通税が創設され、また自治大臣の許可制であった法定外税目の新設等が総務大臣の協議・同意へと変更された。都道府県における法定外地方税の例としては、核燃料税（北海道、発電用原子炉設置者、法定外普通税）、循環資源利用促進税（北海道、法定外目的税）、森林環境税（高知県、鹿児島県）、産業廃棄物税（三重県等、法定外目的税、名称が異なるが多くの県で採用）がある。市町村税における法定外地方税の例としては、一般廃棄物埋立税（岐阜県多治見市）、別荘税（静岡県熱海市）などがある。

　法定外税に関する総務大臣の同意には、①国税または他の地方税と課税標準を同じくし、かつ、住民の負担が著しく過重となること、②地方団体間における物の流通に重大な障害を与えること、③①および②のほか国の経済施策に照らして適当でないこと、に該当しないことが要件とされる（地税法261条、671条、733条）。これに不服がある場合には、その不服は国地方係争処理委員会が処理する（地自法250条の7）。

　日本国憲法が保障する地方自治は、基本的には、地方税財政自主権を保障していると考える。国税法令による地方公共団体の国税への附加税禁止（所税法237条、法税法158条）は、旧来の中央集権的税制からの脱皮を明示するものである。しかし、市民の税負担公平等を考慮し、また国と地方間または各地方間の税源配分を考慮し、国の法律である「地方税法」等（特別会計法、地方道路譲与

税法等）により、地方税財政自主権に関する一定の制約を規することは必要である。

3）関 税 制 度

関税は、国境税であり、国税であるが、国税庁の所管ではなく、財務省関税局の下で事務が行われている。

国境税には、関税（関税法等）、とん税（とん税法）、特別とん税（特別とん税法）がある。とん税は、外国貿易船（外国貿易のため本邦と外国との間を往来する船舶）の開港への入港に際して、課税される。特別とん税は、地方公共団体に財源を譲与するために、外国貿易船の開港への入港時、とん税とともに併課される。

関税は、輸入品に課される税である（理論的には、輸出関税もありうる。事例としては、アルゼンチンでの穀物輸出に対する輸出税がある）。ITO（International Trade Organization）構想が失敗し GATT（General Agreement of Trade and Tax）のみが残り、そして WTO（World Trade Organization）体制が整えられ、関税は常に自由貿易障害の一つとして指摘されている。関税の税率は、法律に基づくもの（法定税率）と、条約に基づくもの（協定税率等）とがある。前者は、関税法、関税定率法（基本税率）、関税暫定措置法（暫定税率・特恵税率）に規定される。後者は、協定税率（WTO 譲許税率）、EPA（Economic Partnership Agreement〔経済連携協定〕、シンガポール、メキシコ、マレーシア、インドネシア）による（TPP：Trans-Pacific Partnership も EPA の一つ）。このほかに相殺関税（補助金額）、不当廉売関税（ダンピング・マージン）、緊急関税（セーフガード、政令での税率決定がなされ国税法律主義の例外的措置となっている）、報復関税（WTO 協定利益保護）がある。関税実務では、貨物の品目分類に従った実効税率をまとめた「実行関税率表」（通称、タリフ〔Tarif〕）が用いられる。

6　税法立法の基本課題

1）予算と税法立法

税法立法により、税収見込額が算出され、これは、毎年度予算の歳入として計上される。日本の財政は、予算でみると危機的状況である。租税国家はほぼ崩壊しつつある。財政の肥大化に伴い、日本は、建設国債とは別に、赤字国債を発行してきた。公債累積残高は、膨大な金額になっている。

歳入予算と税法立法との関係は、歳入予算としての租税収入額を税法立法により確保しなければならないというものではない。浪費予算を国民の税負担で補充する義務は、国民にはない。100兆円に近い歳出予算を税負担で補充すると仮定すると、国民1人の税負担は、100兆円÷約1億2500万人＝約80万円となる。サラリーマン世帯（夫婦子2人）の可処分所得（500万円相当と仮定）と比較すると、62％の税負担（80万円×4人→320万円÷500万円×100）をしなければ、国の歳出をまかなえない状況である。日本の平成27年度（2015年度）予算ベースでは、国民負担率：43.4％、租税負担率：25.6％、社会保障負担率：17.8％となっている（財務省ウェブサイト内「OECD諸国の国民負担率〔対国民所得比〕」参照）。

　また、租税収入と歳出予算との関係は、ノン・アフェクタシオン（Non-Affectation）原則（税収入と税支出との関係分断）が適用され、目的税を除き、収入と支出との関係がないものとされる。市民にとっては、自己の負担した税がいかに市民福利として享受できるかが関心事である。その意味で、すべての税は市民福利目的税である。

　予算年度主義が採用される場合、年税主義か、永久税主義かの問題が提起される。フランス財務法律（loi de finances）は、伝統的に、税徴収権行使を予算成立と関係させ、年税主義を採用している。日本は、旧憲法63条「現行ノ租税ハ更ニ法律ヲ以テ之ヲ改メサル限ハ旧ニ依リ之ヲ徴収ス」が永久税主義を採用していたが、現行憲法にこの規定がないことから、議論となる。法一般原則では、施行されている法の効力は、改正変更されるまで永久存続するものと考えられることから、現行実定税法は、改正変更されるまで法効力があるとされ、永久税主義を採用しているとも解することができる。ただし、税徴収実施の許可を毎年の議会での予算決議と連動させることは立法上可能である。

2）税制改正の時期と効果

　毎年度の税法改正は、通常国会にて、予算審議と同時期である3月末までに、「〇〇法の一部を改正する法律（案）」などとして国会に提出、審議、可決され、4月1日から施行される。この場合、期間税である所得税などは、課税期間（暦年1月1日〜12月31日）の途中において税法改正がなされることがある。

　税法改正による法効力は、法一般原則に従い、施行日からとなる。しかし、税法領域においても市民・納税義務者に不利益となる税法立法の遡及的適用が

禁止（租税法律不遡及の原則または遡及税法立法禁止原則の適用）されるのは当然である。しかし、逆に、市民・納税者に利益となる税法改正については、許されるとの解釈が有力である（金子・租税法110頁、北野・原理98頁）。しかし、期間税である所得税法の改正において施行日を遡って課税期間開始から改正法を適用することに関しては議論がある。税法定原則の論理からは、個別の納税義務が租税要件等を充足し成立する時点において、その租税要件等は、市民・納税者に周知されていなければならないと解する。所得税のような期間税では、課税期間の終了時に納税義務が成立する（国通法15条参照）が、この時点において租税要件等が明確に法定化されていることは当然とし、また課税期間の開始時までに課税期間に適用される法令が成立し公布されていることが求められる。さらに、課税期間中の改正法令は、その施行日以後の事案につき法適用すべきである。基本的には、改正税法令の遡及適用は、その内容が市民に有利（減税）・不利（増税）にかかわらず、認めるべきではないと考える。市民に有利な（減税となる）改正税法令の遡及適用は例外である（たとえば、震災等災害による税減免措置法令の遡及適用は例外的立法である）。また、その逆の不利益な（増税となる）改正税法令の施行は経過措置を設けるべきである。それが税法立法における心遣い、ホスピタリティ（hospitality）であろう。

　フランス民法2条は、法律の遡及適用を禁止している。フランスでは、法不遡及原則は法の一般原則である。日本国憲法39条は、刑事法分野のみに適用されると解され、刑事法分野以外の法分野において適用なしとされ、日本では法不遡及原則の法一般原則としての認識がされていないともいえる。なお、フランスでも、市民に有利な法律改正の遡及適用がある（社会保障法関係に多い）。

3）租税回避行為と立法

　税法立法は、税法定原則の立法面での租税要件等法定原則に基づき、主権者の課税権行使と市民の納税義務承諾・同意を具体化するものである。これは、国家が個別的契約に基づき成立させる一般債権と異なり、法令に基づき成立する国家債権である（国の債権の管理等に関する法律3条は国税収納金整理資金に属する債権を適用除外とする）。法律に基づく債権成立は、当事者である税法執行権者と市民・納税義務者の遵法が重要である。

　実定税法の規定に従い具体的納税義務額が多くもなく少なくもなく確定され

徴収されることが、法的安定性・法予測可能性を市民に保障する税法定原則から要請される。実定税法を熟知していない「法の無知」から、市民は、税法上の特典活用の手続をせず、節税を逃すこともある（法格言として「法の無知は許さず」があるが、市民への情報提供のあり方にもよる）。また、故意に納税義務額を支払わない者もいる。これは基本的には違法であり脱税である。合法的に税負担を減少させる節税でもなく、違法に税負担を減少させる脱税でもない、その中間的なものとして租税回避行為がある（北野・原論227頁）。

　税は、市民の経済取引等に対して課税され、市民から国・自治体への財の移転である。この市民の経済取引等は、税法の前提として私法秩序により支配される。しかし、同一の経済効果ないし結果をもたらす私法取引の法形式には複数のものがありうる。100万円を親から子に渡すという経済取引は、単純に贈与（民法549条）、金銭消費貸借（民法587条）としての貸付・借入、その他対価の支払（報酬、給与、代金）などの法律行為形式の選択により、私法上も税法上も異なる法効果をもつものとして考慮されなければならない。租税回避行為は、納税者が、①不相応な方法、換言すれば、異常な法律行為形式を選択し、②それによって通常の法律行為形式を選択したときと同一の経済目的を達成し、③その結果、多額の租税を軽減する場合の納税者の異常な行為をいうと解される（北野・原論225頁）。すなわち、租税回避行為は、納税者が意図した経済目的ないし経済的成果を実現しながら、通常用いられる法形式に対応する課税要件の充足を免れ、もって税負担を減少させ、あるいは排除するものである（金子・租税法121頁）。

　租税回避行為は、私法上適法有効である（仮装行為的要素はない）ので、異常な法律行為選択が正当な理由に基づくものである限り、それは租税回避行為に当たらないと解する（北野・原論224頁）。また、脱税でもない租税回避行為に関する「故意」の存否確認も不要である（北野・原論224頁）（脱税要件として故意は重要である。ただし、税法を知らない「法の無知」による単純無申告による多額の税逋脱に対する刑事責任の有無については課題がある）。租税回避行為は、税法における一種の「法の欠缺」により起こるものである。

　租税回避行為は、課税根拠法を欠くことから、税法執行においては課税すべき行為に該当せず（租税要件等の充足がない）、税法執行における課題とはならない。

これを否認し課税するには、個別的な課税立法が要請される。租税回避行為を否認し、これを課税されるべき行為と認定して税法執行するには、税法定原則から、個別の否認規定が必要であるとするのが通説である。すなわち、租税回避行為は、税法立法の課題である（当然、税法アウトカムとしての租税回避問題は、循環的税法関係において税法立法に反映される）。税法行政の立場で不公平な課税逃れと考えられる租税回避行為につき、それを否認する税法令がないにもかかわらず、税法行政が市民・納税者の財産・利益を侵害するような課税は許されない。すなわち、租税回避行為は、明確にその行為に課税する税法規定がない限り、税法とは無関係のものである。しかしながら、税法立法は、市民的公平を害する租税回避行為に対して常に対応するものでなければならない。

最近の事例では、航空機リース事件が参考となる（名古屋地判平16.10.28 判例ID：28092869、租特法41条の4の2等）。ただし、法律案提出することで実質的に立法権を有する税法行政が税法執行における租税回避行為への課税失敗に対する報復的立法行為（実質的立法権の濫用）も問題である。このほか、タックス・ヘイブンに対する租税条約締結による「タックス・ヘイブン潰し」もある。

租税回避に関して実定税法上の問題とされるのが、実質所得者課税の原則（所税法12条、法税法11条等）、同族会社の行為計算否認（所税法157条、法税法132条、相税法64条等）に関する規定である。租税要件等の充足回避行為は、私的自治・契約自由の下で許される行為であるが、その行為に対する税法執行・適用において課税行為とする税事実認定・税法解釈（両者とも価値判断評価である）をこのような不明確な一般的否認規定に根拠づけ行うことは、基本的には許されるべきではない。「疑わしきは国庫の利益に反して」という税法解釈指針が適用されるべきである。また、租税回避行為の発生は、そもそも税法が予定・予測していない経済行為の出現など、いわゆる税法における「法の欠缺」が原因である（あるいは、私法も予想しない法形式の選択もある。たとえば、譲渡担保等）。繰り返しになるが、このような場合に、税法行政が「まず課税」とすることで、これを解決することは許されない。それは、明白に、税法定原則に反する。課税をしなければ社会的不公平問題が発生するのであれば、税法立法がそれを解決すべきである。税法の解釈は、厳格な文理解釈であり、法解釈の濫用は許されない。

近時の事例としては、贈与税に関する武富士事件（最二小判平23.2.18判例ID：28170244）がある。この事件では、贈与者が所有する財産を国外へ移転し、さらに受贈者の住所を国外に移転させた後に贈与を実行することによって、日本の贈与税の負担を回避したことに対して、課税庁が外国資産の海外居住者（日本人）への贈与につき、日本の課税権が及ぶとして課税処分をしたが、課税庁が負け、多額の還付と還付加算金が国庫から支出された。市民感覚として、税の抜け穴があることを知らされた事件である。しかし、課税主権を超えた課税権行使は、国際法上、許されない。

なお、現実の税法立法は、市民（主権者）の一般的意思が具体化されるものとは限らない。税法立法は、官僚により支配され、課税側の論理が支配し、かつ政財界の有力意見がまかり通り、一般の市民の声が届かないものとなっている。それゆえ、立法段階での租税回避がなされる（租税特別措置法による特定企業への優遇措置立法など、北野弘久『現代税法の構造』〔1972年、勁草書房〕参照）。このような現代税法的構造における租税回避行為に対する市民的コントロールが必要である。そのためには、市民の一般意思が立法に反映される手法、すなわち間接民主主義手法ではなく直接民主主義手法が要請される（ICT時代へと展開した現代では、政府および各政党は、税制改正につき市民からの直接メール等で意見を求めるべきである。現在、パブリックコメントの募集が部分的にある）。

国内的租税回避行為に対する国内税法の立法整備は可能であるが、国際的租税回避行為に対する国内税法による対処には限界があり、国際協調に基づく租税条約による対応が必要である。

4）タックス・シェルター

タックス・シェルター（tax shelter）の定義は、「ファイナンス理論的な視点に立って、課税逃れ商品（タックスシェルター）についてきわめて雑駁な定義を述べることをお許しいただくならば、租税裁定取引を用いてタックス・ポジションの変更を行うことを目的とする取引を法的に定型化し、それにファイナンス取引に代表されるような投資商品等の装いをほどこして、納税者に対して販売するのが、課税逃れ商品（タックスシェルター）である」（中里実『タックスシェルター』〔2002年、有斐閣〕13頁）とされ、タックス・シェルター（課税逃れ商品）は、租税回避行為の一形態とも、節税行為ともされ、注目されている（幸田真音『タ

ックス・シェルター』〔2006年、朝日新聞社〕）。特に濫用的なタックス・シェルターに対する実務的取扱が議論となっている。これは、アメリカでは相当以前より論議され、法的対策もとられてきた（中里・同上）。

　日本でも、税実務においてタックス・シェルターが注目され、濫用的租税回避とされるケースもある（たとえば、最近において問題とされた濫用的租税回避事案としては、映画フィルム投資事案〔大阪地判平10.10.16判例ID：28040108、大阪高判平12.1.18判例ID：28051663〕、日蘭租税条約を利用した匿名組合事案〔東京地判平17.9.30判例ID：28111331〕、オウブンシャ・ホールディング事案、NBB事案〔航空機リース：前掲名古屋地判平16.10.28判例ID：28092869〕、住商リース事案〔船舶リース〕、ケン・インターナショナル事案、三井住友銀行〔外税控除〕事案などがあげられている。居波邦泰「タックス・シェルターに対する税務行政のあり方—日本版LLPへの対応を考慮に入れて」『税務大学校論叢』52号584頁、脚注90参照）。タックス・シェルターは、巧妙な行為による節税ともいえるものもあるが、市民的感覚から離れた行為でもあり、特に課税庁側からは否認し課税したい行為であるものが多いといえる。

　タックス・シェルターに関する日本での立法は、未だ不十分である。租税回避行為と同一視すれば、個別否認規定が要請される。節税行為となる場合でも、濫用的なタックス・シェルターに対する措置としては、諸外国での包括的規定での措置も考えることもできるが、税法行政にある意味の裁量権を認めこととなり、これは避けるべきと考える。しかし、濫用的タックス・シェルターについては、問題が残る。

5）「高福祉・高負担」の限界

　市民の税負担は、「四公六民」「五公五民」ともいわれた日本の封建時代でも高く、近代、現代になっても高いものと考えられている。税負担は、市民の義務である（フランス人権宣言13条、憲法30条等）。行政経費負担、軍事費負担、社会福祉費負担、環境保全費負担等々の国家経費負担は、一部を受益者負担等として税以外の負担形式にて実行されることもあるが、基本的には市民の納税義務で担保される。

　日本国民の公的費用（税＋社会保障）負担率をみると、国民所得に対して40％以内に留まっている。高いという実感があるとしても、国際比較すると、福祉先進国といわれるスウェーデン等と比べると、日本国民の負担率は低い。

「高福祉・高負担」は、福祉充実を図るためには必要であるが、日本国民が望まないシステムなのか否かが問われる。

日本国憲法前文は「そもそも国政は、国民の厳粛な信託によるものであつて、その権威は国民に由来し、その権力は国民の代表者がこれを行使し、その福利は国民がこれを享受する。これは人類普遍の原理であり、この憲法は、かかる原理に基くものである」とするが、国民の負担と国民の福利享受の乖離があるのか、日本での増税論議は国民に許容されにくい面がある。

福祉政策は、所得課税の大衆課税化と増税があって、実現する。特に、国内経済の主体である法人企業からの税収入の増額が可能でなければ、福祉政策は充実しない。福祉には多大な資金が必要とされる。日本での「高福祉・高負担」は、「低福祉・高負担」として実感されている限りは実現できないのではなかろうか。日本では、高福祉国家を羨望するが、高負担を望まないという現実がある。「高福祉・高負担」は、福祉充実を図るためには必須である。市民の承諾・同意ができる負担配分方法が講じられるべきである。

なお、21世紀環境時代の税財政法は、「より良い環境を享受すること」（環境権の基礎）が「豊かさ」であるとすれば、この豊かさの配分も対象とすべきである。従来の「豊かさ」の基準が「貨幣量」（お金）にあったとすれば、富める者（お金持ち）に重税し（お金をとりあげ）、貧しきものに軽・減税し、または福祉助成する（お金をばらまく）という「富の再配分」機能は、再検討を要するともいえる。

6) 直間比率

直接税と間接税の相違は、現実の租税転嫁の有無ではなく、租税転嫁の有無を立法者意思として認めるか否かである。それゆえ、直接税として認識される法人税も、企業がその製品・商品の価格に上乗せすることで、転嫁されうる。

税制改革法は、直間比率の見直しとして、所得税・法人税中心の税制から「所得、消費、資産等に対する課税を適切に組み合わせることにより均衡がとれた税体系を構築することが、国民生活及び国民経済の安定及び向上を図る上で緊要な課題であることにかんがみ、これに即応した税制を確立するために」、今次の税制改革がなされるとした（同法2条）。

しかし、税制において直間比率改善、租税転嫁を現実化することは、果たし

て税法立法として必要であるかは疑問もある。租税転嫁についての実定法規定は、税制改革法11条と17条のみで使用されていた。租税転嫁は、企業の商品等の販売価格決定においてなされる。この価格決定は、自由市場経済において需要と供給により決定されるため、租税転嫁が実行できない場合も現れる。企業は、売れない商品等については、原価割りをしてでも売却し、資金調達を優先することがある。この場合、原価を構成する間接税負担を完全に転嫁することは無理となる。消費税率の引上げに伴い消費税の転嫁を促進する法律、「消費税の円滑かつ適正な転嫁の確保のための消費税の転嫁を阻害する行為の是正等に関する特別措置法」（平成25年法律第41号）が制定された。この法律の適用範囲が問題とされる。

7）国際取引と税法立法

国際取引として「ヒト、モノ、カネ、情報」の国際的流通において各国の課税措置は、租税条約等の国際法的措置もあるが、基本的には、各国の税法立法により行われる。輸入関税、所得等の二重課税排除、国際的租税回避行為への対応等が検討され立法されてきた。

今日の国際課税問題は、これら基本的問題のみならず、有害な税競争（外国からの企業誘致のための税引き下げ競争、タックス・ヘイブン）問題、トリティーショッピング（Treaty Shopping）、課税亡命（Exil fiscal）など新たな問題も提起されている。これらに対する国内税法整備が要請されている。しかし、武富士事件のように課税主権が及ばない課税は許されないことから、国内税法においては国内取引のみに課税し、外国取引非課税とすることも、一つの解決方法ではある。しかし、これも、国際的租税回避を助長し、多国籍企業への課税が免れ、結局、「足の遅い」給与所得者が重い税負担を強いられることにもなりかねないという不公平税制の拡大となる。

8）ICT社会と税法立法

パソコンの会計ソフトの普及、電子申告が一般化され、税務のコンピューター処理化が進行している。税法立法は、これらに対応してきた。ただし、電子申告ソフト等への市民的コントロールを考慮する必要があると考える。事前の議会での検証のない課税庁によるソフト活用は、税法定原理・原則から疑問とされるべきである。

納税者背番号制ともいえる「マイナンバー制度」の実施は、新たな税務環境を創設するものと考えられる。これに対する市民的コントロールが望まれる。

9）税法のグリーン化

今世紀、環境時代の税法はグリーン化が要請される。環境税は、環境時代の税制として構築されるべきものである。人類の生存危機を基礎とする環境問題への税法対応は、環境問題への取組みとして重要性を増している。また、税が国内行政（軍事、福祉、教育、一般行政）のために課徴されてきた従来の税制から、グローバル福祉のための税制へと進展すべきである。先進例として、フランスの国際連帯税がある（伊藤悟「日本の国際連帯税導入への課題」『札幌法学』23巻2号）。

7　税法立法権の市民的コントロール

1）現状分析

税法立法は、税法学の根幹であるにもかかわらず、従来、法的に関与してきていない（石村耕治『透明な租税立法のあり方』〔2007年、東京税理士政治連盟〕）。大島サラリーマン訴訟での最高裁判決が立法裁量論を展開し、税法解釈論の限界を示したこともあり、税法立法への市民的コントロールが十分でない限り、税法執行における市民の権利は保護されえない可能性がある。

租税特別措置の多くは、大企業への優遇税制である。産業・経済振興としての「当分の間」の措置であったが、経常化した優遇税制は、基本税制と考えられている。政権交代で、これらの措置が全廃されると思われた。しかし、この牙城は存続している。

2）税法立法の市民的コントロール

税法立法の市民的コントロールは、立法事務が行政機関（国税立法では財務省主税局）により運営されているという現状から、行政機関に対する市民的コントロールをさらに精緻にしなければならない。本来、税法立法が税法執行を支配し、税法執行における課題を再び税法立法に吸収し、市民の代表が法改正等を実施する。しかし、この循環が行政内部のみで行われ、市民代表である立法機関は行政主導に任せ立法権限を放棄している。

これは、直接民主主義手法を採用することで是正されうると考える。地方税では直接民主主義手法である条例制定の直接請求（地自法74条、ただし「地方税

の賦課徴収並びに分担金、使用料及び手数料の徴収に関するものを除く」とされる）がある、また国税では請願権（憲法16条）の行使が認められる。しかし、これらは税法立法に関して十分な市民コントロールを保障するものとなっていない。一方で、公聴会などが、税領域外の行政立法手続において採用されつつある。税は、市民生活に密接したものであり、よりいっそう、市民の声を取り入れる市民参加手法が税法立法過程において採用されるべきである。

【演習問題】
1　租税回避行為について、節税行為と脱税行為との相違を明確にし、その定義、またその否認のあり方について論じよ。
2　税法立法において政令委任できる範囲について論じよ。
3　直接税と間接税との相違を説明し、その区分の法的意義について論じよ。
4　普通税と目的税との相違を説明し、その区分の法的意義について論じよ。
5　地方税法は地方公共団体の課税権の根拠法であるか、論じよ。
6　地方税法が標準法であり枠法であるという説について論じよ。
7　地方公共団体が国税の附加税を課すことが禁止されている（所税法237条）。その理由を説明せよ。
8　地方法人税について説明せよ。
9　武富士事件（最二小判平23.2.18 判例ID：28170244）について論評せよ。
10　国税の電子申告に活用されているソフトは税法立法であるか論じよ。
11　関税定率法9条に定める緊急関税制度の政令課税について論じよ。

第6章

税法行政権、その市民的コントロール

1　税法執行権の意義

1）税法立法と税法執行

　日本国憲法は、41条に「国会は、国権の最高機関であつて、国の唯一の立法機関である」とし、73条に内閣が「法律を誠実に執行し、国務を総理すること」とし、76条に「すべて裁判官は、その良心に従ひ独立してその職権を行ひ、この憲法及び法律にのみ拘束される」と規定している。これら規定から、税法立法権が税法執行権、すなわち税法行政権と税法裁判権に優先するものと解される。税法定原理・原則は、税法執行面での基本原則として「税法執行の合法性原則」を要請する。

　国税立法は、行政のトップ内閣総理大臣を国会議員から選出し、国務大臣の過半数も国会議員から任命される議院内閣制を基礎とすることから、その法案提出も議員提出法案より内閣提出法案が多く、また、実質的な立法権行使、法案提出が行政官僚に掌握されており、市民・主権者の代表である議院はそれを審議し、ほぼそのまま承諾するという状況となっている。一方、地方税立法は、市民代表である知事・市町村長が条例案を提出し、同様に市民代表である地方議員によりこれが審議され、承諾・同意される。この条例案は、旧自治省作成の「税条例準則」を基礎として策定される場合が多くある。

　税法立法の優位は法制理念としてはあるが、現実には行政指導型の法制が支配的である。

2）税法執行の合法原則の厳守

　税法定原理・原則は、税法立法面での租税要件等法定原則と税法執行面での税法執行の合法原則とに大きく分けられ、税法の基礎である。実定税法は、税法執行において、その規定の内容を拡大も縮小もせず、文言通りに、租税要件

等である市民の経済的行動に対して適用されるべきである。

　しかし、複雑な社会に対応すべく実定税法も複雑化し抽象的規定となる。一般市民にとって理解できない実定税法規定もあるであろう。このような状況で「法の無知」的状況が出現することは容易に想定できる（税法改正に無関心な市民の無知は救済されない）。税法を熟知する者はタックス・シェルター等を巧みに利用し節税を行い、税法に無知な者は重税に悩むという、実定税法を適用した本来的納税義務額と異なる納税が実行され、税法定原理・原則が完遂されていないのが現実であろう。このような状況を、不公平とするか、「法の無知は許さず」とするかは難しい。

　このような市民・納税者の状況とは別に、税法行政機関においても、実定税法の複雑・抽象化に対する対策がとられる。それが行政立法としての訓令（行組法14条②、国税庁長官・国税局長が発する職員に対する職務命令、訓令・訓令特・訓令秘、「国税庁の行政文書の取扱いに関する訓令」「国税庁事務分掌規程」）、法令解釈通達、事務運営指針、文書回答事例、質疑応答事例である。これらは、市民の納税義務に直接関係する法的強制力を有する法令規範ではないが、税務職員には先例準則であり内部命令であることから強制力を有する規範となる。税務職員に対する強制的準則、例規は、間接的に時に直接的に、市民の納税義務に関係している（この意味で部内例規は法社会学的には税法の法源となるとされる）。税務職員が実定税法よりもこれら部内例規を重視すると、税法定原理が実質的に空洞化される。市民への税務相談対応も部内マニュアルで行う現実を市民的コントロールからどのように是正するかは課題である。

　税法執行としての税法裁判は、厳格な税法定原理を実践しなければならない。司法改革が進められ、司法試験制度も法科大学院（日本版ロースクール）を中心とする制度化がなされ、その試験科目のうち選択科目として「租税法」が初めて導入された。これにより、税法裁判担当者の税法知識も充実したものとなることが期待される。

3）租税債権と納税義務

　市民・納税者の具体的納税義務は、実定税法の施行と、市民の経済行動にその規定する租税要件等を適用することにより成立する。納税義務は、租税要件等の充足により成立する。

具体的納税義務額は、成立と同時に自動的に手続なしに確定するもの除き、一定の確定手続（納税者申告または税法行政処分）を経て確定され、税徴収の対象となる。これは、租税債権となる。租税債権は、行政契約等に基づき成立する一般的な公的債権と異なり、税法執行機関の裁量に基づき確定も履行請求もできるものではなく、税法定原理の要請から、すべて実定税法に規定された手続方法により履行されるものである。しかし、現実には、実定税法規定の解釈通達等に基づく実務が行われ、部分的には実定税法から乖離した税法行政の意思（課税徴収意思）が働いた通達等による税の課徴が行われているといえる。ここに、司法的統制のみならず、市民的コントロールが機能する措置（たとえば、通達改訂を求める争訟など）が望まれる。

2　税法行政権の基礎

1）税法行政権の本質

　税法執行の中心は、税法行政権である。ただし、市民・納税者の自己課税となる申告納税制度が普及すると、税法行政機能は第二次的なものとなる。

　税法執行権のうちの税法行政権は、基本的には、税賦課権の行使と税徴収権の行使とに分断される。この両者は、市民的コントロールの観点からは別の組織に所掌され、互いに行政的統制作用が働くものとすることが望まれる。しかし、税法行政としての関連性もあり、日本では、同一組織で運営管理される。例外としては、関税法行政は、国境警備や貿易管理という特殊性もあり、国内税法行政とは別の組織に管轄される。

　税法行政は、税に関する賦課徴収事務を運営管理することで、他の行政とは異なる特殊性をもつこととなる。行政は、主権者の意思行使（政治、政策）の具体化であることから、基本的には、権力的な特徴をもつものである。税法行政は、その相手が特定の関係者ではなく市民一般であることから、市民的感覚からすると、その権力性を強く受ける行政である。それは、時として、警察行政よりも強く感じられ、「警察より怖い税務署」などともいわれる（かの有名な暗黒街のボス、アル・カポネも脱税で逮捕された）。税法行政の権力は、当然に、民主国家では、税法により認められた法的基礎をもつものである。しかし、権力は、人を変える力をもつことがある。常に、個々の税務職員は市民的コントロール

の下に置かれるべきである。そして、すべての公務員は、透明な金魚鉢の中で職務を遂行するごとく、市民的コントロール下に置くべきである。

　税法行政は、行政組織であることから、一種の「上命下服」の世界である。組織として統制されることは必要である。しかし、違憲、違法な命令に服従することは、法的に要請されない。

　税法行政は、市民・納税者のあらゆる情報を税務申告、税務調査等により収集することができることから、市民の人権に対して大きな影響を与える組織となる。市民のプライバシー保護は、税法行政の最大の責務となる。

　税法執行の合法原則が支配することから、税法行政は、実定税法に規定する範囲よりも多くも少なくも税の賦課徴収をすることはできないし、この範囲内で権限行使しなければならない義務を有する。

2）税法実務と通達等

　税法行政は、税実務である。税実務の基本は、実定税法の適用である。この適用は、法解釈技術を必要とする。個々の税務職員の価値判断で税法解釈をすることは、不統一な税実務となり、税法行政としては好ましくないものとなり、また市民にとっても不公平なものとなる。そこで、税法解釈を税法行政内部で統一するために、税法解釈通達、事務運営指針等の行政例規が策定される。

　この種の行政例規は、行政内部のものであり、市民の納税義務に影響を与えるものではない。しかし、税務職員は、上級機関の命令、示達である例規に従う義務がある。税務職員が行政例規に従わない場合には、その税務職員は懲戒の対象となる。

　税法解釈通達は、通達集として市販もされ、一般公開されている。多くの税法行政例規は、公開されているが、未だに内部秘として取り扱われているものもある。現実には、市民の納税義務に影響を与えるものとなっていることから、例規類はすべて一般に公開されるべきものと考える。

　税実務は、実定税法ではなく、通達等により運営されているといっても過言ではない。また、電子申告も普及するものと思われ、税法行政が市民に提供する税務ソフトが現実を支配する日は近いともいえる。税法行政が通達等支配であることは行政運営からして避けることができないものであるが、市民の税実務までが通達等の支配されるものとなることは避けるべきである。税法定原理

の支配が市民的コントロールの下で徹底されるべきである。

3）税賦課権と税徴収権

　税賦課権と税徴収権は分断された組織により所掌されるべきものと考える。しかし、税法行政の一貫性、行政的効率性などから、同一組織内での税法行政運営が行われる。

　税法執行においては、税賦課権が税徴収権に先行して行使される。税賦課権の行使は、実定税法に規定する内容等、すなわち租税要件等を具体的に確定するものであり、税確定権の行使ともいえる。それは、市民の具体的納税義務を実定税法に規定する以上でも以下でもない納税義務額として確定するものでなければならない。税賦課権の行使は、申告納税制度の下では、市民・納税者が自ら行う自己課税としてなされる。したがって、税法行政の税賦課権の行使は、二次的なものである。

　税徴収権は、税賦課権の行使の後に行使される。それゆえ、税徴収権は、適正な実定税法の規定の適用が税賦課権の行使において行われたか否かを調査し是正することができる。特に、税賦課権の行使が税法行政機関によるものであるときには、行政内部的統制が担保される。市民・納税者の申告による自己課税のときには、税賦課権を有する税法行政機関に対して、新たな税法行政処分を求めることとなる。税徴収権を担当する税法行政は、税確定額の強制徴収を担当するばかりではなく、このような行政統制職務を有するべきである。

3　国税行政

1）財務省主税局

　日本の国の行政組織は、国家行政組織法に基づいて組織化される。そして、国税行政は、財務省設置法により詳細に規定されている。財務省は、「健全な財政の確保、適正かつ公平な課税の実現、税関業務の適正な運営、国庫の適正な管理、通貨に対する信頼の維持及び外国為替の安定の確保を図ることを任務とする」（財設法3条）とされ、この任務を達成するため、非常に多くの事務をつかさどっており（同法4条1～67号）、本省に内部部局として大臣官房、主計局、主税局、関税局、理財局および国際局が置かれ、施設等機関として財務総合政策研究所、会計センター、関税中央分析所および税関研修所、地方支分部局と

して財務局 (北海道、東北、関東、北陸、東海、近畿、中国、四国、九州の9局)、税関 (8局) および沖縄地区税関が置かれ、外局に国税庁が置かれている (これらのほか財政制度等審議会、関税・外国為替等審議会、独立行政法人評価委員会がある)。

　税法行政を担当するのは、本省主税局と関税局、および外局国税庁である。このうち関税局は、国境税としての関税を担当し、その職務内容も特殊であることから、一般国内税に関する税法行政とは別の組織とされている。したがって、一般国内税法行政は、主税局と国税庁により執行される。なお、本省主計局も、予算、決算および会計の制度に関する事務を担当することから、広い意味での税法行政機関である。また、会計検査院 (憲法90条、会計検査院法) も含めることができる。

　日本の国税行政は、関税行政を除き、国税法律の立法を担当する財務省本省 (内部部局)「主税局」と国税法律の執行を担当する財務省外局「国税庁」とにより行われている。

　主税局は、総務課、調査課、税制第一課 (国税通則、徴収、犯則)、税制第二課 (間接税) および税制第三課 (法人税、所得税) の五課ならびに参事官1人が置かれている (財組令30条)。このように主税局は、国の税制の企画と立案を担当している。税の執行機関ではなく、税法立法機関として存在する。

2) 国 税 庁

　財務省外局である国税庁は、税法行政の中心であり、本質的な税法執行機関である。国税庁は、大臣庁ではない。それゆえ、国税庁長官は、一般国家公務員の中から選出され、国会議員等が担当する庁にはなっていない (経済企画庁等の大臣庁と比較せよ)。

　国税庁は、「内国税の適正かつ公平な賦課及び徴収の実現、酒類業の健全な発達及び税理士業務の適正な運営の確保を図ることを任務とする」(財設法19条)。その所掌事務は、内国税の賦課および徴収に関する事務を中心に、酒税の保全ならびに酒類業の発達、改善および調整に関する事務 (酒税の保全に関する制度の企画および立案を除く)、醸造技術の研究および開発ならびに酒類の品質および安全性の確保に関する事務、所属職員の犯罪に関する捜査および必要な措置に関する事務、印紙の形式に関する企画および立案に関することならびにその模造の取締りを行うこと、さらに税理士制度の運営に関すること、酒類に係る資源

の有効な利用の確保に関すること、国税庁の所掌事務に関する研修を行うことである（財設法20条）。

国税庁は、内部部局として、長官官房のほかに課税部、徴収部、調査査察部を有し、審議会等（重要事項に関する調査審議、不服審査その他学識経験を有する者等の合議により処理することが適当な事務をつかさどらせるための合議制の機関、行組法8条）として国税審議会（財設法21条）、施設等機関（試験研究機関、検査検定機関、文教研修施設〔これらに類する機関および施設を含む〕、医療更生施設、矯正収容施設および作業施設を置くことができる、行組法8条の2）として税務大学校、特別の機関（行組法8条の3）として国税不服審判所（財設法22条）をもち、地方支分部局として、国税局（11局、その下に518税務署）、沖縄国税事務所（その下に6税務署）にて組織される（国税庁ウェブサイト＞国税庁の機構参照）。

国税庁長官は、「別に法律の定めるところにより、政令及び省令以外の規則その他の特別の命令を自ら発することができる」（行組法13条）、「その機関の所掌事務について、公示を必要とする場合においては、告示を発することができる」（行組法14条①）、「その機関の所掌事務について、命令又は示達するため、所管の諸機関及び職員に対し、訓令又は通達を発することができる」（行組法14条②）との規定から、行政立法権を有する。

3）国税局・税務署

国税局は、札幌、仙台、関東信越、東京、金沢、名古屋、大阪、広島、高松、福岡、熊本の11局ある。このほかに沖縄国税事務所がある。国税局は、その管轄内に複数の税務署を有している。その組織は、総務部、課税第一部、課税第二部、徴収部、調査査察部などからなり、税務大学校研修所、国税不服審判所を管轄する。

税務署は、524署あり、所管地区により部門設定が異なるが、職務内容は同一である。基本的な組織は、①総務課：各種申告書・書類の受付、税務署の総合案内等、②税務広報広聴官：様々な広報活動・租税教育の推進のための活動等、③管理・徴収部門：納付税額の管理、還付金の処理、延納・物納に関する事務、国税の領収、納付の相談、滞納処分、納税証明書（納税額等用）の発行等、④個人課税部門：所得税や個人事業者の消費税についての相談や指導・調査、納税証明書（所得金額用）の発行等、⑤法人課税部門：法人税、源泉所得税、印

紙税、揮発油税のほか、法人についての消費税の相談や指導・調査、納税証明書（所得金額用）の発行等、⑥資産税部門：相続税、贈与税、地価税、土地や家屋等を譲渡したときの所得税などについての相談や指導・調査、⑦酒類指導官：清酒やビール、ウィスキー、焼酎などの酒税についての調査や酒の製造と販売の免許に関する事務、および⑧税務相談室：税についての相談、となっている。

4）国税法行政の公務員採用等

国税法行政を担当する税務職員の採用は、総合職試験（事務系）、総合職試験（技術系）、国税専門官試験、税務職員採用試験（旧国家Ⅲ種試験）を中心に実施されている。大学卒業者等を対象とする採用試験の基本となるのは、国税専門官試験である。

国税専門官試験にて採用された者は、税務大学校での研修を経て、各税務署等に配属され、その後、再び研修（3年ごとの研修）があり、専門官となる（国税調査官、国税徴収官、国税広報広聴官、国税査察官等）。税務署では、税務署長をトップに、副署長、特別国税調査（徴収）官、統括国税調査（徴収）官、上席調査（徴収）官、調査（徴収）官などの職階がある。このほかに、税務広報広聴官、税務相談室担当官、国税査察官（国税局）が設置されている。

国税不服審判所は、近年、弁護士、税理士、公認会計士などからの特定任期付職員としての国税審判官を採用している。

4　地方税行政

1）総務省と地方団体との関係

総務省の所掌事務として「地方税に関する制度の企画及び立案に関すること」（総設法4条58号）、「法定外普通税及び法定外目的税の新設又は変更に係る協議及び同意に関すること」（同法4条59号）および「前二号に掲げるもののほか、地方税に関すること」（同法4条60号）が認められる。地方税法の改正事務は、総務省自治税務局の事務として処理されている。自治税務局は、企画課、都道府県税課、市町村税課および固定資産税課の4課にて構成されている（総組令62条）。総務省は、「地方自治の本旨の実現及び民主政治の基盤の確立、自立的な地域社会の形成、国と地方公共団体及び地方公共団体相互間の連絡協調」を

任務の一部としている（総設法3条）。この一環として、自治税務局が設置されている。

都道府県税課（総組令64条）、市町村税課（同令65条）、固定資産税課（同令66条）について、その所掌事務が列挙されている。

総務省は、直接、各自治体の地方税に関する賦課徴収事務を行うものではない。地方税の課税権能は、日本国憲法が保障する各自治体にある。しかし、地方税のあり様が国家経済、国民生活に多大な影響を与えることが明白であることから、国全体として税財政の統一的な整合性が求められる。そのために国の税法律として地方税財政に関する基準・標準としての法律が必要とされる。地方自治法、地方財政法、地方税法、地方公営企業法、地方公務員法などの地方自治・地方税財政に関する法律体系が整備されている。これら法律の立法と執行を所管する総務省自治税務局は、都道府県税および市町村税の事務について実質的指導権を有している。

地方税の賦課徴収権は、基本的には、地方団体にある。総務省は、憲法が保障する地方自治に反する行動をすることができないのはいうまでもない。しかしながら、地方税実務は、「〇〇税条例（準則）」や総務省が発する地方税法通達（地方税法の施行に関する取扱いについて）に支配されているといっても過言ではない。

2）都道府県の税法行政

都道府県の税法行政は、知事の下に置かれる。具体的な組織については、各都道府県のウェブサイトなどを参照することで知ることができる。

一般的な都道府県の税法行政は、本庁に総務部財政局などが置かれ、そこに税務課があり、これを中心に行われる。また、分署として、税事務所が設置される。

都道府県税には、住民税、事業税、不動産取得税、地方消費税、自動車税、自動車取得税、都道府県たばこ税、軽油取引税などがある。自動車関連税は、車両登録（ナンバープレートの取得）、車検制度との関係もあり、特別に税事務所が置かれることもある。

都道府県の税担当職員は、国税職員と異なり、専門職としての採用はなく、一般の職員採用として採用される。

3）市町村の税法行政

　市町村の行政は、市町村長が実施する。市町村の税法行政は、長の権限下に、政令指定都市などでは財政局・税政部が、または一般の市町村では税務課、課税課などが置かれる。

　市町村税には、住民税、固定資産税、軽自動車税、市町村たばこ税、都市計画税、事業所税、入湯税などがあり、市町村の税法行政は、これらの税目に関する事務を所掌する。職員の採用は、当該市町村職員の採用手続に基づいてなされる。

5　関税行政

1）関税法行政の職務

　関税は、国境税である。このことから、これに関する税法行政は、国の機関が担当するのが基本とされる。日本では、関税も内国税法行政が所掌していた時代もあったが、その特殊性もあり、今日、財務省に内部部局として関税局が、地方支分部局として税関が置かれ、関税法行政は管轄されている。

　本庁である関税局には、総務課、管理課、関税課、監視課、業務課および調査課がある（財組令37条）。各課の事務は、財務省組織令に規定される（同令38条等）。

　関税法行政は、税関を中心に展開される。

2）税　　　関

　関税法行政は、財務省関税局を本庁・内部部局とし、地方支分部局として税関が設置されている。関税実務は、税関が担当している。

　税関には、函館、東京、横浜、名古屋、大阪、神戸、門司および長崎の8税関のほか、沖縄地区税関がある。これらは、歴史的に開港地として「運上所」が置かれていた地に設置されている。各税関（本関）の管轄区域内には、税関支署（68ヶ所、主な開港・税関空港等）、税関出張所（43ヶ所、税関本関の管轄区域内の業務需要が比較的密集している地域に設置、周辺業務分担）、税関支署出張所（84ヶ所、支署の周辺業務分担）が置かれている。

　税関職員は、人事院が行う国家公務員採用試験に合格した者から採用される。職員の研修は、財務省税関研究所において行われる。また、職員は武器の携帯

および使用が認められている（関税法 104 条）。

　税関の業務は、監視行政、通関行政、税務行政、保税法行政の広範囲に及ぶ。このうち中心となる通関業務は、貿易立国・日本においては円滑に行われる必要がある。そのために、行政では、NACCS（Nippon Automated Cargo Clearance System〔通関情報処理システム〕）および CIS（Customs Intelligence System〔通関情報総合判定システム〕）を採用している。また、民間においても通関業者による輸出入業務等の代行もなされている。通関業者は、通関士（国家資格）を置き、業務の迅速化適正化を確保している。

6　税法行政権の市民的コントロール

1）税法行政処分の司法的統制

　税法行政権の違法な行使は、税法行政処分の取消し、無効などを求める市民・納税者の争訟によって是正される。税法行政権は、税法裁判による統制を受ける。争訟により、市民・納税者の主張が認められる場合、すなわち行政段階での不服申立てにおける上級行政機関の審査請求での認容裁決、司法段階での訴訟における裁判所判決での取消し・無効判決がなされる場合、裁決は関係行政庁を拘束し（国通法 102 条）、処分または裁決を取り消す判決は第三者に対しても効力を有し（行訴法 32 条）、また、処分または裁決を取り消す判決は、その事件について、処分または裁決をした行政庁その他の関係行政庁を拘束する（行訴法 33 条）。

　現在、税法行政権の市民的コントロールは、その処分に対する抗告訴訟として司法的統制に委ねられている。しかし、これのみでの巨大かつ強力な税法行政に市民が対抗するには、制度的に不十分である。いかに税法行政を金魚鉢に入れ、市民的に監視するかが課題である。

2）税務オンブズマンの必要性

　税法行政権の行使に対する司法的統制（税法裁判）は、税法行政処分を受けた市民・納税者のうち、これに不服のある者に対してのみ原告適格が認められ、これに合致する利害関係者のみが争訟当事者になることから、すべての市民に認められるものではない。また税法裁判は、税法行政の税法行政処分として市民・納税者に実定税法を執行した事項に関するものに限定され、税法行政の通

達等の内部行為については対象外とされている。通達の違法性を市民・納税者が裁判所で争う方途は、日本ではないといえる（訴訟提起は可能であるが、通達に従う公務員でない市民には原告適格はなく、門前払い、却下判決は明白）。

税法行政の違法、不当行為に対する市民的コントロールとして、海外では、税務オンブズマンが機能し、注目されている。イギリスの税務オンブズマン（Revenue Adjudicator）、アメリカの納税者オンブズマン（Taxpayer Ombudsman）、オーストラリアの税務オンブズマン、フランスの財務省メディアトゥール（Médiateur du MINEFI）などがある（伊藤悟「フランス財務省メディアトゥールの創設」『財政の適正管理と政策実現〔財政法講座2〕』〔2005年、勁草書房〕第5章所収参照）。

日本には、行政監察制度が行政機関を対象にその業務内容をチェックし行政の適正かつ効率的な運用を確保するための監察を行っている。また国税庁には国税庁観察官が設置され、国税庁職員の犯罪捜査を行っている（財設法27条）。しかし、市民・納税者が発見した税法行政の違法・不当行為について是正する手段は、結局、原告適格が問われる税法裁判によるものとなり、市民的コントロールからみて不十分であると考える。税務オンブズマンの創設が日本においても求められる。

7　税理士、通関士、税務補助機関等

1）税務代行業者の展開

税理士は、顧客である納税者からの依頼により、納税者の税務や経理についての相談や代行などを行う税法専門家、税務代理人である。1887（明治20）年に所得税が導入され、商工業者への課税が強化されていった中で、商工業者が退職税務官吏など税務や会計に素養のある者に税務相談や申告代理を依頼するという状況が出現した。これが、日本の税理士制度の起源ではないかとされる。関税における通関士も、開港地での関税業務代行者からである（伊藤悟「今日の国際貿易契約における通関士の機能」『日本法学』62巻1号）。また、弁護士制度も、奉行所近所の裁判精通者、後の代言人が起源とされる。

当初の税務代理人は、国家資格ではなく、いわゆる税務会計精通者である。中には悪質なものもいて、これが社会的問題とされ、地域での規制がなされた。国の法律での規制は、「税務代理士法」（昭和17年法律第46号）からである。そ

の後、第二次大戦後、税務代理士制度がシャウプ勧告により見直され、試験合格者等にも資格付与する「税理士法」（昭和26年法律237号）が制定され、税理士制度は確立された。

関税では、通関業者が関税業務の代行を専門とする業者として認められる。通関業者は、国家資格である通関士を置かなければならない（通業法13条）。

これらのほかに、商工会議所、金融機関、農協などにおいても納税者の税務補助をすることがある。多くの場合、税理士の関与がある。

これら税務代行業者、補助業者は、有償または無償にて、納税者の税務支援を行っている。特に、税理士は、税理士法に基づき独占的専門的に税務代理業を行っている。税理士は、基本的には、市民側に立ち、税法専門家としての職務を遂行すべきものである。

2）税理士の職務

税理士は、国家試験である税理士試験に合格した者、税理士試験免除者、弁護士（弁護士法3条②）および公認会計士の資格者が「税理士となる資格を有する者」で日本税理士連合会の税理士名簿に登録されている者である（税理法3条）。税理士資格者は、税理士登録、税理士会に入会を条件に、税理士となる（税理法18条）。税理士でない者の税理士業務、名称使用は、禁止されている（税理法52条、53条）。

税理士法1条（税理士の使命）は、「税理士は、税務に関する専門家として、独立した公正な立場において、申告納税制度の理念にそって、納税義務者の信頼にこたえ、租税に関する法令に規定された納税義務の適正な実現を図ることを使命とする」と規定している。しかし、サービス業である税理士に「独立した公正な立場」を求めるのは、疑問である。税理士は、顧客である納税者の代理人である。脱税者に協力するのは論外であるが、「公正な立場」の解釈が問題となる。

税理士法2条（税理士の業務）は、税理士が関与する税目を示し、税務代理、税務書類の作成および税務相談を税理士業務とし、これに財務書類の作成、会計帳簿の記帳の代行その他財務に関する事務を税理士付随業務とした。また、同法2条の2は、租税に関する事項について、裁判所において、補佐人として、弁護士である訴訟代理人とともに出頭し、陳述をすることができるとした。伝

統的な税理士独占業務と付随業務としての会計業務に、税理士補佐人としての出廷陳述権が追加された。これらのほかに、会計参与（会社法333条）、自治体の外部監査、法定後見人指名もあり、税理士の業務は拡大してきている。

3）Tax Lawyer としての税理士

税理士は、Tax Accountant（税務経理担当者）ではなく Tax Lawyer（税法専門家）であるべきである。税理士は、その業務が広範囲であるが、基本的には、顧客である納税者の権利保障を担う専門職業人である。そして、税理士は法実務家である。しかしながら、実態は、会計・経理実務担当者として、時には退職税務職員が税理士になることも多く、また税務相談を税務署などで行うことから、税務署職員のようにも、一般にみられる傾向がある。

このような実態は、税理士法と他の税法実定法との関連性が希薄であることによるとも解される。税理士の市民への税法専門家としての役務提供は、実定税法における意義が不明確である。税理士の関与支払報酬額が税額控除額になる、税務調査での税理士の立合いを必須要件化する、などを実定税法において税理士のアイデンティティーが明確にされるべきである。国の法律として税理士法を制定し、税理士を国家資格として保護していることから、税理士関与納税者への優遇税制が考慮されるべきである。特に、電子申告における税理士関与は、納税者の費用負担ではなく、その経費は国庫負担または税額控除として認めるべきである。

今後の税理士は、税理士としての現代におけるアイデンティティーが問われている（伊藤悟「税理士のアイデンティティーと納税者の権利」北野弘久先生古希記念論文集刊行会編『納税者権利論の展開』〔2001年、勁草書房〕743-763頁）。

【演習問題】
1　財務省主税局の職務の特徴について説明せよ。
2　国税専門官の採用と職種について説明せよ。
3　総務省が制定する地方税法に関する通達の法的効力について論じよ。
4　国税不服審判所の国税審判官（特定任期付職員）について説明せよ。
5　税関の業務の特徴について説明せよ。

第7章

納税義務の成立、確定および消滅

1 抽象的納税義務と具体的納税義務

1）納税義務の法的性格

　納税義務は、一般行政上の義務と比べると、一般行政上の義務成立が権限行政機関による具体的行政処分に基づくものであるのに対して、実定税法規が規定する租税要件等の充足により成立し、一定の確定手続を経て（成立と同時に確定する自動確定税目もある）、具体的納税義務となる。この過程において、納税義務の成立に税法行政の処分を不要とする申告納税方式の税目が大部分となるにつれ、税法行政処分は、二次的補完的なものとなり、基本的には不要とされる。このように納税義務は一般行政上の義務とは異なるものとなっている。

　日本国憲法 30 条「国民は、法律の定めるところにより、納税の義務を負ふ」は、国民主権国家・日本において、その構成員である国民の一般的な財政分担義務について確認した規定である。この規定は、個々の国民、住民、国内法人はもちろん、外国人、外国法人をも含む広義の「市民」の具体的な納税額を確定するものではないことは明白であり、抽象的納税義務を規定したものである。国民等の具体的納税義務は、個別実定税法に規定する租税要件等を充足した国民等が負うものとなる。

2）抽象的納税義務と具体的納税義務の区分意義

　抽象的納税義務と具体的納税義務との区分・区別は、税法執行組織、特に税法行政の納税義務者への接触・税務調査の可能時期を確定するものとして重要である。抽象的納税義務の段階での税務調査は原則許されない。具体的納税義務の存在が税務調査の実行前提となる。

　納税義務は、実定税法に規定する租税要件等の充足により成立するものであり、税法行政の介入を必要とせず成立するものである。成立した納税義務は、

確定された後に具体的納税義務になるものであり、確定前は抽象的納税義務である。確定後の具体的納税義務に対する税務調査は許されるが、それ以前の納税者への事前調査、一般的資料調査などは許されない。

2 納税義務の成立

1）納税義務成立と確定との関係

国税通則法15条1項は、「国税を納付する義務（源泉徴収による国税については、これを徴収して国に納付する義務。以下「納税義務」という。）が成立する場合には、その成立と同時に特別の手続を要しないで納付すべき税額が確定する国税を除き、国税に関する法律の定める手続により、その国税についての納付すべき税額が確定されるものとする」と規定し、納税義務の成立と同時に納税義務額が確定する自動確定税目を除き、納税義務の成立と納税義務額の確定を区別し、納税義務額が一定の手続をもって確定されるとする。

納税義務は、いつ成立するかについて税法行政処分の介入を必要とする説もあったが、現在では、実定税法に規定する租税要件等を充足したときに成立するものと考えられている。国税通則法15条は、これを前提としているものと解されている。

2）国税の成立時期

国税の納税義務の成立時期、すなわち租税要件等の充足時は、国税通則法15条2項に列挙規定されている。たとえば、所得税（源泉徴収による所得税を除く）は暦年の終了の時、源泉徴収による所得税は利子、配当、給与、報酬、料金その他源泉徴収をすべきものとされている所得の支払の時、法人税は事業年度の終了の時、相続税は相続または遺贈（贈与者の死亡により効力を生ずる贈与を含む）による財産の取得の時、贈与税は贈与（贈与者の死亡により効力を生ずる贈与を除く）による財産の取得の時、消費税等は課税資産の譲渡等をした時などとされる。

国税の大部分の税目は、申告納税方式により確定するものであることから、納税義務の成立時期は重要なものとなる。

3）地方税の賦課期日

地方税は、依然として、賦課課税方式、すなわち普通徴収（地税法1条①7号、

徴税吏員が納税通知書を当該納税者に交付することによって地方税を徴収する）による税目が多く、その納税義務の成立について明確な時期を規定する条項は少ないといえる。地方税の納税義務に関して重要な判定基準として「賦課期日」がある。

賦課期日は、納税義務者の住所地（課税団体）の判定期日、課税標準の評価基準日などとされ、納税義務の判定基準日である。しかし、この期日は、地方税の納税義務の成立期日ではない。地方税の納税義務も、国税と同様、自治体の税条例に規定する租税要件等を充足したときに成立するものであり、賦課期日は、固定資産税の課税標準額（固定資産評価額）の判定基準日ではあるが（最一小判平15.6.26判例ID：28081678）、基本的には納税義務者か否かの判定期日であり、納税義務の成立期日ではない。固定資産税では賦課期日の納税義務者に1年間の税額が課されることから、土地所有権の譲渡（売買）があった場合、当事者間での固定資産税配分がなされることがある。

4）関税の納税義務の成立

関税は、関税法または関税定率法その他関税に関する法律に別段の規定がある場合を除くほか、貨物を輸入する者を納税義務者としている（関税法6条）。その納税義務の成立は、貨物の輸入時である。輸入とは、外国から本邦に到着した貨物（外国の船舶により公海で採捕された水産物を含む）または輸出の許可を受けた貨物を本邦に（保税地域を経由するものについては、保税地域を経て本邦に）引き取ることをいう（関税法2条）。

5）納税義務成立の効果

納税義務が成立したといっても、確定手続が行われるまでは、具体的納税義務は確定していない。確定前の税務調査は、基本的には、許されない。

しかし、納税義務の成立は、一定の法効果を有する。法人の分割に係る連帯納付の責任（国通法9条の2）、納税申告書の提出先等（国通法21条②）、更正または決定の所轄庁（国通法30条）、賦課決定の所轄庁（国通法33条）、繰上請求（国通法38条）、納税の猶予の要件等（国通法46条）、国税の更正、決定等の期間制限（国通法70条）、過怠税の消滅時効起算日（国通法72条）の各規定において納税義務の成立が基準となっている。

納税義務の履行確保、すなわち租税債権の確保は、納税義務の確定後になされるべきであるが、納税義務が成立している場合、特定の場合に限り納税義務

の確定前にも認められる。期間税（所得税など一定の期間経過に基づき納税義務が成立する税目）以外の税目での納税義務成立前の租税債権確保手段は許されないものであるが、期間税においても、納税義務の成立前に将来の租税債権確保ができないと見込まれる場合であっても、納税義務成立前の保全措置は許されるものではない。

3 納税義務の確定

1）確定手続と自動確定

納税義務の成立後、具体的納税義務を確定する手続がとられる。これには、申告納税方式と賦課課税方式がある（国通法16条）。また、成立と同時に確定する税目もある（自動確定方式として分類することもある）。

納税義務の成立と同時に特別の手続を要しないで納付すべき税額が確定する税目、すなわち自動確定税目としては、①予定納税に係る所得税（所税法166条）、②源泉徴収による国税、③自動車重量税、④印紙税（申告納税方式による印紙税および過怠税を除く）、⑤登録免許税、⑥延滞税および利子税がある（国通法15条③）。

申告納税方式は、「納付すべき税額が納税者のする申告により確定することを原則とし、その申告がない場合又はその申告に係る税額の計算が国税に関する法律の規定に従つていなかつた場合その他当該税額が税務署長又は税関長の調査したところと異なる場合に限り、税務署長又は税関長の処分により確定する方式」であり、「納税義務が成立する場合において、納税者が、国税に関する法律の規定により、納付すべき税額を申告すべきものとされている国税」において採用されている（国通法16条①1号、②）。賦課課税方式は、「納付すべき税額がもつぱら税務署長又は税関長の処分により確定する方式」であり、申告納税方式をとらない国税において採用されている（国通法16条①2号、②）。

2）申告納税の法定申告期限

納税申告書の法定申告期限は、申告納税方式を採用する個別税目に関する実定税法において規定されている。

その主なものをあげると、①所得税はその年の翌年2月16日から3月15日（所税法120条）、②法人税は各事業年度終了の日の翌日から2月以内（法税法74条）、③相続税は相続の開始があったことを知った日の翌日から10月以内（相税法27

条)、④贈与税はその年の翌年2月1日から3月15日まで（相税法28条）、⑤消費税は課税期間の末日の翌日から2月以内（消税法45条）、なお、個人事業者の申告期限は、その年の翌年3月31日（租特法86条の4）である。

3）納税申告書の提出方法等

　納税申告書は法定申告期限までに税務署長に提出するものとされるが、その提出方法は、現在、①直接納税申告書を持参提出する方法、②郵送による方法、そして税目は限定されるが③電子申告の方法がある。持参提出する場合、税務署ごとでの対応が異なる場合もあるが、納税申告書（添付すべき書類を含め）に提出受付窓口または総務課にて受理印を受けることが、提出（受理印日付が提出日）となる。郵送の場合、郵便の消印日付が提出日となる（国通法22条）。電子申告は、「行政手続等における情報通信の技術の利用に関する法律」（平成14年法律151号）3条①に規定する「電子情報処理組織」を使用して、所得税（死亡した場合のいわゆる準確定申告を除く）、法人税、消費税（地方消費税を含む）、酒税および印紙税に係る申告ができるようになっている（国税庁ウェブサイト＞国税電子申告・納税システム e-Tax 参照）。電子申告は、所定の開始届書の提出等の手続を経てなされる。データ送信し受信通知日が提出日となると考えられる。

　納税申告書には、納税義務者の氏名、住所のほか、課税標準、課税標準からの控除金額損失等の金額、納付すべき税額、還付金に関する事項その他必要な事項を記載する（国通法2条6号）が、法定申告書書式とそうでない申告書書式とがある。法人税の申告書は法定申告書（法税規34条②「これらの表の書式によらなければならない」）であるが、個人所得税の申告書は法定申告書ではなく税務署が定めた書式である（ただし、記載事項は法定されている。所税規47条）。

　提出先は、その提出の際におけるその国税の納税地、現在の納税地を所轄する税務署長である（国通法20条）。「所得税、法人税、相続税、贈与税、地価税、課税資産の譲渡等に係る消費税又は電源開発促進税に係る納税申告書については、当該申告書に係る課税期間が開始した時（課税期間のない国税については、その者が当該異動に係る納税地を所轄する税務署長で現在の納税地を所轄する税務の納税義務の成立の時）以後にその納税地に異動があつた場合において、納税署長以外のものに対し当該申告書を提出したときは、その提出を受けた税務署長は、当該申告書を受理することができる。この場合においては、当該申告書は、現在の

納税地を所轄する税務署長に提出されたものとみなす」とされる（国通法20条②）。この場合、「納税申告書を受理した税務署長は、当該申告書を現在の納税地を所轄する税務署長に送付し、かつ、その旨をその提出をした者に通知しなければならない」とされる（国通法20条③）。

4）納税義務の確定効果

納税義務の確定は、具体的納税義務額、租税債権額の確定である。その期日は、申告納税方式では申告書提出期限である法定申告期限、また賦課課税方式では納税通知書の日付である。

この日を基準に、租税債務に関する税務調査、附帯税（延滞税、利子税、過少申告加算税、無申告加算税、不納付加算税および重加算税）の算定開始、除斥期間の開始、滞納処分手続の開始、消滅時効の起算、そのほかにも税手続の起算日とされる。

5）申告書の作成・提出の主体

納税申告書は、「申告納税方式による国税の納税者」（国通法17条）が作成し提出するものである。納税申告書は、納税者本人が作成するのが当然であるが、税理士による作成提出も認められる（税理法2条）。

納税者本人および代理人・税理士による納税申告書等の作成・提出は、法的に問題はない。しかし、第三者による納税申告書等が作成・提出された場合、その納税申告書等は適正なものか問題となる。基本的には、その適正性は、その第三者と納税者との関係により判断されるものである。その第三者が納税者の配偶者、その他生計を一にする親族等、または従業員等の事業関係者などであるとき、その納税申告書等は一応の適正性を認められるものである。しかし、全くの他人が納税者に無断でなしたものであるとき、これは公文書または私文書偽造問題となり、納税者は、その納税申告書等を取り消すことができると解する。また、これに基づき税法行政処分がなされた場合には、その処分の適法性が問われることになる。なお、第三者による納税は有効である（国通法41条）。

このほかに違法所得の申告をしなければならないことが日本国憲法38条の「何人も、自己に不利益な供述を強要されない」に反するか否かの問題が指摘される（北野・原論272頁）。また、申告における錯誤（民法95条）がある場合の問題が論議される（北野・原論273頁、最一小判昭39.10.22 判例ID：21019940）。

4 納税義務の消滅

1) 納税義務の消滅原因

納税義務は、その納税義務額を納付することにより、通常、消滅する。そのほかにも、消滅時効などによっても消滅する。納税義務の消滅事由をまとめると（図7-1）のようになる。

租税債権は、法定納期限前に設定された担保物件等との調整はあるが（国徴法15条。譲渡担保については譲渡担保権者の物的納税責任規定がある、国徴法24条）、基本的には、他の民事債権に優先する（租税債権優先原則。国徴法8条、地税法14条）。国税債権と地方税債権との間での調整は複雑であるが（国徴法26条）、先に滞納処分手続をとったものが優先するものとされる（差押え先着手優先。地税法14条の6）。

2) 納税者による納税義務の履行

確定した納税義務は、基本的には、納税義務額の納税者本人による支払により消滅する。直接、納税義務者本人が納税窓口（日本銀行等または税務署等の納税受付収税官吏、最近ではコンビニでの納税もできる）で現金で納付するのが、大原則であるが、高額納税額を現金で納付することは大変である。そこで、有価証券である①小切手（持参人払または無記名式持参人払のもの）、②国債証券の利札（無記名式で支払期限の到来しているもの）、③郵便普通為替証書（郵便定額小為替証書を含む）、④郵便振替払出証書での納付と、さらに口座振替納税（国通法34条、34条の2）

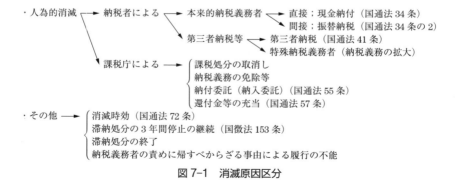

図7-1 消滅原因区分

が認められる。国税は日本銀行に国税収納に関する口座が、地方税は自治体が契約している銀行等に口座があり、銀行が収納担当となっている。税の収納処理は、国庫主義でなく、預金主義を採用している。

　納付方法は、基本的には、金銭納付である。その納期限は、賦課課税方式（地税では普通徴収の方法）による税では納税通知書に記載されている納税期日、また申告納税方式（地税では申告納付方式）による税では実定税法令に規定する法定納期限、である。金銭納付原則の例外として、印紙税などにおける証紙・印紙納付方式（国通法34条②、印税法8条）、そして相続税などにおける物納（国通法34条③、相税法41条以下）がある。これらは代物弁済といえる。なお、物納許可については、許可処分説と公法上の契約説（通説）との対立、また後者の公法上の契約説についても公法上の代物弁済説と公法上の更改契約説とがある。物納は、公法上の代物弁済的性格の関係を内容とするところの行政処分であると解する（北野・原論319頁参照）。

　納期限に関して、納期限の前倒しと後伸びがある。前倒しには、強制換価手続や法人の解散などがあった場合の繰上請求（国通法38条）、繰上徴収（地税法13条の2）がある。これは、租税債権の確保という観点から、公共の福祉に合致するものとして認められている。これに対して、後伸びには、納税の猶予（国通法46条、延滞税あり）、延納（相税法38条、延滞税なし、利子税あり）、納期限の延長（国通法11条、附帯税なし）がある（北野・原論321頁参照）。これらの法的性質はそれぞれ異なるものである。

3）消滅時効

　会計法30条は、「金銭の給付を目的とする国の権利で、時効に関し他の法律に規定がないものは、5年間これを行わないときは、時効に因り消滅する」と規定している。租税債権の消滅時効については、国税通則法72条、地方税法18条、関税法14条の2の各規定に定められている。基本は、5年時効である。

　租税債権の消滅時効は、「その援用を要せず」とされ、裁判上での主張等は必要とされず、また「その利益を放棄することができないもの」とされていることから、時効の中断および停止となる場合を除き（国通法73条）、時間の経過により完成する。

4）税法行政等による納税義務の消滅

納税義務の消滅は、基本的には、納税義務者本人による納税額相当の金銭納付による。消滅時効は稀である。これらのほかに、納税者による納税義務の消滅として、第三者による納税（国通法41条）、特殊な納税義務者としての第二次納税義務者による納税（国徴法33条等）などによるものがある。

課税庁による納税義務の消滅としては、賦課課税方式において税法行政の課税処分の取消しが基本的にある。また減額更正があった場合（国通法23条④、24条、26条、32条②）、税法行政処分の取消争訟において減額裁決・判決がなされた場合（国通法83条③、98条②）、その減額の範囲において納税義務は消滅する。納税の猶予などの場合の延滞税の免除（国通法63条）、災害などにより期限を延長した場合の利子税の免除（国通法64条③）、被災者の所得税などの免除（災害減免法2条、4条）がされた場合は、その免除した範囲内で納税義務が消滅する。納税義務者との関係で、還付金等の充当（国通法57条）や納付委託（国通法55条）がある。

これらのほかに滞納処分による差押え財産の換価代金または交付要求による受入金などを未納国税に充当した場合は、その充当した金額の範囲内で納税義務が消滅する。納税義務の消滅する時期は、①金銭を差し押さえたときは、その差押えの時（国徴法56条③）、②差押え債権を取り立てたときは、その取り立てた時（国徴法57条②、67条③）、および③差押え財産を換価したときは、その換価代金を受領した時（国徴法116条②）である。

5）還付金と過誤納金の還付

還付金や過誤納金がある場合、これらは納税者に適切に返金されなければならない（国通法56条）。

還付金とは、適法に納付または徴収が行われたが、後に実定税法の計算規定の適用によって、国が保有する正当な理由がなくなったため、納税者に還付されるべき税額をいう（金子・租税法748頁）。これに対して、過誤納金とは、租税実体法上は納付または徴収の時から国または地方団体がこれを保有する正当な理由のない利得のことで、過納金と誤納金とからなり、過納金は申告・更正・決定等により確定された税額が過大であるため減額更正等がなされた場合に減少した税額（後発的原因による法律上の原因を欠くに至った税額）であり、誤納金は

無効な申告・更正等に基づいて納付・徴収された税額（実体法手続法的にも納付・徴収の時点から法律上の原因を欠いた税額）である（金子・租税法750頁）。還付金等は遅滞なく還付されるべきであるが、予納制度を利用した場合には、若干の例外規定がある（国通法59条）。

　還付金の還付は、法律上、当然に還付することとされている場合と、納税者からの還付の請求に基づいて還付することとされている場合とがある（金子・租税法749頁）。前者の例として、所得税の源泉徴収税額等の還付（所税法138条）がある。後者の例として、所得税の純損失の繰戻しによる還付請求（所税法140条）がある。還付金には還付加算金がつくことがある（国通法58条。源泉所得税の還付、予定納税額の還付には加算金はつかない）。

　過誤納金の還付は、誤納金が最初から法律上の原因を欠く利得を税法行政が得ていることから不当利得としての返還請求の対象となるが、過納金が更正等の後発的原因に基づくものであることから、まず更正等の処分の取消しを求める必要があるとされる。しかし、両者ともに無効な納付・徴収であり、税法行政は遅滞なくこれを還付すべきである。ただし、争いがある場合、無効な処分等の判断については、一般行政行為の無効原因としての「重大かつ明白」な瑕疵とされているが、租税確定処分については租税要件に関する重大な瑕疵があれば瑕疵の明白性は必要ないものと判例（最一小判昭48.4.26 判例ID：21042490）において解されている。

5　特殊な納税義務

1）納税義務の拡大

　納税義務は、実定税法に規定する租税要件等を充足した者、すなわち本来的（原則的）納税義務者が負うものである。しかし、実定税法は、この者以外に、本来的納税義務者の納税義務の履行を行わせる場合につき規定している。それが特殊な納税義務や、納税義務の拡大である。

　日本の実定税法では、税徴収面での便宜の観点から源泉納税義務者（所税法181条以下）（地方税では特別徴収義務者、特別徴収とは「地方税の徴収について便宜を有する者にこれを徴収させ、且つ、その徴収すべき税金を納入させることをいう」地税法1条）と納税管理人（国通法117条）の制度があり、租税債権の確保という観点から連

帯納税義務者（国通法9条）、第二次納税義務者（国徴法33条等）、納税義務の承継者（国通法5条）、保証人からの税徴収（国通法52条）の制度が設けられている。このほか、担保権付財産が譲渡された場合の国税の徴収（国徴法22条）、譲渡担保権者の物的納税責任（国徴法24条）も納税義務の拡大と考えられる。

関税では、通関業者からの関税の納付不足がある場合の補完的納税義務（関税法13条の3）がある。内国税では、税理士に対するこのような納税義務を課していない。

2）源泉徴収制度

国税では源泉徴収、地方税では特別徴収と呼ばれる税徴収制度は、税の徴収について便宜を有する者にこれを徴収させ税金を納入させることである（地税法1条「特別徴収」定義）。

日本で所得税源泉徴収制度が導入されたのは、利子所得については1899（明治32）年に、給与所得については1940（昭和16）年に始められ、今日まで続いている歴史のある徴税システムである。源泉徴収制度は、諸外国でも採用されている。日本の制度は、ドイツの制度を模倣したといわれている。諸外国の給与所得課税制度と源泉徴収制度との関係は、日本のものと同じであるとはいえない（財務省ウェブサイト＞税制＞わが国の税制の概要＞所得税＞主要国の給与に係る源泉徴収制度の概要）。フランスでは、源泉徴収制度を税務職員の麻薬としてみており、基本的には採用せず、納税者台帳に基づく実績課税に基づく賦課課税方式が採用されている。

給与所得の源泉徴収制度には、給与支給者、給与受給者、そして税法行政の三者が登場する。給与支給者である企業・事業者は、源泉徴収義務者である。そして、給与受給者である給与所得者（サラリーマン）は、本来的納税義務者である。両者の関係は、雇用契約に基づく労使関係、民事関係が基本となる。給与支給者・源泉徴収義務者は、給与支給時に源泉所得税額を支給給与額から差し引き天引きし、翌月10日までに納付しなければならない。税法行政は、その源泉徴収に違法、不納付がある場合には、税務調査をし税法行政処分を行い、時には源泉徴収義務者に対して滞納処分を実行することとなる。両者の関係は、実定税法に基づく税法律関係となる。本来的納税義務者と税法行政とは、給与所得については年末調整により確定申告が不要となり、両者の関係は、基本的

には皆無、無関係のものとなる。まずは、このような二段とも二元ともいわれる関係が源泉徴収制度にはある（北野・原論327頁）。また、源泉徴収義務者は、基本的には徴収代行者・徴税機関の代理であるが、源泉税の不納付の場合には納税義務者として更正処分、滞納処分、罰則の適用対象となる。すなわち、源泉徴収義務者にとって源泉徴収制度は複層的な義務を負う制度となっている。

一方、源泉徴収事務における違法が発生した場合、その違法に対する本来的納税義務者の権利救済措置が実定税法において講じられていないという問題がある。源泉徴収義務者と本来的納税義務者とは民事関係のみが支配し、また税法行政と本来的納税義務者とは無関係となっていることから、源泉徴収時の源泉徴収義務者の違法行為による本来的納税義務者の権利侵害や利益の損害は、民事訴訟の手続でしか救済されないこととなる。税額調整は、実務的には、翌月などにおける源泉税事務においてなされる。

このほか、年末調整により本来的納税義務者が確定申告権を剥奪されていることは、本来的納税義務者を「植物人間化」するものであり、納税者の法的地位を認めない人格否定であるとも指摘される（北野弘久『納税者の権利』〔1981年、岩波新書〕等）。

源泉徴収制度は、税徴収確保手段として優れているが、本質的には事前見積課税であり、租税制度としては外国人などに対する限定的な税徴収手段であるべきであり、経常的な給与所得では、他の所得と同様、事後的な実績課税に基づくべきである。マイナンバー制度の導入により、その実現は可能となる。

3）納税管理人

国税通則法117条は、特定の納税者に納税管理人の選任義務を課している。同様の規定は、地方税法28条、300条にもある。

納税管理人は、納税者が国内源泉所得（所税法161条）や固定資産を有するが居所等を有しない場合等において、その納税者の代理人として納税申告書の提出等の事務を担当する。

納税管理人の選任・解任は、税法行政への届出「所得税の納税管理人の届出書」などによりなされる。納税管理人は、税徴収上の便宜において定められる。それゆえ、納税者が所得税法2条42号に規定する出国する場合には、納税管理人の届出は不要である（出国者が納税管理人を定めた場合、出国時の準確定申告は不

要)。その行為は、納税者に代わり申告書提出や税法行政からの書類等の受理を行うなどである。

4) 連帯納税義務

共有物、共同事業などに関する資産に対する固定資産税については、租税債権の確保のため、共有者など複数の納税義務者の租税納付に連帯関係を生じさせる場合がある。これを連帯納税義務といい、このような納税義務を負担する者を連帯納税義務者という。

主な連帯納税義務としては、国税では、①共有物、共同事業またはその事業に属する財産に係る租税（国通法9条）、②法人の分割に係る連帯納付の責任（国通法9条の2）、③相続税および贈与税の連帯納付義務（相税法34条）、④共同登記等の場合の登録免許税（登税法3条）、⑤共同文書作成の場合の印紙税（印税法3条②）、そして地方税では、共有物、共同使用、共同事業、共同行為に関する税の連帯納税義務（地税法10条の2）がある。

連帯納税義務は、民事の連帯債務規定を準用（国通法8条、地税法10条）していることから、連帯債務と同じ法的効果がある。

共有の固定資産にかかる固定資産税の課税処分等は、登記簿筆頭者に対して行われるのが通例であるが、その筆頭者が他の共有者にこれを知らせず滞納した場合、他の共有者は知らないうちに滞納処分の対象となることが考えられる。また、相続税では、自己の納税義務額を納付したのに、連帯納税義務として他の相続人の納税義務額の未納に対して連帯納税義務として追徴されることもありうる。

納税通知書は、実務的には共有者全員に送付されることが望ましい。また、連帯納税義務に基づく税法行政処分の前に対象者全員に事前的説明や具体的な理由を附記した税法行政処分の手続がつくされるべきと考える。特に、確定・徴収に関する処分効力については、不意打ちを避けるためにも、処分相手のみに効力が生ずるものと解すべきである（最判平元.7.14 判例ID：22003222）。

5) 第二次納税義務

本来的納税義務者からの税徴収ができない場合に、その主たる納税義務者と特殊に関連する第三者に補充的に納税義務を負わせるシステムがある。これを第二次納税義務という。「第二次納税義務の制度は、租税法上認められた特異

な制度であるが、その性格は主たる納税者との関係において私法上の保証債務に類するもので、主たる納税者の財産に滞納処分を執行してもなお徴収すべき国税に不足すると認められるときに、補充的にその履行の責任を第二次納税義務者に負わせるものである（補充性）。また、主たる納税者の納税義務がないと成立せず、その納税義務に応じて消滅、変更すること（附従性）を原則としている」（国税庁ウェブサイト＞税大講本『国税徴収法』99頁）。

　国税徴収法において、いくつかの第二次納税義務が定められている。これらは、人的二次義務（①）、金銭的二次義務（②③④）、物的二次義務（⑤⑥⑦⑧）として分類される。

①無限責任社員の第二次納税義務（国徴法33条）

②清算人等の第二次納税義務（国徴法34条）

③同族会社の第二次納税義務（国徴法35条）

④実質課税額等の第二次納税義務（国徴法36条）、同族会社等の行為または計算の否認等による課税額の第二次納税義務（同条③）

⑤共同的な事業者の第二次納税義務（国徴法37条）

⑥事業を譲り受けた特殊関係者の第二次納税義務（国徴法38条）

⑦無償または著しい低額の譲受人等の第二次納税義務（国徴法39条）

⑧人格のない社団等に係る第二次納税義務（国徴法41条）

　主たる納税義務と第二次納税義務との関係は、①第二次納税義務者の義務履行（納付）は主たる納税義務者の義務額の減少・消滅となる、②第二次納税義務者につき滞納処分の停止により消滅しても、主たる納税義務は消滅しない、③第二次納税義務者の納付により義務額が消滅したとき、主たる納税義務は免除されるが、第二次納税義務者の主たる納税義務者への求償権行使が認められる（国徴法32条⑤）、④主たる納税義務の免除の効力は第二次納税義務に及ぶ、などがある。

　第二次納税義務は、「税務署長は、納税者の国税を第二次納税義務者から徴収しようとするときは、その者に対し、政令で定めるところにより、徴収しようとする金額、納付の期限その他必要な事項を記載した納付通知書により告知しなければならない」（国徴法32条）とし、ある意味で、突然の「納付通知書」が送られてきて、課徴される。

この告知は、第二次納税義務の確定行為とされる。第二次納税義務は、主たる納税義務者と上記の特殊な関係にあることにより、その主たる納税者の財産に滞納処分を執行してもなお徴収すべき国税に不足すると認められるときに、抽象的な納税義務が成立しているものとされている（成立要件があいまいである）。しかし、不意討ち的な課税処分となることもありうる。

　納付通知書による告知により確定された第二次納税義務額は、1月以内に納付しなければならない（国徴令11条④）。この納付期限までに完納されなければ、納付催告書により督促され、その発した日から起算して10日を経過した日の翌日以後、第二次納税義務者の財産に対して滞納処分による差押えが可能となる。

　第二次納税義務者による課税処分に対する取消訴訟にかかる原告適格については、論議がある（最一小判平18.1.19判例ID：28110295）。

6）納税義務の承継

　本来的納税義務者の死亡（相続開始）、法人の吸収合併の場合などが生じたとき、その納税義務は、本来的納税義務者の財産等を承継したものに承継されるものとされることがある。特に、所得税などの期間税のように、課税期間の開始から本来的納税義務者の死亡等の日までの期間にかかる納税義務額が発生する税については、本来的納税義務者と関係のあるものに、その納税義務を承継させる規定が実定税法において定められている。

　日本の実定税法では、次のものがある。

①相続による国税の納付義務の承継（国通法5条）
②法人の合併による国税の納付義務の承継（国通法6条）
③人格のない社団等に係る国税の納付義務の承継（国通法7条）

7）保証人からの税徴収

　延納等が認められる場合に、担保の提供が求められる。物的担保が一般であるが、人的担保としての保証人も認められている（国通法50条）。

　担保の処分となる場合、税務署長等が保証人から税徴収を行うこととなるが、このとき、税務署長等は、納付させる金額、納付の期限、納付場所その他必要な事項を記載した納付通知書による告知をしなければならない（国通法52条）。

【演習問題】
1　納税義務の成立の法的効果について説明せよ。
2　納税義務の確定の法的効果について説明せよ。
3　還付金の還付と誤納金の還付の相違について説明せよ。
4　源泉徴収制度における源泉徴収義務者の法的地位について説明せよ。
5　第二次納税義務者の本来的納税義務者に係る更正処分取消訴訟の原告適格について説明せよ。

第8章

申告納税と税法行政処分

1 申告納税の意義

1) 申告納税の展開

　税制史において申告納税、すなわち納税者が自己納税額を計算し税法行政機関に申告し、かつその納税額を支払うということは、非常に新しいことである。国家の課税権行使は、税法行政の基本的職務である。税官吏が市民の所得・財産・消費を調査し課税することは、税制史において、長い間、当たり前のこととされてきた。それでは、申告納税は、なぜ必要であったのか。

　日本での申告納税制度は、1947年（昭和22）年に自己申告方式のものが所得税、法人税、相続税において採用された。当初は、アメリカの押し付けであったとも評されるが、シャウプ勧告による税制改正を経て、日本における申告納税制度は定着していった。特に、国税の多くでは、賦課課税方式をとる税目は少なくなっている（地方税では固定資産税、個人住民税など普通徴収＝賦課課税方式のものが多い）。

2) 税の市民的コントロールとしての「申告納税」

　申告納税は、本質的には、市民による「自己課税 (self-assessment)」である。このことから、申告納税制度は、税制における民主主義制度として評価される面がある（北野・原論259頁）。循環的税法関係において、主権者の課税権行使が立法として具体化され、その税法執行が市民自ら行われることを基本とする申告納税は、税の市民的コントロールとして重要な機能を有する。すなわち、申告納税を通して、税法立法の市民（主権者）的見直しが実行しうるからである。申告納税は、必ずしも民主主義的制度であるとは確言できないが（フランス所得税は申告納税ではない）、一つの評価として、民主主義的機能を有しているといえる。

申告納税制度は、賦課課税制度において税法行政の責任として実行されていた課税を、市民・納税者の責任としての課税へと転換した。これにより、納税者の責任強化（罰則強化、実刑導入、強制調査・査察制度化）、加算税制度の導入、青色申告制度による実額課税奨励、市民相互間の監視（申告書の閲覧制度、所得〔税額〕公示制度等）が制度化されてもいる。

申告納税が税制の基本であるとしても、適正かつ公平な税課徴を担保するために、税法行政処分は副次的従たる地位として必要である。申告納税は、税の市民的コントロール機能を確保する民主的手段であり、税法学の特殊性、独自性を示すものでもあり、市民の税リテラシー（税法を知り、税法に従った行動をとること）、税領域のコンプライアンス（compliance）が要請される。

2　納税者申告の分類

1）課税標準申告と納税申告

実定税法において納税者の税務行政への申告書の提出として、「課税標準申告書」と「納税申告書」とがある。

課税標準申告書は、「賦課課税方式による国税の納税者は、国税に関する法律の定めるところにより、その国税の課税標準を記載した申告書をその提出期限までに税務署長に提出しなければならない」（国通法31条）とされる申告書である。この申告書は、納税義務者の氏名および住所等の納税義務者情報、課税物件に関する数量的表現である課税標準、その他税法行政機関の賦課処分に必要な事項に関する申告書であって、納税者が納税額を申告するものではなく、税法行政処分のための基礎資料となるものである。

これに対して、後者の納税申告書は、「申告納税方式による国税の納税者は、国税に関する法律の定めるところにより、納税申告書を法定申告期限までに税務署長に提出しなければならない」（国通法17条）とされる申告納税方式の基礎となる申告書である。この申告書は、納税義務者情報、課税物件、課税標準はもちろん、適用税率、算出納税額までをも納税者が記載しなければならないものである。国税についての納付すべき税額の確定の方式としての「申告納税方式」は、納税申告書の提出により原則として納付税額が確定するものをいう。この申告書が申告納税制度の中心となっている。

2）期限内申告書と期限後申告書

　納税申告書は法定申告期限までに税務署長に提出しなければならない（国通法17条①）。このように法定申告期限までに提出する納税申告書を「期限内申告書」といい、この申告を「期限内申告」という。

　実定税法は、一定の場合において、法定申告期限後においても納税申告書の提出を認めている。この場合の申告書を「期限後申告書」といい、この申告を「期限後申告」という。期限後申告書の提出（期限後申告）は、課税行政機関による決定処分があるまで提出することができる（国通法18条①）。

　納税申告の基本である「確定申告」には、上記のように期限内申告と期限後申告とがある。確定申告は、基本的には、法定申告期限までになされるべきであるが、期限後申告が認められる場合には、その申告も確定申告である。なお、法定申告期限内の確定申告書の再提出（先行の確定申告書の取り下げての提出）は、期限後申告ではない。

　なお、期限後申告は、法定申告期限後の納税申告書の提出であるから、一定の制裁手段としての附帯税（国税のうち延滞税、利子税、過少申告加算税、無申告加算税、不納付加算税および重加算税をいう）が課される。これには、延滞税（年14.6％、2月内は半減額）と無申告加算税（2週間内0％、調査前自主5％、調査後15％、50万円超20％）とが課される（国通法66条）。また、申告期限の延長（災害等による期限の延長〔国通法11条〕）、申告書提出期日の延長（法税法75条の2、利子税の対象となる）が認められる場合の期限後申告には特例があり、附帯税の減免がある。

3）修　正　申　告

　法定申告期限内または期限後に提出した納税申告書の記載事項がすべて正しいものであることが望まれるが、現実には、誤った申告書を提出する納税者は少なくない。申告納税方式とは「納付すべき税額が納税者のする申告により確定することを原則とし、その申告がない場合又はその申告に係る税額の計算が国税に関する法律の規定に従つていなかつた場合その他当該税額が税務署長又は税関長の調査したところと異なる場合に限り、税務署長又は税関長の処分により確定する方式を」（国通法16条①1号）いうことから、税額を誤った申告書は、原則として、税法行政処分である更正処分（国通法24条）の対象となる。しかし、実定税法は、一定の場合、納税者からの税額補正申告を認めている。それが

「修正申告」である。

　納税者が修正申告書を提出できる場合とは、国税通則法19条1項2項に規定によると、修正申告は、納税申告書を提出した者（1項）または更正（再更正）・決定を受けた者（2項）に認められる。前者にあっては更正があるまで、①先の納税申告書の提出により納付すべきものとしてこれに記載した税額に不足額があるとき、②先の納税申告書に記載した純損失等の金額が過大であるとき、③先の納税申告書に記載した還付金の額に相当する税額が過大であるとき、④先の納税申告書に当該申告書の提出により納付すべき税額を記載しなかった場合において、その納付すべき税額があるとき、に修正申告が認められる。また、後者にあっては再更正があるまで、①その更正または決定により納付すべきものとしてその更正または決定に係る更正通知書または決定通知書に記載された税額に不足額があるとき、②その更正に係る更正通知書に記載された純損失等の金額が過大であるとき、③その更正または決定に係る更正通知書または決定通知書に記載された還付金の額に相当する税額が過大であるとき、④納付すべき税額がない旨の更正を受けた場合において、納付すべき税額があるとき、に修正申告が認められる。

　修正申告は、基本的には、先行の納税申告または更正・決定処分に基づく税額に対する追加納税額が発生する場合に、すなわち増額修正のみにつき、納税者に認められている。減額修正については、更正の請求が、その申告書に係る国税の法定申告期限から5年以内に限り（一定の例外はある）、納税者に認められている（国通法23条）。

　修正申告は、基本的には、増額修正であることから、先行申告額と修正申告額との関係が問題となる。これについては、吸収説、独立説、併合説などの論議があったが、現行、「修正申告書で既に確定した納付すべき税額を増加させるものの提出は、既に確定した納付すべき税額に係る部分の国税についての納税義務に影響を及ぼさない」とされている（国通法20条）。

　なお、修正申告には附帯税が課される。延滞税（年14.6％、2月内は半減額）、過少申告加算（調査前自主0％、調査後10％、50万円超15％）が課される（国通法65条）。

3 税法行政処分─決定・更正・再更正、賦課課税処分

1）申告納税方式での税法行政の職務

申告納税方式は、「納付すべき税額が納税者のする申告により確定することを原則とし、その申告がない場合又はその申告に係る税額の計算が国税に関する法律の規定に従つていなかつた場合その他当該税額が税務署長又は税関長の調査したところと異なる場合に限り、税務署長又は税関長の処分により確定する方式をいう」とされ（国通法16条①1号）、税法行政職務を二次的なものとした。二次的ではあるが、無申告、違法申告、税務調査との相違がある場合には、税法行政の処分がなされる。さらに、賦課課税方式は、「納付すべき税額がもっぱら税務署長又は税関長の処分により確定する方式をいう」とされ（国通法16条①2号）、税法行政が中心となる。

この税法行政の処分には、無申告の場合の「決定」（国通法25条）と、申告がある場合の「更正」（国通法24条）と、決定または更正がなされた後の「再更正」（国通法26条）、さらに「再々更正」がある。再々更正は、法律用語ではないが、再更正の更正が認められていることから、一般的に使用されている用語である。

税法行政処分は、当然に、実定税法に従ったものでなければならない。それゆえ、税法行政処分は、法覊束行為であり、実定税法の租税要件等を確定する行為であり、実定税法に規定するところと過不足なく課税標準や税額を計算するものであり、納税義務を成立させ形成する行為でもなく、単に確定する行為である。更正および決定は、新たに納税義務を課す行為ではなく、課税要件の充足によってすでに成立している納税義務の内容を確定する行為であり、行政行為の分類に即していえば、確認行為である（金子・租税法799頁）。

2）更正・再更正

更正（国通法24条）は、「納税申告書の提出があつた場合において」なされる税法行政処分である。申告がないにもかかわらず更正がなされたときは、前提を欠いた違法な更正処分であるが、無効ではなく取消対象と解される（金子・租税法799頁）。再更正（国通法26条）は、すでになされた税法行政処分である更正または決定に対する税法行政処分である。更正・再更正には、増額更正・再更正と減額更正・再更正とがある。

更正・再更正は、税務調査を前提としている。したがって、税務調査事実のない更正・再更正は、違法な処分となる。この税務調査は、必ずしも納税者に対する実地調査である必要はなく、税法行政内部での内部調査（納税申告書の机上調査）などでも、更正処分の要件を満たすものであると考えうるが、納税者へのコンタクト（実地調査）のない更正は、適正な税手続法の実行としては、好ましいものではないと考える。調査を欠く見積課税は違法である（金子・租税法799頁）。

3）決　　定

決定（国通法25条）は、「納税申告書を提出する義務があると認められる者が当該申告書を提出しなかつた場合」、すなわち無申告の場合に行われる税法行政処分である。決定も、税務調査を前提としている。したがって、税務調査事実のない決定は、違法な処分となる。決定の要件となる税務調査は、実地調査であるべきと考える（更正は納税申告を前提としているので、実地調査をその要件としない）。納税者への実地調査のない決定は、いわゆる「不意打ち課税」ともなり、税手続法からみて好ましいものではないと考える。決定は、税法行政の責任に基づく賦課課税処分である（当然、無申告であった納税者の責任追及はすべきである）。

決定は申告納税を補完するものであることから、法定申告期限前の決定は許されない。しかし、租税債権の確保のために、実定税法は、保全差押え（国徴法159条）などの措置を講じている。

4）賦課課税処分

賦課課税（国通法32条）処分は、税法行政の責任においてなされる課税行為である。これは、市民・納税者からの課税標準申告書の提出が必要とされることがあるが、基本的には、税法行政の責任行為である。

5）除斥期間

税法行政の処分には、期間制限、いわゆる「除斥期間」がある（国通法70条）。申告納税方式の国税、たとえば所得税に関する更正は、法定申告期限（翌年3月15日）から5年経過した日以後することができない（同条①）。法人税の更正は、法定申告期限から9年を経過する日までできる（同条②）。

除斥期間は、法律関係を速やかに確定させるため、一定期間の経過によって権利を消滅させる制度であり、消滅時効と似ているが、中断は認められないも

のであり、消滅時効とは異なるものである。

会計法30条に「金銭の給付を目的とする国の権利で、時効に関し他の法律に規定がないものは、5年間これを行わないときは、時効に因り消滅する。国に対する権利で、金銭の給付を目的とするものについても、また同様とする」との時効に関する一般規定があるが、これにより租税債権も、実定税法に別段の規定（特例規定）がない場合には、5年時効が適用される。時効は、確定した債権・権利の一定期間の不行使に対する制度である。これに対して、除斥期間は、債権・権利の確定する権利を一定期間の経過により消滅させるものである。

4 納税者申告と税法行政処分との関係

1）基本的関係

申告納税において納税申告書の提出は、市民・納税者が自らの納税額を実定税法に従い計算し申告する「自己課税」であり、これにより納税義務を確定するものである。したがって、申告納税において税法行政の税処分は、基本的には不要である。しかし、納税者の無申告および違法申告、または税務調査と異なる申告がなされた場合には、二次的なものとして制度的に税法行政処分による納税義務確定が担保されている。

納税義務者からの申告がない場合、すなわち無申告の場合には、決定処分が、申告があった場合の納税義務額の修正には、更正（増額更正、減額更正）処分が、税法行政においてなされる。その一方で、納税者は、無申告の場合には、決定処分があるまで期限後申告が、先行申告に誤りがある場合には、納税額が増額となるときには更正処分があるまで修正申告書の提出、納税額が減額となるときには法定申告期限から5年まで更正の請求ができる（国通法23条）。

税法行政処分は、二次的ではあるが、最終的なものではないことに注意しなければならない。決定または更正・再更正があった場合でも、修正申告書の提出は認められる。国税通則法19条2項は「第24条から第26条まで（更正・決定）の規定による更正又は決定を受けた者は」「その更正又は決定について第26条の規定による更正があるまでは、その更正又は決定に係る課税標準等又は税額等を修正する納税申告書を税務署長に提出することができる」と規定し、同法26条は「税務署長は、前2条又はこの条の規定による更正又は決定をした後」

の再更正を認めていることから、再更正に係る修正申告の提出はその再々更正があるまで可能である（再更正に対する修正申告書の提出は現実的にはないと思われる）。なお、会計法30条の規定により5年時効が国の債権に関して規定されていることから、法定申告期限から5年を経過した修正申告または期限後申告は、現実には、無効であるとも考えられる（北野・原論265-266頁参照）。

　なお、国税通則法の改正により、更正の請求にかかる期間が延長され、納税義務者からの減額更正請求の権利行使が拡充された。その一方で、個別税法にて定められている更正の請求特例もある。更正の請求については、通則規定と個別特例規定との関係、またこれらと税法行政処分、時効と除斥期間の関係は、通則法改正に伴い、その論理的整合性について再検証が要請される。

2）基本的課題

　納税申告が適正である限り、税法行政処分はない。税法行政処分は、無申告、違法申告、税務署長等の調査と異なる場合に限り、税務調査を基になされる。

　税法行政処分は税務調査を前提要件としているが、この税務調査の方法・手続、その際の納税者の権利についての規定は、日本の実定税法は不十分といえる。従来、事前通知、立会人、調査ビデオ撮影、調査時の会話録音などの可否が議論されてきた。フランスは1975年に調査を受ける納税者の権利憲章を制定していた。またアメリカ、カナダ、イギリス、オーストラリア、ニュージーランドなどの諸外国でも同様の動きがなされ、実定税法において調査納税者の権利保障が確保されている。日本でも、早急に、立法が望まれてきた。「納税環境整備に関する国税通則法等の改正」として、国税通則法に新たに「国税の調査」の章が新設されたが、これら条項は従来個別税法令に規定されていたものをまとめたものであると評する。

　税法行政処分の結果は、決定通知書、更正通知書として納税者に通知される。その記載事項は、更正通知書には①その更正前の課税標準等および税額等、②その更正後の課税標準等および税額等、③増減する税額等を記載し、決定通知書にはその決定に係る課税標準等および税額等を記載しなければならない（国通法28条）。また、両通知書ともに、「調査に基づくものであるときは、その旨を附記しなければならない」とされる。この附記は、税法行政処分の理由開示、理由附記を意味するものと解されていない。税法行政処分の理由附記は、所得

税法155条2項が「更正通知書にその更正の理由を附記しなければならない」、および法人税法130条2項が「更正通知書にその更正の理由を付記しなければならない」と規定し、青色申告においてのみ保障され認められるものであった。一般のいわゆる白色申告に対する処分に係る理由附記は従来保障されてはいなかったが、平成23年度税制改正により、処分の適正化と納税者の予見可能性を高める観点から、原則として、国税に関する法律に基づく申請に対する拒否処分や不利益処分を行う場合には、理由附記を実施することとされた（なお、その反面では白色申告者の記帳義務の拡大がなされた）。

3）推計課税

税法行政処分に関する基本的問題として、推計課税の問題がある。推計課税は、所得税法156条、法人税法131条に規定するように、更正・決定をする場合に、納税義務者の「財産若しくは債務の増減の状況、収入若しくは支出の状況又は生産量、販売量その他の取扱量、従業員数その他事業の規模により」納税義務者の課税標準を推計して、更正・決定するものである。青色申告については、その趣旨から、会計帳簿等の記録等に基づく実額課税が保障される。ただし、青色申告の承認取消がなされた場合には、その納税義務者も推計課税の対象とされる。

推計課税の基本的問題は、実定税法が課税標準としているものと異なる標準、すなわち外形標準、間接資料などを基礎として税法行政処分がなされることである。「行列のできる店」「テレビ、マスコミで評判の店」「カリスマ経営者の店」という評判は、課税所得と直接的に結びつくものではない。領収書や売上金などの直接資料が課税標準である所得金額を算定するものであり、これ以外の資料に基づく課税標準計算は基本的には許されるべきではない。しかし、①納税義務者が帳簿書類を備えつけておらず、収入・支出を実額で把握できない、②帳簿書類は備えつけているが、その内容が不正確で真実性に乏しい、③税務調査に非協力のため、収入・支出に関する実額が把握できない、という3つのいずれかの場合にのみ、直接的資料となるものがないものと考えられ、限定的に、推計課税が許容（実定税法規化）されると解される（北野・講義331頁、金子・租税法804-805頁）。推計課税は、推計課税の必要性と推計課税の合理性が立証され、特段の反証がない限り、推計課税額が真実の課税額に合致するものと事

実上推定する課税額確定方法である。したがって、推計課税の必要性が認められても、その推計課税が合理的に行われなければならない。合理性を欠く推計課税は違法である（金子・租税法807-808頁）。

　推計課税の必要性、合理性が税法裁判で争われる場合、その立証は課税庁にあるが、一方、納税者は、実額での反証をしなければならない。

　ところで、近時の納税環境整備の一環において、白色申告者の記帳義務が拡大された。これにより青色申告者に対する推計課税禁止は、白色申告者にも認められうるかが課題となる。

【演習問題】
1　納税申告と更正または決定の処分との基本的関係を説明せよ。
2　調査を欠いてなされた税法行政処分の効力について論じよ。
3　推計課税の必要性を説明せよ。
4　課税庁の確定処分に関する期間制限後に納税者が行う期限後申告書または修正申告書の提出につき論じよ。
5　国税通則法23条の「更正の請求」について説明せよ。
6　税務署担当官が国税通則法74条の11に規定する調査の終了の際に作成し勧奨した修正申告書に納税義務者が自署押印し提出した場合、その修正申告書の法的効力について説明せよ。

第9章

税務調査と納税者の権利

1 税務調査の意義・目的

1) 意　義

　賦課課税税目では税法行政の職権で課税処分が行われ、また申告納税税目においても、無申告の場合または違法申告もしくは税務調査と異なる納税申告書の提出がある場合には職権による決定・更正の税法行政処分が行われる。これらの前提として税務調査は不可欠のものである（国通法24条、25条）。調査を欠く税法行政処分は違法処分である。そして、市民・納税者にとっても、税務調査は、税法執行権、税法行政権力と臨場にて対峙する場でもある。税法行政権の市民的コントロールは、まさに税務調査に対して万全でなければならない。

　従来、国税通則法の数か条において「調査」という文言が使用されてきたが、「調査」そのものの具体的規定はなく、実定税法に税務調査についての規定はなかったといえた。しかし、納税環境整備に関する国税通則法の改正を含む「経済社会の構造の変化に対応した税制の構築を図るための所得税法等の一部を改正する法律」（平成23年法律第114号）が2011（平成23）年11月30日に成立、同年12月2日に公布されたのを受けて、国税通則法において国税通則法第7章の2に「国税の調査」として法定化され、税務調査に係る規定が設けられ、実定税法において税務調査規定が創設された。

　「調査」の一般的意味内容は、「ある事項を明確にするためにしらべること」（広辞苑より）であり、何らかの目的をもった情報収集行為である。このことから、税務調査は、税法行政の税賦課権および税徴収権の適正な行使に関する必要な情報の収集行為と考えられ、納税義務者等への質問と関係帳簿書類の検査に限らず（法定調査）、税法行政目的のための資料調査（「お尋ね」などの法定外調査）、会社標本調査（国税庁が1946〔昭和26〕年から実施している調査、「国税庁統計年報書」

「税務統計から見た法人企業の実態」として公表）などが行われている。

　税組織法をみると、国税庁は「内国税の適正かつ公平な賦課及び徴収の実現、酒類業の健全な発達及び税理士業務の適正な運営の確保を図ることを任務」（財設法19条）とし、国税庁には調査査察部が設置されている（財組令88条）。税務調査は、調査課による調査と査察課による調査に行政組織法的に分類される（財組規402条、403条）。また、滞納処分のための徴収課による調査もある（同規400条）。

　調査課が担当する調査が一般的に「税務調査」として認識されている。すなわち、「所得その他の内国税の課税標準の調査及び内国税に関する検査並びに外国との租税に関する協定の実施のために行う調査」が、税務調査である。

2）目　　的

　税務調査は、税法行政処分（決定、更正、再更正、賦課課税処分）のために、また滞納処分等の税強制徴収のために、脱税等に対する犯則処分のために、不服申立て等の税務争訟に関するために、そのほか法人企業実態の調査、家計実態調査などのために行われている。非常に広範囲な調査（情報収集）が税法行政において行われている。その目的とするところは、国税庁の任務である「内国税の適正かつ公平な賦課及び徴収の実現、酒類業の健全な発達及び税理士業務の適正な運営の確保を図ること」（財設法19条）にあると解される。

　先にあげた国税庁の調査査察部の所管事務（財組規402条、403条）のほか、国税庁の地方支分部局である国税局、そして末端の税務署の各課での「調査」は、様々な調査が所管事務としてあげられている（同規第2章国税庁関連規定381条以下参照）。税務署を例にしても、そのうち一般の課税事務には、「内国税の課税標準の調査及び内国税に関する検査に関すること」と「内国税の犯則の取締りに関すること」、さらに「内国税の賦課に関する資料及び情報の収集及び整理に関すること」と「外国との租税に関する協定の実施のために行う調査に関すること」があげられている（同規545条、553条）。

　実際の税務調査は、広範囲であり、その目的も多様であり、これらすべてに対して市民的コントロールが万全に行えるかは難しいものである（現行法では税法裁判の対象とならない調査もある）。それゆえ、実定税法において詳細に規定し、税法行政の行為規範として十分な実定税法が整備されなければならない。また、

税法行政に携わる市民でもある税務職員のコンプライアンスも重大である。

2　税務調査の分類区分

1）税務調査の分類概要

税務調査には、多種多様なものがある。たとえば、課税処分（決定・更正・再更正）のための調査、強制徴収としての滞納処分・差押えのための調査、脱税などの犯罪捜査、争訟事案に関する調査、資料情報収集のための調査、等々があげられる。実務的には、つぎのような分類がなされている（前田正道・中原敏夫『税務調査の理論と実務』〔1958年、酒井書店〕、野々川幸雄『税務調査の要点と対策』〔1976年、第一法規出版〕、日本税理士連合会編『税務調査の基本対策』〔1972年、中央経済社〕参照）。

①目的的区分：課税処分調査、租税徴収調査、租税犯則調査、租税争訟調査
②時期区分：事前調査、事後調査
③内容区分：実額調査、推計調査、準備調査
④方法区分：実地調査、机上調査（机上処理）
⑤方式区分：循環調査、重点調査、好況種目調査、連鎖調査、同業種調査、繁華街調査、移動調査、戸順調査、補完調査（反面調査、銀行調査）
⑥任意調査と強制調査（査察）

2）課税処分調査

2011（平成23）年の国税通則法改正による税務調査整備は、この課税処分調査についてである。改正内容は、従来、個別法で規定していた内容をまとめた条項が多く、整備というより「整理」である。この改正は、個別法にあった調査条項を削除した。これが納税者に便宜であるかは疑問である。単一法典による実定税法編纂でない日本において、一税目の事項・調査について複数法律を参照しなければならないのは、煩わしいことであろう（実際の個人所得税については所得税法、租税特別措置法、国税通則法、国税徴収法などを参照する）。

課税処分調査は、具体的には、税法行政が税法行政処分である決定、更正、賦課課税処分をなす場合の調査である（国通法24条、25条、26条、32条等）。従来、その詳細は、各個別税法に規定されていた。今般の改正で国税通則法にまとめられた。事前通知（国通法74条の9）などの新規条項もある。

課税処分調査は、賦課課税方式の税目では事前調査となるが、申告納税方式の税目では事後調査が原則となる。課税処分調査の方式には、机上調査と実地調査がある。

　机上調査は、税法行政の内部資料や納税申告書および添付資料などの内容を検討するものであり、机上処理ともいわれる。この結果、机上による更正・決定、納付書作成、加算税の賦課決定、申告是認、実地調査省略などの処理がなされる。

　実地調査は、机上調査では不十分であると判断される場合に行われるものであり、予備的に申告書の検討や法人事業概況説明書の検討などをする準備調査を経て、統括国税調査官の指示により、納税者等に対して臨場にて行われるものである。対象は、納税義務者本人であるが、補完調査としての反面調査（得意先、仕入先調査等）や銀行調査なども実施されている（法的根拠が不明確であるが）。通常、調査といえば、実地調査をいう。

　課税処分調査は、税法行政の税法行政処分のためになされるものであり、基本的には、税の適正かつ公平な賦課および徴収の実現のために認められているものであり、調査対象者の同意を必要とする任意調査であって、相手の意に反しても調査することができる強制調査ではない。

　課税処分調査の代表的なものとして所得税の更正・決定のための調査がある。この所得税調査は、納税義務者等への質問と帳簿書類その他の物件の検査を内容とする「純粋の任意調査」である（旧所税法234条、現国通法74条の2）。しかし、基本的には任意調査であるが、国税通則法127条に「当該職員の質問に対して答弁せず、若しくは偽りの答弁をし、又はこれらの規定による検査、採取、移動の禁止若しくは封かんの実施を拒み、妨げ、若しくは忌避した者」には、「1年以下の懲役又は50万円以下の罰金」が科される。すなわち、この調査は、罰則つきにより間接強制されている「間接強制調査」であり、任意調査ではあるが、市民・納税者は、税務調査を受けなければならない「受忍義務」があるといえる。

　実務において、罰則適用ともなる「調査拒否」の認定は難しく、具体的な基準が実定税法に明示されるべきである（これは青色申告承認取消、推計課税にも関係する）。

判例では、質問検査権行使の方法等は、「質問検査の必要があり、かつ、これと相手方の私的利益との衡量において社会通念上相当な程度にとどまるかぎり、権限ある税務職員の合理的な選択に委ねられているもの」と解されている（最三小決定昭 47.7.10 判例 ID：21043170）。これは、税務調査が税務職員の裁量とも解されうるが、一定の要件を具備しない調査は認められないことを示してもいる。調査拒否への罰則規定には、「正当な理由」による免責が明記されていないが、あらゆる調査拒否が罰則の対象となるとも解することができない。

国税庁、国税局または税務署の職員は、職員の質問検査権による質問または検査をする場合には、その身分を示す証明書を携帯し、関係人の請求があったときは、これを提示しなければならない（国通法 74 条の 13）。課税処分調査を担当するのは、一般的には、統括国税調査官のもとでの国税調査官（国税専門官）である。調査官の職位にない職員は調査権限がないものと解する。国税通則法 74 条の 2 第 4 項は、法人税および消費税の調査については「第 1 項に規定する国税庁等の当該職員のうち、国税局又は税務署の当該職員は、法人税又は地方法人税に関する調査にあつては法人の納税地の所轄国税局又は所轄税務署の当該職員」等とし、所管国税局等の職員が調査担当する旨の規定をし、調査担当者を限定している。基本的には、調査専門官が担当すべきである。

国税通則法の改正により、事前通知が明記され、従来の税務調査に比べて法制度が整備された。しかし、実際に税務調査を受ける納税者がいかに税務調査担当者に対応すべきか具体的な諸問題が未だにある。たとえば、立会人、調査記録（録音、ビデオ撮影など）、調査官の資格、黙秘の可否などの問題は明確化されていない。かつて、国税庁は、「税務運営方針」を作成し（「税理士界」昭和 49 年 6 月 1 日付）、1976（昭和 51）年にこれを一部手直し服務心得としていた。そこには「調査方法の改善」として、「税務調査は公益的必要性と、納税者の私的利益の保護との衡量において、社会通念上相当と認められる範囲内で、納税者の理解と協力を得ておこなうものであることに照らし、一般の調査においては、事前通知の励行に努め、また現況調査は必要最小限にとどめ、反面調査は客観的に見てやむを得ないと認める場合に限って行うこととする」と記述されていた。

2011（平成 23）年の改正により税務調査に関する規定（解釈通達等を含む）が整

備されたが、具体的調査においての納税者への配慮はなく、諸外国が整備した『納税者憲章』を導入すべきである。国税通則法に新規に12条の税務調査に関する法律条項が制定されたが、これで国税すべての税務調査が明確にされたと解することはできず、市民・納税者の権利保障のための具体的配慮が望まれる。

　課税処分調査は、机上調査を含めると、すべての納税申告書提出者に対して行われているといえる。しかし、実地調査は、毎年の納税申告書提出者に対して行われるものではない（法人税調査では時効等の関係から3年ないし5年の間隔で実施されるといわれている）。特に、法人管理として、従前「優良申告法人」「準優良申告法人」「周期対象除外法人」「循環接触法人（一般管理法人）」「継続管理法人」の5種類があり、税務調査の対応が異なるものとされていた（野々川幸雄・前掲書・36頁以下）。現在では、「優良申告法人」「要調査法人」「中間法人」の3種区分ともいわれている。この優良申告法人は、税務署長の表敬状交付、原則5年間の税務調査なし（10年間なしも）、などの事実上の特典を与えられている。

　税務調査、特に実地調査（実況調査）は、市民・納税者への経済的、精神的な負担も強いるものであることから、公正かつ明確な実定手続法に基づいて行われることが望ましい（「所得税、法人税又は消費税に関する調査について必要があるとき」とは具体的にどういう「とき」か不明確）。このような改善が、適正手続（憲法31条）や税法定原理にも合致し、市民・納税者の人権、権利等を保護するものとなり、税の市民的コントロールとして機能するものとなる。

3）租税徴収調査

　租税徴収調査は、租税債権債務が確定し、その納期限までに納税がない場合に督促がなされたうえで滞納処分が行われるときのための調査である。すなわち、これは、滞納処分のための滞納者の財産を調査するためのものである。滞納処分とは、課税権者がその自力執行権に基づいて行う租税債権の強制的実現の手続の総称である。

　租税徴収調査には、任意調査としての質問検査権の行使と、強制調査である捜索がある（国徴法141条、142条）。質問検査権の行使に際して、①徴収職員の質問に対して答弁をせず、または偽りの陳述をした者、②検査を拒み、妨げ、もしくは忌避し、または当該検査に関し偽りの記載もしくは記録をした帳簿書類を提示した者は、10万円以下の罰金に処される（国徴法188条）ことから（課

税処分調査では「1年以下の懲役又は20万円以下の罰金」)、課税処分調査と同様に間接強制が伴っている。また捜索は、①滞納者の財産を所持する第三者がその引渡をしないとき、②滞納者の親族その他の特殊関係者が滞納者の財産を所持すると認めるに足りる相当の理由がある場合において、その引渡をしないときに限り行うことができ（国徴法142条②）、また徴収職員は、捜索に際し必要があるときは、滞納者もしくは第三者に戸もしくは金庫その他の容器の類を開かせ、または自らこれらを開くため必要な処分をすることができるものとされ、強制調査となっている。なお、強制調査である捜索には時間制限、立会人規定がある（国徴法143条、144条）。この強制調査は、犯則事件のものと異なり、行政上のものであることから、裁判所の許可状を必要としないとされる。

徴収職員とは、基本的には、国税徴収官である。

4）租税犯則調査

租税犯則調査は、基本的には犯罪捜査である。これは、本来、検察官の職務であるが、租税事件が①専門的、技術的であり、②大量的、反復的であるため、税務職員に犯則調査権を与えている。

この調査には、任意調査としての質問検査権の行使と、強制調査としての臨検、捜索、差押えがある（国犯法1条、2条）。

租税犯則調査における任意調査としての質問検査権の行使は、犯則嫌疑者や参考人に対する質問と、犯則嫌疑者の所持する物件、帳簿、書類等の検査となる。この質問検査権の行使に対する拒否等の罰則上の取扱いは、課税処分調査や租税徴収調査のものと異なり、答弁拒否や虚偽答弁についての罰則の適用は、犯則嫌疑を前提とする調査であることから、ないものとされる。

これに対して、強制調査である臨検、捜索、差押えは、一般の刑事手続同様、所轄の地方裁判所または簡易裁判所の裁判官の許可を必要とする。そして、犯則ありと思料するときには、告発する（国犯法12条の2）。つまり、租税事件の訴追は、税務職員の犯則調査に基づきなされる告発をまってなされる。間接税では、この告発が訴訟要件となる。

租税犯則調査は、国税調査官にも犯則取締が認められているが、基本的には、国税査察官（通称：マルサ）が担当する。調査手順は、国税庁『国税査察制度のあらまし』パンフレットに示されている（国税庁ウェブサイト＞パンフレット・手引

き＞「国税査察制度のあらまし」参照）。

5）租税争訟調査

　租税争訟調査は、国税不服審判所の担当審判官が審理を行うため必要があるときに、審査請求人の申立てまたは職権により、審査請求人や原処分庁や関係者に質問し、これらの者が所持する帳簿書類を検査する質問検査権の行使（国通法 97 条）等のための調査である。この調査権限は、犯罪捜査のために認められたものと解してはならない（同条⑤）。この質問検査権の行使に対する拒否に関しては、「第 97 条第 1 項第 1 号若しくは第 2 項（審理のための質問、検査等）の規定による質問に対して答弁せず、若しくは偽りの答弁をし、又は同条第 1 項第 3 号若しくは第 2 項の規定による検査を拒み、妨げ、若しくは忌避し、若しくは当該検査に関し偽りの記載若しくは記録をした帳簿書類を提示した者は、3 万円以下の罰金に処する」（国通法 126 条）とされ、罰則適用がある。

　租税争訟調査は、上記の課税処分調査、租税徴収調査および租税犯則調査に関するものであるともみることができることから、これを税務調査の分類上あげない説もある。しかし、これらと若干の相違（罰則）もみられることから、税務調査の一つとする。

　担当する税務職員は、国税不服審判所の審判官である。職位としては、国税訟務官（内国税の賦課および酒税の保全に関する訴訟に関する事務担当、財組規 476 条、482 条）、審理官（内国税の賦課に関する不服申立てに関する事務担当、同規 468 条の 2、477 条の 2）がある。

　地方税では、固定資産評価審査委員会の委員（地税法 423 条）が、関税では、関税審議会の審議委員（関税法 91 条、行組法 8 条）が設置されている。

3　KSK（国税総合管理）システム

1）資料調査等の必要性

　税法行政は、行政機関が誠実な法執行を行うものであることから（憲法 73 条）、実定税法の誠実な執行を基本的な任務とする。それゆえ、国税庁は「内国税の適正かつ公平な賦課及び徴収の実現、酒類業の健全な発達及び税理士業務の適正な運営の確保を図ることを任務」としている（財設法 19 条）。しかし、国税庁の職務を詳細に検証すると、特に事務担当官職名等をみると、上記の一般的な

税務調査ではない調査がいくつか発見することができる。

　国税庁長官官房に企画課がある。その所管事務として、①国税庁の所掌に関する調査および研究ならびに一般的な資料および情報の収集および提供に関すること、②国税庁の所掌に関する統計に関する事務の総括に関すること、③国税庁の所掌に関する高度情報化への対応に関する事務の総括に関すること、④国税庁の情報システムの整備および管理に関すること、があげられている（財組規387条）。これら事務は、国税局総務部の所掌事務としても掲げられ（同規444条）、これらのうち①②③が局総務部企画課の所掌事務とされ（同規459条）、④が事務管理課、事務管理第一課、事務管理第二課および事務管理第三課の所掌事務とされる（同規461条）。

　また国税局総務部以外でも、課税部に課税総括課を設置し「内国税の賦課に関する資料及び情報に関する事務の管理に関する」事務を（財組規468条）、また課税部に資料調査課等の名称を有する課が設置されている（同474条）。

　そして、末端の税務署においても、統括国税調査官の職務として、「内国税の賦課に関する資料および情報の収集及び整理に関すること」があげられている（財組規553条）。

　以上の規定は、税法行政の税法行政処分とは直接関係ない情報収集が行われていることを認める。これらは、資料調査課の名称から「資料調査」あるいは略語で「料調」と呼ばれているものである。これは、納税者からの申告書、添付書類などとともに整理され、所管の税務署にて管理、保管される。そして、これに大きく関与するのが、国税総合管理（KSK）システムである。

2）KSKシステムの展開

　2007年版の国税庁レポートにおいて、「国税庁は、適正かつ公平な課税を実現するため、税金の申告・納付に関して的確な指導を行い、特に不正に税金の負担を逃れようとする納税者に対しては、さまざまな角度から厳正な調査を実施することとしています」「具体的には、国税総合管理（KSK）システムを活用して、データベースに蓄積された所得税や法人税の申告内容などを、業種・業態・事業規模といった観点から分析して、調査対象を選定しています」との記述がある（同レポート19頁）。税務調査にKSKシステムが活用されていることを明記している。

KSK システムは、元々は1980年グリーンカード制度（1985年に議員立法で廃止）のために導入された事務管理センター（東京、大阪）を基礎としている。当時は、ADP（税務署における事務のコンピューター処理）システムであった。1988年に、国税庁は、税務情報のトータル的なデータベース化を図るため、従来のADPシステムから全面移行し、KSK システムの開発を開始した。KSK システム開発の目的として、国税庁は、①幅広い業務を機械化する、②利用しやすいシステムとする、③データを共有できる、④様々な情報を扱える、⑤最新技術を吸収できる、⑥環境の変化に柔軟に対応できる、⑦国の政策にマッチする、の7つを掲げている。

　KSK システムは、全国の国税局および税務署をネットワークで結び、納税者の申告データおよび申告状況に関する情報を一元的に管理するコンピューターシステムである。現時点で、1955（平成7）年1月に東京国税局管内の2署に設置されて以来拡大されてきた全国税務署のネットワーク化が完成している。このシステムは、各種税務データの分析を行うことで税務調査に活用されるほか、滞納の新規発生事案を対象とする納税コールセンターでのオートダイヤルで電話催告を行う「集中電話催告システム」（東京国税局内）も、KSK のデータをもとに電話がかかる仕組みとなっており、日々拡大しているといえる。納税者には納税証明書の発行や質問・照会の回答が迅速に行われるメリットがあるとも言われている。

　なお、「行政機関の保有する情報の公開に関する法律」（情報公開法）が1999（平成11）年に制定されたが、これに基づきKSK システムで管理されている自己の情報開示を求めることができるのか。特に、税務調査を受けた納税者が「所得税調査事績整理票」や「個人調査事績チェックリスト（営庶業）」の開示を求めることができるか。求めることはできても、不開示決定となるケースが多いとされる。

　税法行政の基本を市民的コントロールの視点で再検討し、KSK システムのあり方も検証されるべきものと考える。

4　納税環境の整備改正

1）納税環境整備の意義

「納税環境の整備」議論は、納税者番号を中心とする議論であった。しかし、納税環境の整備は、課税側に都合のよい納税環境ばかりでなく、納税者の人権保障をも考慮しなければならない。

政府の「平成23年度税制改正大綱」（2010年12月16日閣議決定）は、納税環境整備について、納税者権利憲章（仮称）の制定、国税不服審判所の改革、社会保障・税共通の番号制度の導入に関する税制調査会の論議をとりまとめ、閣議決定とした。しかし、東日本大震災が起こり、また政権交代もあり、納税者憲章の制定は実現しなかった。

しかしながら、税務調査手続の整備、罰則の強化、などの改正がなされた。結局、課税側の論理に基づく、納税環境の整備がなされたといえる。

2）国税通則法の改正

納税環境整備に関する国税通則法の改正は、国税通則法に第7章の2として「国税の調査」を創設した。これにより、課税庁は、調査手続の透明性と納税者の方の予見可能性を高めるなどの観点から、税務調査手続について現行の運用上の取扱いが法令上明確化されるとともに、すべての処分（申請に対する拒否処分および不利益処分）に対する理由附記の実施および記帳義務の拡大等が定められたとする。しかし、これに伴い事業者に対する帳簿記帳義務の拡大がなされた。

5　『納税者憲章』

1）税務調査手続法の整備

税務調査は、市民・納税者が国家権力と臨場にて対峙するものといっても過言ではない。個々の市民・納税者は、国家権力をバックとする税務職員に比べる弱いものであり、その人権、権利は保護されなければならない。その保護手段は、調査担当の個々の税務職員の社会常識・コンプライアンスに委ねるよりは、実定税法において詳細な税務調査要件、方法、手続等について明文にて明確に規定すべきである。

その内容としては、事前通知、調査理由の開示、日時場所等の協議、立会人の要件、税理士等の代理人選定の教示、納税者側の調査記録・録音・録画の許可、事後的な調査結果（「所得税調査事績整理票」や「個人調査事績チェックリスト〔営庶業〕」など）の開示・交付、不服申立て訴訟などの方法等の教示、などについてのものが要請される。

2)『納税者憲章』の未制定

　諸外国では、税務調査を受ける市民・納税者に『納税者憲章』と呼ばれる冊子が交付される。これには、調査納税者の権利と義務、事後的な不服申立て等についての説明がなされている。日本でも、早期に確立されることが望まれる。

　平成22年度税制改正大綱が納税者権利憲章（仮称）の制定を提示したが、制定されず、また平成23年度税制改正大綱も納税環境整備として、この策定を提言したが、制定には至らなかった。

　しかし、日本における納税者憲章は、すでに具体的な提言もいくつかなされており、残された課題は法律による確認作業である。課税庁にとっては、国税通則法の改正で十分であると感じているかもしれないが、市民にとっては不十分である。

【演習問題】
1　所得税法234条に規定する税務職員の質問検査権について説明せよ。
2　強制調査とされる徴収官の捜索と査察官の捜索の相違について説明せよ。
3　実地の税務調査を受ける納税者に対して、税務調査担当職員の義務について説明せよ。
4　税務調査を受ける納税者の行為として、次の行為について論じよ。①調査当日の調査拒否、②税理士の立会、③知人の税務精通者の立会、④調査のビデオ撮影、⑤調査担当職員への食事提供、⑥調査担当職員の身分証明書のコピー。

第 10 章

税強制徴収等と納税緩和

1 滞納処分

1）滞納処分の意義

　法定納期限を過ぎても納付されるべき税額が未納である場合、その確定した納税義務額は、司法手続を経ずに、行政的手法にて強制的に徴収される。納税者でその納付すべき国税をその納付の期限までに納付しないものを、滞納者という（国徴法2条9号）。滞納者に対する強制的税額徴収確保手段が滞納処分である。

　税務署長は、督促に係る国税がその督促状を発した日から起算して10日を経過した日までに完納されない場合、繰上請求に係る国税がその請求に係る期限までに完納されない場合その他国税徴収法に定める場合には、同法その他の法律の規定により滞納処分を行う（国通法40条）。督促状は、国税に関する法律に別段の定めがあるものを除き、その国税の納期限から50日以内に発せられる（国通法37条②）。

　滞納処分は、徴収権者である課税団体が、滞納者の意思にかかわりなく租税債権を強制的に実現する手続で、差押え、交付要求（参加差押えを含む）、換価、配当等の一連の手続の総称である。これらの手続は、私債権では裁判所（執行官）によって行われるものであるが、税債権では税法行政の自力執行（自力救済）権が認められている（行服法34条①、行訴法25条①。私債権の自力執行は認められない。民事執行法など参照）。この自力執行権は、租税債権の優先権とともに、租税債権の確保手段の特徴である。これは、①税の重要性（民法307条共益費用の先取特権と同様に税の共益費用性が認められる）、②税の特殊性（税法定原理が支配し、私債権のような自由選択がなく対価性もない。このため履行されにくい、税逃れがある）を根拠としている。

国税徴収法は、「国税の滞納処分その他の徴収に関する手続の執行について必要な事項を定め、私法秩序との調整を図りつつ、国民の納税義務の適正な実現を通じて国税収入を確保することを目的とする」(国徴法1条)。租税債権の確保も重要であるが、私法秩序との調整（第三者保護）、そして納税者の保護（納税緩和制度、無益な差押え禁止など）も重要である。

2）督　　促

督促状は、国税に関する法律に別段の定めがあるものを除き、その国税の納期限から50日以内に発せられる（国通法37条②）。所得税では、確定申告納付期限が翌年3月15日までとされ、これより50日以内というと、ほぼ5月連休明け頃となる。

督促の次に、差押えとなる。徴収職員は、滞納者が督促を受け、その督促に係る国税をその督促状を発した日から起算して10日を経過した日までに完納しないとき、滞納者の国税につきその財産を差し押さえなければならないとされる（国徴法47条）。督促は、差押えの要件であり、これを欠く差押えは違法となる。

滞納処分は一連の手続で実行される。そして、そこには違法性の承継が認められる。確定処分と徴収処分との間では、違法性の承継は認められないとされるが、滞納処分のような連続性のある手続間では、違法性の承継が認められる（国徴法基通47条関係）。

3）差　押　え

督促があると、原則として督促状を発した日から起算して10日を経過した日までに、その督促した国税を完納しないとき滞納者の財産に対して差押えが可能となる。たとえば、5月1日づけで督促状が発せられた場合、10日を経過した日、5月12日から差押えが可能となる。

差押えする場合、「国税を徴収するために必要な財産以外の財産は、差し押えることができない」（超過差押えの禁止、国徴法48条①）、「差し押えることができる財産の価額がその差押えに係る滞納処分費及び徴収すべき国税に先だつ他の国税、地方税その他の債権の金額の合計額をこえる見込がないときは、その財産は、差し押えることができない」（無益な差押えの禁止、国徴法48条②）、そのほかに、差押え財産の選択に当っての第三者の権利の尊重（国徴法49条）など

が定められている。

　差押えのためには、財産調査が行われる(国徴法141条)。これは、徴収官による質問検査、必要によっては捜索が行われる(徴収職員証の提示義務、国徴法147条)。財産調査は、滞納処分の対象となる財産の発見のみならず、第二次納税義務および納税の緩和制度の要件調査などを行ううえでも重要な手続とされる。

　差押えは、債権者が債務者の財産について法律上または事実上の処分を禁止し(絶対的効力はないが)換価できる状態におくことであるが、これにより財産の所有権が移転するものではない。また、差押えは、徴収権の時効中断の効力がある(国通法72条、民法147条)。

　(1) 差押え財産　　差押え対象財産は、①動産または有価証券(国徴法52条～61条)、②債権(国徴法62条～67条)、③不動産等(船舶、航空機、自動車、建設機械、小型船舶)(国徴法68条～71条)、④無体財産等(特許権等、電話加入権)(国徴法72条～74条)、である。

　滞納者の財産に対して差押えがなされることから、差押え財産は、差押え時に滞納者に帰属するものでなければならない。また、実定法規はないが、国税徴収法による滞納処分は、日本の行政権の及ぶ国内(法施行地域内)に限られ、外国において滞納者が所有する財産については対象とならないとされる(財産の所在については相税法10条参照)。

　(2) 差押え禁止財産　　差押え財産は、広範囲の財産について認められているが、差押え禁止財産に該当しないものに限られる。差押え禁止財産には、一般の差押え禁止財産と条件付差押え禁止財産とがある。

　一般の差押え禁止財産とは、滞納者や滞納者と生計を一にする親族の最低生活の保障、最低限度の生業維持等のために、絶対的差押え禁止財産である(国徴法75条)。

　条件付差押え禁止財産には、給与の差押え禁止(国徴法76条)、社会保険制度に基づく給付の差押え禁止(国徴法77条)、狭義の条件付差押え禁止財産(国徴法78条)がある。これらについては、一定額の範囲までの差押えが認められる。

　(3) 差押え財産の選択と差押え調書等　　差押えには、超過・無益な差押え禁止(国徴法48条)があるが、このほかにも差押え財産の選択上の指針がある。

第三者権利の尊重（同49条）、納税者の保護、換価等の簡易性、相続財産の優先（同51条）などが考慮される。

差押えが実行されるとき、差押え調書または差押え書の交付がなされる（国徴法54条、55条）。

（4）換価・配当　　差押え財産は、現金化（換価）され、最終的には配当（滞納処分費、滞納税額への充当、他債権者への配当、残余の滞納者への交付）となる。租税債権の優先権が認められるが、他の強制換価手続と競合することもあり、交付要求（国徴法82条）や差押え参加（同86条）などの手続が実行されることもある。

換価手続は、差押え財産を金銭に換える手続である。基本的には、財産の売却であるが、債権などの取立ても含まれる。財産の売却は、原則として公売（入札、または競り売り）に付さなければならない（国徴法94条）。公売が適当でない場合には、随意契約による売却（同109条）および国による買入れ（同110条）もある。

強制徴収の流れについて、国税庁ウェブサイトで公表されている税大講本『国税徴収法』にまとめられている。

2　特別な租税債権確保制度

1）保全担保

国税徴収法158条は、「納税者が消費税等（消費税を除く）を滞納した場合において、その後その者に課すべきその国税の徴収を確保することができないと認められるときは、税務署長は、その国税の担保として、金額及び期限を指定して、その者に国税通則法第50条各号（担保の種類）に掲げるものの提供を命ずることができる」とし、保全担保を規定している。

対象となる税目は、消費税を除く消費税等である。具体的には、酒税、たばこ税、揮発油税、地方道路税、石油ガス税および石油石炭税である。

2）繰上保全差押え

次のいずれかに該当する場合において、「次に掲げる国税（納付すべき税額が確定したものを除く）でその確定後においては当該国税の徴収を確保することができないと認められるものがあるときは、税務署長は、その国税の法定申告期限（課税標準申告書の提出期限を含む）前に、その確定すると見込まれる国税の金額の

うちその徴収を確保するため、あらかじめ、滞納処分を執行することを要すると認める金額を決定することができる。この場合においては、その税務署の当該職員は、その金額を限度として、直ちにその者の財産を差し押さえることができる」というのが、繰上保全差押えである（国通法38条③）。

①納税義務の成立した国税（課税資産の譲渡等に係る消費税を除く）
②課税期間が経過した課税資産の譲渡等に係る消費税
③納税義務の成立した消費税法42条1項、4項または6項（課税資産の譲渡等についての中間申告）の規定による申告書に係る消費税

3）保全差押え

国税徴収法159条は、「納税義務があると認められる者が不正に国税を免かれ、又は国税の還付を受けたことの嫌疑に基き、国税犯則取締法（明治33年法律第67号）の規定による差押え若しくは領置又は刑事訴訟法（昭和23年法律第131号）の規定による押収、領置若しくは逮捕を受けた場合において、その処分に係る国税の納付すべき額の確定（申告、更正又は決定による確定をいい、国税通則法第2条第2号〔定義〕に規定する源泉徴収による国税についての納税の告知を含む。以下この条において同じ。）後においては当該国税の徴収を確保することができないと認められるときは、税務署長は、当該国税の納付すべき額の確定前に、その確定をすると見込まれる国税の金額のうちその徴収を確保するためあらかじめ滞納処分を執行することを要すると認める金額（以下この条において「保全差押え金額」という。）を決定することができる。この場合においては、徴収職員は、その金額を限度として、その者の財産を直ちに差し押えることができる」とし、保全差押えを規定している。

4）繰上請求

繰上請求は、次に該当する場合に、税務署長が納付すべき税額の確定した国税でその納期限までに完納されないと認められるものがあるときは、その納期限を繰り上げ、その納付を請求することである（国通法38条①）。

①納税者の財産につき強制換価手続が開始されたとき。
②納税者が死亡した場合において、その相続人が限定承認をしたとき。
③法人である納税者が解散したとき。
④納税者が納税管理人を定めないでこの法律の施行地に住所および居所を有

しないこととなるとき。
⑤納税者が偽りその他不正の行為により国税を免れ、もしくは免れようとし、もしくは国税の還付を受け、もしくは受けようとしたと認められるとき、または納税者が国税の滞納処分の執行を免れ、もしくは免れようとしたと認められるとき。

5）繰上差押え

繰上差押えは、「国税の納期限後前項第1号に規定する10日を経過した日までに、督促を受けた滞納者につき国税通則法第38条第1項各号（繰上請求）の一に該当する事実が生じたときは、徴収職員は、直ちにその財産を差し押えることができる」(国徴法47条②)と規定され、繰上請求を担保する制度である。

3 納税緩和制度

納税緩和は、実務では、強制徴収に対するものとしての換価の猶予（国徴法151条）と滞納処分の停止（国徴法153条）を示すが、ここでは、原則に対する例外など広範囲での強制的性質をもつ納税義務に対する緩和的措置をとりあげる。

1）分割納税

確定した納税義務額は、全額納付されなければならない。しかし、実定税法は、分割納税をいつくかの税目について規定している。これは、市民・納税者からの申請に基づく分割納税である延納と異なり、法定の分割である。分割納税には、所得税や法人税などの予定納税、中間納付、中間申告納付、源泉徴収などがある。これにより多額の税額を分割し納税できることから、市民・納税者の経済的負担を緩和するのみならず、財政収入の平準化ともなる。

所得税は、暦年終了時に納税義務が成立し、翌年2月16日から3月15日までに確定申告書（死亡による準確定申告は相続開始から4月以内、出国による準確定は出国時まで）を提出するとともに納税される（所税法120条、124条～130条）。所得税の納税は、市民・納税者の負担、国家収入の平準化、所得発生と納税対応を考慮し、所得発生中に予定納税を先行させ、また源泉徴収制度を広範囲に採用している。前年15万円（予定納税基準額）以上の納税額がある納税義務者は、予定納税として第一期（7月1日～31日）、第二期（11月1日～30日）に分割納税する（所税法104条）。そして、確定申告にて年税額が精算される。

日本の分割制度は、年税分の部分的「前納」としてある。しかし、これは、納税義務の成立・確定・消滅という構成からみて、逆である。特に、給与所得に係る源泉徴収制度は、事前納税、見積納税であり、事後課税の本則的課税構造からみて問題である。基本的には、給与所得者も、暦年終了後、確定申告し、確定年税額を毎月分割納付する納税方式を採用できるのが望ましい。また、事業所得者も、予定納税基準額に関係なく、毎月分割納税できるようにすべきである。市民の納税便宜が優先されるべきである。

　2）物　　　納

　納税は、金銭で行うのが原則である。しかし、相続税法では、一定の要件を満たす場合に、物納が認められる。物納は、金銭納付の代物弁済と考えられる。

　物納要件は、①納税義務者について納付すべき相続税額を延納によっても金銭で納付することを困難とする事由がある場合、②納税義務者からの申請に基づき、③税務署長に許可される（相税法41条）。物納財産には、国債および地方債、不動産および船舶、社債・株式、動産がある（相税法41条②）。物納の効果としては、「物納の許可を受けた税額に相当する相続税は、物納財産の引渡し、所有権の移転の登記その他法令により第三者に対抗することができる要件を充足した時において、納付があつたものとする」（相税法43条②）とされる。

　物納は、例外的納付であるが、相続財産の時価評価（実務では相続税財産評価通達で行われる）と市場価額との関係により、活用されることもある。納税者にとって市場価額より高く時価評価される場合には、物納が有利な選択となる。

　3）徴収等に関する猶予

　実定税法において、納税の猶予（国通法46条）、徴収の猶予（国通法23条⑤）、換価の猶予（国徴法151条）に関する規定がある。これらの猶予を受けた場合、延滞税も免除される（国通法63条）。

　納税の猶予は、税務署長等が「震災、風水害、落雷、火災その他これらに類する災害により納税者がその財産につき相当な損失を受けた場合において、その者がその損失を受けた日以後1年以内に納付すべき国税で次に掲げるものがあるときは、政令で定めるところにより、その災害のやんだ日から2月以内にされたその者の申請に基づき、その納期限（納税の告知がされていない源泉徴収による国税については、その法定納期限）から1年以内の期間（第3号に掲げる国税につ

いては、政令で定める期間）を限り、その国税の全部又は一部の納税を猶予することができる」というものである（国通法46条）。このほかにも災害・廃業等による納付困難な場合にもとられる。納税の猶予は、法定納期限に影響を与えるものではなく、履行遅滞であるが、延滞税の減免がなされる（国通法63条）。また農地等についての相続税の納税猶予等（租特法70条の6）もあるが、これは政策的納税猶予である。

　更正の請求があった場合、徴収の猶予は、原則として行われないが、税務署長において相当の理由があると認めるときは、その国税の全部または一部の徴収を猶予することができる（国通法23条⑤）。

　換価の猶予は、①その財産の換価を直ちにすることによりその事業の継続またはその生活の維持を困難にするおそれがあるとき、②その財産の換価を猶予することが、直ちにその換価をすることに比して、滞納に係る国税および最近において納付すべきこととなる国税の徴収上有利であるとき、滞納者が納税について誠実な意思を有すると認められるときに認められる（国徴法151条）。

4）延　　　納

　予定納税や中間納税とは別に、納税者の申請に基づく分割納税として延納の制度がある（所税法131条、相税法38条）。延納には、担保提供（場合により不要）、利子税の課税が伴う。これは、遅延の責めを問わないが（履行請求なし、延滞税なし）、期間経過分の利子相当を負担させるものである。また、延納の間、徴収権の時効は進行しない（国通法74条④）。

5）納期限の延長

　納税者からの申請に基づく納税の猶予（国通法46条）ではなく、税行政が職権で、納期限そのものを延長することがある。すなわち、国税庁長官、国税不服審判所長、国税局長、税務署長または税関長は、災害その他やむをえない理由により、国税に関する法律に基づく申告、申請、請求、届出その他書類の提出、納付または徴収に関する期限までにこれらの行為をすることができないと認めるときは、その理由のやんだ日から2月以内に限り、当該期限を延長することができるとされている（国通法11条）。これは、法定納期限そのものの延長であり、履行遅滞も生じないし、その延長された納期限が消滅時効の起算日となる。

この一般的納期限の延長のほかに、販売代金の未回収等を理由とする納税者の申請と担保提供による消費税等の納期限延長（酒税法30条の6等）、法人税等の確定申告書の提出期限の延長に伴う納期限の延長（法税法75条、75条の2）がある。

6）申告書提出期限の延長

災害その他やむをえない理由、会計監査人の監査を受けなければならないこととその他これに類する理由により、決算が確定しないため、法定確定申告書の提出期限までに申告書を提出できないと認められる場合、申請に基づき、税務署長等により申告書提出期限の延長が認められる（法税法75条、75条の2）。会社法等により法定申告期限までに申告書が提出できないのであるから、これに合致するように申告期限を定めるべきであると解する。

7）滞納処分の停止

税務署長は、滞納者につき、①滞納処分を執行することができる財産がないとき、②滞納処分を執行することによってその生活を著しく窮迫させるおそれがあるとき、③その所在および滞納処分を執行することができる財産がともに不明であるとき、の一に該当する事実があると認めるときは、滞納処分の執行を停止することができる（国徴法153条）。滞納処分の停止により、すでに差押え財産がある場合、差押えが解除され、またこの停止が3年間継続したとき納税義務は消滅する。

8）特別な減免税制度

成立し確定した納税義務は義務額の納付により消滅するのが基本であるが、災害等を受けた納税義務者については、納税の猶予等とは別に、特別の減免制度が設けられている。一般に知られているのが「災害被害者に対する租税の減免、徴収猶予等に関する法律」（災害減免法）と「阪神・淡路大震災の被災者等に係る国税関係法律の臨時特例に関する法律」である。

9）宥恕規定

実定税法における緩和制度として「宥恕」（ゆうじょ）規定がある。

たとえば、実定税法の条項において、「やむを得ない理由」「正当な理由」での税法違反、特に申告、申請時期の徒過に対する許容がある。「税務署長は、確定申告書の提出がなかつた場合又は前項の記載がない確定申告書の提出があ

つた場合においても、その提出がなかつたこと又はその記載がなかつたことについてやむを得ない事情があると認めるときは、第1項又は第2項の規定を適用することができる」(所税法42条④)、「税務署長は、前項の記載がない確定申告書の提出があつた場合においても、その記載がなかつたことについてやむを得ない事情があると認めるときは、第1項又は第2項の規定を適用することができる」(所税法52条⑤、53条④、54条⑤)などがある。

　これら規定は、税務署長等に一定の自由裁量権を付与したものではない。税務署長等は、これらに規定する事由があるとき、一定の行為をしなければならないものと解する。

【演習問題】
1　国税債権と地方税債権が競合する場合、滞納処分での優先について説明せよ。
2　国税の強制徴収において納税者を保護する制度がある。これについて説明せよ。
3　国税の保全措置について説明せよ。
4　延納と納期限の延長の相違について説明せよ。
5　納税義務が成立した後、災害が発生し、確定申告することができない納税者に対する救済的措置について説明せよ。

第11章

税処罰法

1 税法行政罰と税刑事罰

1）税法上の罰則

法違反は罪であり、罪を犯した者（犯罪者）は処罰される。税法違反にも罰則がある。

税法違反は、直ちに刑事罰となるものもあるが、いわゆる行政罰の対象となるものもある。日本国憲法 39 条後段「同一の犯罪について、重ねて刑事上の責任を問はれない」との規定に関して、行政罰と刑罰との併科が議論されたことがあるが、判例上、これは認められている（最大判昭 33.4.30 判例 ID：21009940、北野弘久「追徴税と罰金との併科〔昭和 33.4.30 最高大判〕」『行政判例百選（1）〔第 4 版〕』別冊ジュリスト 150、245–247 頁）。行政罰は行政目的の遂行として行われるものであり、刑罰は犯罪への制裁と予防的措置としてある。両者は区別される。

法違反という罪を犯した者に対する制裁は、基本的には刑事罰とすべきである。税法行政が税の適正かつ公平な賦課徴収の実現（財設法 19 条。国税庁の任務）にあるとすれば、税法違反への制裁は、行政上の行政罰を限定的に留め、刑事手続に基づく刑事罰に集約されるべきである。税法定原則により行政罰に量刑判断は認められない。刑事罰には、裁判官による量刑判断が認められる。また、税法行政の税法違反への刑事手続上の調査等は、その専門性等から認められるものであり、税法行政の本質的職務ではない。

2）税法行政罰

実定税法において行政罰にあたるものとして、まず附帯税がある。附帯税は、延滞税、利子税、過少申告加算税、無申告加算税、不納付加算税および重加算税をいう（国通法 2 条 4 号）。このほかに印紙税に関する過怠税（印紙税未納額の 2 倍）がある（印税法 20 条）。また、行政罰ではないが、納税者が許可申請し承認

を受けたものの取消処分、宥恕規定の対象にならない申告等の忘れ遅滞により特例適用がなされないなども納税者には罰に等しい。

(1) 延滞税　納税者は、次の各号の一に該当するときは、延滞税を納付しなければならない（国通法61条）。

① 期限内申告書を提出した場合において、当該申告書の提出により納付すべき国税をその法定納期限までに完納しないとき。

② 期限後申告書もしくは修正申告書を提出し、または更正もしくは第25条（決定）の規定による決定を受けた場合において、第35条第2項（期限後申告等による納付）の規定により納付すべき国税があるとき。

③ 納税の告知を受けた場合において、当該告知により納付すべき国税（第5号に規定する国税、不納付加算税、重加算税および過怠税を除く）をその法定納期限後に納付するとき。

④ 予定納税に係る所得税をその法定納期限までに完納しないとき。

⑤ 源泉徴収による国税をその法定納期限までに完納しないとき。

延滞税の額は、法定納期限の翌日からその国税を完納する日までの期間の日数に応じ、その未納の税額（1万円以下の端数切捨て）に年14.6％（2月間までは7.3％）の割合を乗じて計算した額とされ、未納税額とあわせて納付されなければならない（国通法61条、118条）。この割合については、各年の特例基準割合（各年の前年の11月30日を経過する時における日本銀行法〔平成9年法律第89号〕15条1項1号の規定により定められる商業手形の基準割引率〔いわゆる「公定歩合」〕に年4％の割合を加算した割合をいう）が年7.3％の割合に満たない場合には、その年中においては、当該特例基準割合（当該特例基準割合に0.1％未満の端数があるときは、これを切り捨て）とする特例がある（租特法94条）。

延滞税は、制裁的措置であることから、所得税や法人税の計算において費用、損金とは認められないものとされる。

(2) 利子税　延納もしくは物納または納税申告書の提出期限の延長に係る国税の納税者は、国税に関する法律の定めるところにより、当該国税にあわせて利子税を納付しなければならないとされる（国通法64条）。

所得税の延納は、確定申告（第3期分）の納税義務額の2分の1に相当する金額以上の所得税を法定納期限までに納付した納税義務者に、その残額につい

てその納付した年の5月31日までの期間、その納付の延期を認めるものであり、その延納の期間の日数に応じ7.3％の割合を乗じて計算した金額に相当する利子税をその延納額にあわせて納付させる（所税法131条）。これにも各年の特例基準割合の適用特例がある（租特法93条）。

相続税の延納もしくは物納（相税法38条）にも、利子税の適用がある。ただし、各年の特例基準割合の適用特例はない。

納税申告書提出期限の延長（法税法75条）にも利子税の適用がある。

利子税は、延滞税のような制裁措置はなく、費用、損金として認められる。

（3）加算税　　加算税には、過少申告加算税、無申告加算税、不納付加算税および重加算税がある。加算税制度は、シャウプ勧告により創設されたものである。これら加算税の原因は、刑罰の対象となるものもある（特に重加算税）。その意味で、行政目的の遂行としての措置とはいえないものもある。

3）税刑事罰

税刑事罰は、税法違反のうち悪質な違反に対して科される刑事罰である（軽微なものには行政罰のみ、加算税との併科もなされる）。量刑相場がある。

税法違反は、経済犯事件として考えられてきたことから、罰金刑に処されるケースが多い時期もあった。しかし、脱税等の税法違反は、社会秩序を乱すものであり、経済犯事件として行政犯に対する財産刑のみで処罰するのではなく、自然犯・刑事犯と同様に処罰すべきであるという考えが提起され、今日、自由刑である懲役刑も実定税法において科するところである（板倉宏『租税刑法の基本問題』〔1961年、勁草書房〕149頁は、「租税犯の法律の錯誤について、一般刑法犯に対するそれとは異なった特別の取扱をする必要はないのである」と説く）。現実に実刑の懲役に服する脱税犯も多く出ている。

（1）基礎事項　　税刑事罰の対象となる広義の租税犯は、租税債権の侵害である脱税犯と、税法行政権の正常な行使を阻害する危険があることに可罰的であるとされる租税危害犯とに大別される。前者の脱税犯は、さらに逋脱犯（狭義の脱税犯）・間接脱税犯・不納付犯および滞納処分免脱犯に分かれ、租税危害犯は、単純無申告犯・不徴収犯・検査拒否犯等に分かれる（金子・租税法951頁）。このほかに、税務職員に対するものとして秘密漏洩罪（税務職員の守秘義務違反）がある。

(2) 脱税犯　　脱税犯は、広く、租税債権の侵害をいうが、納税義務者の「偽りその他不正の行為」により税を免れ、または還付を受けたことを構成要件とする犯罪、狭義の脱税犯（逋脱犯）が基本となる。これ以外のもの、間接脱税犯は、外国貨物の密輸入（関税法111条）、酒類の密造（酒税法54条）などの規定があり、無許可行為により租税収入が確保されない場合の行為が罰せられる（製造免許を受けないで、酒類、酒母またはもろみを製造した者は、5年以下の懲役または50万円以下の罰金）。不納付犯は、源泉徴収所得税の不納付（所税法240条①）などの規定があり、源泉税徴収義務者の徴収税額を法定納期限までに納付しないことが罰せられる（3年以下の懲役もしくは100万円以下の罰金に処し、またはこれを併科する）。滞納処分免脱犯（妨害犯）は、納税者が滞納処分の執行を免かれる目的でその財産を隠蔽し、損壊し、国の不利益に処分し、またはその財産に係る負担を偽って増加する行為をしたときの行為が罰せられる（国徴法187条、3年以下の懲役もしくは50万円以下の罰金に処し、またはこれを併科する）。納税環境整備として、申告書不提出犯が新設された（所税法238条③④、法税法159条③④等）。

狭義の脱税犯の例では、所得税法238条1項、239条1項があるが、同規定に「偽りその他不正の行為により」との文言がある。これは、帳簿書類への虚偽記入、二重帳簿の作成その他社会通念上不正と認められる行為とされ、単純な無申告はこれにあたらない（その無申告が社会通念上の不正行為に結びつく場合を除く）。なお、新設の申告書不提出の適用の有無が不明確である。

脱税犯の構成要件としては、①納税義務の存在、②故意の存在、③違法性の認識、④行為としての詐欺その他不正の行為により、その納税義務の違反行為をしたこと、⑤その行為によってその租税の収納減少という結果の発生、がまとめられる。

直接国税の脱税犯は、確定した租税債権の侵害としての逋脱という結果があることが可罰的とされることから、既遂犯であり、未遂犯については可罰性なしとする。これに対して、間接国税については、逋脱結果のみならず逋脱企画に可罰性を認め、未遂犯をも可罰とする（酒税法55条「偽りその他不正の行為によつて酒税を免れ、又は免れようとした者」）。

(3) 租税危害犯　　単純無申告犯は、正当な理由がなくて申告書をその提出期限までに提出しなかったときに成立する（1年以下の懲役または20万円以下の

罰金に処する。ただし、情状により、その刑を免除することができる）（所税法241条、法税法160条）。帳簿への虚偽記入、二重帳簿の作成などの偽計その他工作の場合には、脱税犯を構成する。

不徴収犯は、源泉所得税を徴収すべき者がその税額を不徴収（不納付ではない）したときに成立する（1年以下の懲役または20万円以下の罰金に処する）（所税法242条）。

課税標準申告怠儀犯は、酒税の課税標準申告書（酒税法30条の2）の申告を怠ったときに成立する（1年以下の懲役または20万円以下の罰金）（酒税法56条）。

検査等拒否犯は、税務職員の質問検査を拒否したときに成立する（1年以下の懲役または20万円以下の罰金）（所税法242条、法税法162条等）。

(4) その他　市民・納税者の税法違反についての租税犯処罰のほかに、実定税法では税務職員の守秘義務違反についての罰則がある（所税法243条等）。税務職員は、一般公務員に比べ市民・納税者の個人情報を知る機会が多いことから、一般公務員の守秘義務違反よりも重い処罰となっている（国公法100条、109条）。

4）脱税の故意

犯罪は、故意の存在が処罰において重視される（刑法38条「罪を犯す意思がない行為は、罰しない」）。税法犯罪も、基本的には刑事罰の適用がある限り、故意犯を罰するものと解する（故意なしとされ無罪判決もある。東京地判平25.3.1判例ID：28210968）。問題となるのは、結果として税の軽減を図るものとなった行為を「偽りその他不正の行為」に結びつける意思の存否である。この点に関して、所得税逋脱事例では、所得の存在についての認識として考えられ、所得は多数の収入支出の項目や多数の勘定科目から成り立っており、その一々について正確な認識を要求することは困難であるから、それらの項目や科目について個別的な認識を必要とするという見解（個別的認識説）は妥当でなく、おおよその所得の金額について認識があれば足りると解すべきであろう（概括的認識説）との見解が示されている（金子・租税法957頁）。

脱税は、国家・国庫に対する不法行為に基づく損害賠償としての経済的罰金制裁ではなく、租税犯の自然犯化にみられるように、租税刑法の一般刑法化が要請されている（責任主義刑法理論を前提とする租税刑法の確立要請）。ただし、納税者の多くは、できれば納税しないですませたいという欲がある。相当に高額で

悪質な脱税は許せないが、少額な無申告をもって脱税とすることは酷であると考えることもできる。

脱税の摘発は、狭義には税法行政の職務ではあるが、市民・納税者の相互間での市民的コントロールとして、悪質な脱税者に関する情報提供は市民の責務と理解すべきである。

2 加算税制度

1）加算税制度の概要

加算税（地方税法では加算金）には、過少申告加算税、無申告加算税、不納付加算税および重加算税があり、印紙税の過怠税とあわせて、行政罰としての制裁的措置である。それゆえ、これらは所得税や法人税の課税において、費用、損金としては認められない。

加算税は、シャウプ勧告によるものとされる。それ以前にも加算税と称するものがあったが、それは現在の利子税となっている。現在の加算税は、かつての「追徴税」がシャウプ勧告を受けた昭和25年税制改正により名称変更したものが基礎となっている。

2）過少申告加算税

過少申告加算税は、納税者が期限内申告（確定申告）の後、修正申告の提出または更正を受けたときに課税される、その増額納付額（増差本税）に10％を乗じた税額をいう（国通法65条）。修正申告書を提出するときは必ず過少申告加算税が課されるのではなく、①修正申告または更正により、納付すべき税額の計算の基礎となった事実について正当な理由がある場合（国通法65条④）、②修正申告書の提出があった場合において、その提出が、その申告に係る国税についての調査があったことにより当該国税について更正があるべきことを予知してされたものでないとき（国通法65条⑤）には、過少申告加算税の適用はない。ただし、増差本税が期限内申告税額または50万円のいずれか多い額を超える部分（加重対象税額）がある場合は、その部分につき10％のほかさらに5％の加重がなされる（国通法65条②）。

3）無申告加算税

無申告加算税は、申告期限までに納税申告書を提出しないで、期限後申告ま

たは決定する場合と期限後申告または決定があった後に、修正申告または更正する場合に課税される、原則、増差本税に対して15％を乗じた税額をいう（国通法66条）。①期限内申告書を提出できなかったことについて正当な理由がある場合、②期限後申告書の提出が、調査があったことにより決定を予定してされたものでなく、法定申告期限内に申告する意思があったと認められる一定の場合で、かつ、当該申告書の提出が法定申告期限から2週間を経過する日までに行われているときには、無申告加算税の適用はない。また、決定または更正がされることを知らないで期限後申告または修正申告をした場合には、5％の軽減割合が適用された無申告加算税となる。ただし、納付すべき税額が50万円を超えるときは、加重的に、増差本税の15％のほかにさらに5％の無申告加算税が課される。

4）不納付加算税

不納付加算税は、源泉徴収により納付すべき税額を法定納期限までに納付しないで、法定納期限後に納付または納税の告知をする場合に課税される、増差本税に10％を乗じた税額をいう（国通法67条）。①法定納期限内に納付できなかったことについて、正当な理由がある場合、②納税の告知を受けることなく、その法定納期限後に納付された場合で、法定納期限までに納付する意思があったと認められる一定の場合で、かつ、当該国税が法定納期限から1月を経過する日までに納付されたものであるとき、不納付加算税は適用されない。また、納税の告知がされることを知らないで法定納期限後に納付した場合には、5％の軽減割合での不納付加算税が適用される。

5）重加算税

重加算税（国通法68条）は、①過少申告加算税が課される場合に、国税の計算の基礎となる事実を隠ぺいまたは仮装したところに基づき納税申告書を提出した場合（同条1項）には増差本税に35％を乗じ、②無申告加算税が課される場合に上記の不正行為がある場合（同条2項）には増差本税に40％を乗じ、③不納付加算税が課される場合に、上記の不正行為がある場合（同条3項）には増差本税に35％を乗じ、それぞれ過少申告加算税、無申告加算税または不納付加算税に代えて、重加算税が課税される。重加算税は、申告義務違反に対する行政上の制裁であり、刑事罰ではないとされ、二重処罰禁止原則（憲法39条）

に反しないとの判例（前掲・最大判昭 33.4.30）がある。

6）過怠税

過怠税は、印紙税を納付すべき課税文書の作成者が印紙税を当該課税文書の作成の時までに納付しなかった場合に納付しなかった印紙税の額とその2倍に相当する金額との合計額に相当する徴収税額である（印税法20条）。

3 両罰規定

1）意義

実定税法の罰則適用において特徴の一つとして「両罰規定」の適用がある。これは、たとえば所得税法243条1項「法人の代表者（人格のない社団等の管理人を含む。）又は法人若しくは人の代理人、使用人その他の従業者が、その法人又は人の業務又は財産に関して」同法238条等に定める所得税を免れる等の罪・源泉徴収に係る所得税を納付しない罪・確定所得申告書を提出しない等の罪・偽りの記載をした予定納税額減額承認申請書を提出する等の罪に該当する行為をしたときは、「その行為者を罰するほか、その法人又は人に対して当該各条の罰金刑を科する」の規定、また法人税法164条等において規定されている。

両罰規定は、税法違反行為実行犯に対する責任主義的処罰適用のほか、その実行犯と関係のある者をも罰する規定であるが、通常、有機的な組織機構を有する企業の内部における従業者等がその事業活動の一環として税法違反行為を行った場合に、事業主である法人または個人をも処罰することとしている規定である。税法以外の法規でも、労働基準法121条、消防法45条など多くの法規にみられる。これは、法人処罰の一形態である。法人の違法行為に対する実効ある処罰制度として、両罰規定はある。

両罰規定は、明治33年法律第52号「法人ニ於テ租税ニ関シ事犯アリタル場合ニ関スル法律」により創設された「転嫁罰規定」の発展形ともいえ、昭和7年法律第17号資本逃避防止法5条に初めて採用規定されたものといわれる（岡崎正江「直接国税ほ脱犯の法人責任追及における諸問題」『税大研究論叢』第35号20頁、国税庁ウェブサイト＞税務大学校＞研究活動より）。

2）問題点等

両罰規定の問題は、まず実行犯でない法人等を罰する根拠がどこにあるかで

ある。この点に関しては、業務主の無過失責任とする説もあったが、業務主の監督注意義務違反の存在を推定するという過失推定説（美濃部説）が通説的なものとして受け入れられている（最大判昭 32.11.27 判例 ID：21009402）。

両罰規定の適用において、現代の企業はあまりにも大規模になっていることから、その適用自体が犯罪の実状に合致したものとなるのか疑問が提起される。また、大企業は、税法執行において脱税することなく、税法立法過程において、自己に都合のよい「特別措置法」の制定要請がある意味で可能であり、この段階での税の負担軽減を実現しているともいえる。

4　通告処分

1）国税犯則取締法 14 条

国税犯則取締法 14 条には、間接国税に関する犯則事件につき、処罰が罰金または科料に相当するものであるときに、国税法行政はそれ相当額を納付させる通告処分をし、告発を猶予することが規定されている。

この通告処分は、道路交通法違反の「交通反則金」と類似するものである（交通反則金は、刑事制裁と行政罰との中間的存在の刑事罰の代替処分〔藤木英雄『行政刑法』〈1976 年、学陽書房〉17 頁〕との見識もある）。形式は、行政処分であるが、内容的には、税法行政と反則者との間での私的な和解ともいえる。

2）刑事告発との関係

通告処分をしても履行する資力がないと認められるとき、また懲役刑に処されると思われるときには、国税法行政は直ちに告発することとなる。

【演習問題】
1　重加算税と狭義の逋脱罪との構成要件について説明せよ。
2　重加算税と脱税刑事罰とは、二重処罰に当たるか否か論じよ。
3　両罰規定について、責任原則との関係において論じよ。
4　通告処分について説明せよ。
5　税務調査に際して、担当職員を突き飛ばし税務調査を拒否した納税者 A は、質問検査拒否罪と公務執行妨害罪に問われた。この二つの罪を問うことにつき論じよ。

第 12 章

税法裁判権、その市民的コントロール

　本章は、行政不服審査法等の改正（2014〔平成26〕年6月13日公布、2016〔平成28〕年4月1日施行）があったが、それ以前の制度を基本として記述している。この改正では、異議申立ての廃止（再調査の請求も可）、審査請求期間を3月、第三者機関による審査請求の諮問・答申、不服申立前置の見直しなどがなされている。

1　税法裁判権の基礎

1）税法裁判の意義

　税法裁判は、税法立法により成文化された主権者の課税意思である実定税法の税法行政における執行に誤りがある場合に、それを是正し市民・納税者の権利利益を保護することが中心的目的・機能である。これは、税賦課権、税徴収権の執行に関するものであるが、そのほかに税行為規範、税組織規範に関する紛争事項に関する公的判断をするのが税法裁判である。それゆえ、納税義務者の税賦課権および税徴収権に係る執行妨害の排除（詐害行為取消訴訟等の民事訴訟、公務執行妨害罪等の刑事訴訟等）、税務職員の身分確認訴訟など広範囲の税に関する裁判が、税法裁判の対象となる。

　税法裁判の基本的意義は、税法執行において侵害された市民・納税者の権利利益の救済であり、税法執行行為等の修正・是正である。それゆえ、この分野の税法を「租税救済法」などとも呼ぶ。

　裁判所は、法の解釈をし、国家機関として職権的に法を適用することで、法的紛争状態にある訴訟当事者の権利利益を確定し、紛争を解決する場である。基本的には、裁判所は原告の主張の是非を判断し、原告の権利を救済する国家機関である。行政事件である税法裁判では、市民・納税者が原告、税法行政機関が被告となる（税法行政機関が原告となる訴訟：債権取立訴訟、名義変更訴訟、詐害行

為取消訴訟〔国通法42条〕もある)。

(1) 税務事実の認定　　税務紛争において、事実認定の問題となる事例が多くある。税は、市民の経済行為（財の生産、移転、分配、消費など）に着目して、税法が定める要件充足および手続に基づき課徴される。このとき、税法は、市民の経済行為の法的評価判断をする。その法的評価判断が税法領域での事実認定となる。同一の経済行為であっても、たとえばAからBへの現金100万円移転という経済行為は、贈与、売買代金、金銭消費貸借、出資等の法的評価判断がなしうる。これらに基づく、税課徴の有無なども異なる。つまり、税法の事実認定は、法的事実の認定である。それゆえ、帳簿、証票等に表明された当事者間の意思が重要となると解する。この表明された事実を否定し、他の法的評価判断を下すには、相当なる合理的理由が要請される。

(2) 税法の解釈・適用　　裁判所は法の解釈・適用の場である。ここで、税法の解釈・適用について再確認する。

日本国憲法は、「すべて裁判官は、その良心に従ひ独立してその職権を行ひ、この憲法及び法律にのみ拘束される」（憲法76条③）とし裁判官の独立を規定している。しかし、現実の裁判では、前例判決をそのまま引用するような判決が多く（判事は多くの事件を担当することから、これが安易であることも理解できるが、税法に毎年改正される動的法制であることから、古い判例引用には疑問もある）、税金裁判の特殊性・技術性から国税庁通達に従った国税訟務官の主張が通り、市民・納税者の声・主張が通らない傾向があるようにも思えるほど市民・納税者が敗訴することが多い。

税法の解釈方法は、文理解釈である。税法は市民の財産侵害を承認するものであることから税法定原理に基づいて詳細に立法されている。したがって、通常は文理解釈で問題はない。しかし、抽象的な条文もある。裁判紛争は、常に相対立する事実認定（租税要件事実は法的事実である）問題と同一条項の法解釈をめぐるものである。しかしながら、拡大解釈、類推解釈は許されない。要請されるのは「厳格な文理解釈」である。当然、通達は法源性が否定されるべきであり、通達を根拠に法解釈の正当性を主張することは許されない。対立する解釈が厳格な文理解釈においても成立する場合には、租税要件等法定原則（租税要件等明確主義を含む）に反する条項であると判断すべきであり、また「疑わし

きは国庫の不利益に」に従い市民・納税者の主張を認めるべきである。

2) 税法裁判の分類

税法裁判は、裁判権行使の主体により、行政が主体となる税法行政不服審査と裁判所が主体となる税訴訟に大きく分けられる。これらを併せて税争訟という。日本では、裁判所のみが司法権を有することから（憲法76条）、基本的には、税訴訟が税法裁判の中心となる（ただし、訴訟経済を考慮すると、訴訟提起に至らない場合が多いといえる）。

税法裁判は、広範囲に考えると、あらゆる税に関するものが内容となる。一般的な訴訟類型は、民事事件訴訟、刑事事件訴訟、行政事件訴訟および憲法訴訟に区分される。税訴訟もこれらを踏まえて類型化される。しかし、税法関係の基本である税法立法権、税法執行権の行使に対する市民の納税義務との関係における税紛争に関する税法裁判は、税法行政機関の市民に対する処分（税法行政処分）の取消訴訟と無効確認訴訟が基本となるといえる。金子説では8類型（取消訴訟、無効確認訴訟、争点訴訟、不作為の違法確認訴訟、義務づけの訴え、差止めの訴え、過誤納金還付請求訴訟、国家賠償請求訴訟）とする（金子・租税法 928-932頁）。

(1) **税民事事件訴訟** 国家賠償訴訟（税務職員の違法な公権力行使により受けた損害を国などに求める訴訟）、租税債権詐害行為取消訴訟（租税徴収に際して債権者代位権や詐害行為取消権〔民法423条、424条〕に基づく訴訟。納税者原告ではなく、国等が原告となる）、争点訴訟（税法行政処分が無効であることを前提とする訴訟〔行訴法45条〕。例として、滞納処分が無効であったことを理由として、公売財産の買受人に公売財産の返還を求める訴訟〔金子・租税法930頁〕）がある。

(2) **税刑事事件訴訟** 租税刑事訴訟（脱税等の租税刑事事件を処理する訴訟）がある。

(3) **税法行政事件訴訟** 日本の行政事件訴訟法2条は行政事件訴訟を抗告訴訟、当事者訴訟、民衆訴訟および機関訴訟に分ける。税法行政事件訴訟もこれに従い分類される。

(a) **抗告訴訟** 抗告訴訟は、行政庁の公権力の行使に関する不服の訴訟をいい（行訴法3条①）、税訴訟においても中心をなす訴訟である。これは、税法行政処分取消訴訟（税務署長等の税法行政処分の取消しを求める訴訟、税法裁判の大部分がこれである）、税法行政処分無効等確認訴訟（税法行政処分の存否またはその効力

の有無の確認を求める訴訟)、税法行政不作為違法確認訴訟（税法行政処分をしないことについての違法の確認を求める訴訟)、税法行政義務づけ訴訟（税法行政処分をすべき旨を命ずることを求める訴訟)、税法行政差止訴訟（税法行政処分をしてはならない旨を命ずることを求める訴訟）に分けうる。

　（b）当事者訴訟　　当事者訴訟は、税法裁判では、過誤納金返還請求訴訟（過誤納金、還付金などの返還を求める訴訟）がこれに属すると考えられる。

　（c）民衆訴訟　　税に関する民衆訴訟は、日本の実定税法に定めがなく、税法裁判では考慮されない。ただし、違法通達に対する通達廃止を求めるような場合の訴訟が市民に認められるべきと考える。

　（d）機関訴訟　　機関訴訟は、税法裁判ではほとんどない。課税団体間における課税権行使をめぐる紛争、たとえば市町村境界問題などが想定できる。

　（4）税憲法訴訟　　憲法訴訟を訴訟類型として認めるか否かの問題もあるが（芦部信喜『憲法訴訟の理論』〔1973年、有斐閣〕参照)、日本の税法裁判においても日本国憲法に関する争点、特に84条、14条に関するものがある。それゆえ、ここでも一つの類型としてとりあげた。

3) 税法裁判と税法定原則

　日本国憲法76条3項は「すべて裁判官は、その良心に従ひ独立してその職権を行ひ、この憲法及び法律にのみ拘束される」と規定している。税法裁判でも、その裁判を行う者は、議会制定法である憲法と法律に拘束される。基本的には、これは、税法定原則の税法執行面での基本原則である「税法執行の合法原則」に従うことを意味する。

　日本の近代裁判は、明治から始まるが、その当時の裁判事務心得（1875〔明治8〕年6月8日太政官布告103号）では、「民事ノ裁判ニ成文ノ法律ナキモノハ習慣ニ依リ習慣ナキモノハ条理ヲ推考シテ裁判スヘシ」、「裁判官ノ裁判シタル言渡ヲ以テ将来ニ例行スル一般ノ定規トスルコトヲ得ス」、「頒布セル布告布達ヲ除クノ外諸官省随時事ニ就テノ指令ハ将来裁判所ノ準拠スヘキ一般ノ定規トスルコトヲ得ス」が示されている。この効力はともかくとして、税法領域では税法定原則が働くことから、裁判官は「憲法と法律にのみ」に従い裁判し、これに規定なき場合には「疑わしきは国庫の利益に反して」または「疑わしきは納税者の利益に」の税法解釈指針に基づき裁判すべきものと考える。

4）争点主義と総額主義

　税賦課権の行使は、申告納税制度における市民・納税義務者の自己課税または税法行政機関の税法行政処分として表現され、いずれも実定税法に従い、各市民の個別的具体的納税義務額を、実定税法が定める納税義務額に比べて多くも少なくもなく確定することとなる。しかし、実定税法の解釈により、納税義務額に過不足が生ずることがある。税法裁判の多くは、これに関する争いである。

　このような税紛争に関して、税法裁判は、何を審理の対象・範囲とすべきか（訴訟物問題）、また紛争審理過程で理由差替を認めるか否かという問題を抱えている。それが争点主義と総額主義の問題である。争点主義は原処分を根拠づける理由と関係する税額の適否のみを審判の対象とし（理由の差替を原則認めない）、総額主義は原処分による確定税額の適否、すなわち原処分の違法性一般を審判の対象とする考えである（理由の差替を認める）。

　この問題は、日本では、1970（昭和45）年に国税不服審判所が発足した際に論議された。国税不服審判所の審理は、職権主義を採用していることから、総額主義が妥当するものと理論的には考えらる。行政不服審査の段階では、総額主義的な審理が適正な実定税法の執行を確保するものと考えられる。しかしながら、発足当初より、国税不服審判所の運営は、争点主義的に行われることが要請されている。これは、青色申告に対する更正処分への理由附記（所税法155条）などの法の趣旨からしても当然である。また、裁判そのものの基本からしても、争点主義的審理運営が要請される。

5）不服申立前置主義

　税務署長等の税法行政処分の取消しを求める訴訟、税取消訴訟は、原則として、国税通則法の規定に従うが、同法に別段の定めがあるものを除き、行政事件訴訟法その他の一般の行政事件訴訟に関する法律の定めるところによる（国通法114条）。

　税取消訴訟は、直ちに裁判所への訴訟提起を認めず（行訴法8条は原則選択可能）、市民・納税義務者・原告に対して、不服申立ての前置が義務づけられている（国通法115条）。この根拠として、税法行政処分が毎年大量に発生するから、その紛争の多くを行政段階で解決することで裁判所の負担を軽減することの必要性、

そして税務処分の多くが専門的・技術的であり、事実関係も複雑であるため、税務行政段階での争点整理の必要性、の2点から採用されているとされる（金子・租税法907-908頁、北野・原論490頁）。行政審査をすることで、簡易迅速手続による救済、小額費用、専門技術的知識を有する行政庁に見直しの機会を与えることで迅速的確な処理が期待されている。

不服申立前置主義が採用されていることから、国税に関する税取消訴訟は、税務署長等への異議申立てと国税不服審判所への審査請求との2段の不服審査前置が要請され、また地方税では市町村長または知事への不服申立て1段の不服審査前置が要請されている。ただし、国税不服審査において、青色申告者については直ちに国税不服審判所への審査請求をすることが認められている（国通法75条④）。

なお、抗告訴訟・取消訴訟以外の訴訟類型では、不服申立前置主義は採用されない。

6）原処分中心主義

税法裁判は、その典型である税取消訴訟では、不服審査（行政機関による審査裁決、行政審査ともいう）と訴訟（裁判所による判決、司法審査ともいう）により構成される。この不服審査と訴訟をあわせて争訟ともいい、税法裁判は、税争訟、税務争訟、租税争訟などとも呼ばれる。行政不服申立ては、行政庁の違法または不当な処分その他公権力の行使にあたる行為に対して認められ（行服法1条）、税法裁判の基本的対象も、税法行政機関の処分（税法行政処分）である。税法行政処分は、国税に関する法律に基づく処分（国通法75条）または各地方自治体の税条例に基づく処分で、申告納税制度の下では、無申告に対する「決定」（国通法25条）や税法に従っていない申告等に対する「更正」（国通法24条）、その「再更正」（国通法26条）となり、賦課課税制度では、課税庁の賦課決定（国通法32条）となる。これら課税処分以外の税務処分としては、滞納処分（国通法40条）、酒類の製造免許（酒税法7条）、青色申告の承認申請（所税法144条）などの各種申請に対する処分がある。

税法裁判では異議申立て、審査請求、そして訴訟の各段階において審判するのは、原処分（税務署長の処分等）である。これを原処分中心主義という。なお、国税通則法76条は、「この節又は行政不服審査法の規定による処分その他前条

の規定による不服申立て（第80条第2項〔行政不服審査法との関係〕を除き、以下「不服申立て」という。）についてした処分」（1号）と「行政不服審査法第4条第1項第7号（国税犯則取締法等に基づく処分）に掲げる処分」（2号）を国税に関する法律に基づく処分に含まれないものとしている。

　税法裁判が提起されたとしても、原処分の執行または手続の続行は停止されない（執行不停止原則、国通法105条）。しかし、差押え財産については換価の禁止、職権による執行停止、不服申立人の執行停止申立てが認められている（国通法105条①ただし書等）。

2　国税争訟

1）国税異議申立て（再調査の請求）

　国税の税法行政処分に不服がある市民・納税者は、直ちに訴訟、裁判所への提訴ができる事例（無効確認訴訟など）もあるが、基本的な処分取消を求める場合には、不服申立前置主義により、まずは処分庁である税務署長に対しての異議申立てをしなければならない。手続の概略は、「国税の不服申立制度の概要図」（国税不服審判所ウェブサイト＞不服申立制度等＞制度の概略図）を参照のこと。改正により、異議申立てが廃止され、「再調査の請求」と国税不服審判所への「直接審査請求」との選択となる。

　異議申立ての相手は、①税務署長がした処分の場合、税務署長、②国税局長がした処分の場合、国税局長（この場合、国税不服審判所長に対する審査請求との選択可能）、③国税庁長官がした処分の場合、国税庁長官、へとなる（国通法75条）。なお、国税庁、国税局、税務署および税関以外の行政機関の長またはその職員がした処分、たとえば登録免許税に関する登記官の処分については、国税不服審判所長に対する審査請求となる。

　このように、国税に関する処分についての不服申立ては、原処分庁に対する異議申立てから始まる。しかし、国税局長の処分、税務行政機関以外の行政機関の税務処分（登記官の登録税処分、国土交通大臣の自動車税処分など）、青色申告書に係る更正処分、教示を欠く処分などについては、納税者の選択または法令により、異議申立てをせずに審査請求をなすことが認められている。ただし、国犯法に基づく処分は不服申立てすることができない（国通法76条）。また納税者

に有利となる減額更正処分についても不服申立ての対象とはならないとされている。

　異議申立ては書面で行う（国通法81条）。異議申立書には、①異議申立てに係る処分、②異議申立てに係る処分があったことを知った年月日（当該処分に係る通知を受けた場合には、その受けた年月日）、③異議申立ての趣旨および理由、④異議申立ての年月日、が記載される。異議申立ての審理は、異議審理庁の職権によるもので書面審理主義が原則として採用されるが、異議申立人から申立てがあったときは異議申立人に口頭で意見を述べる機会を与えられる（国通法84条）。

　決定には、却下、棄却、処分の全部または一部の取消し（認容）の決定がある（国通法83条）。

2）国税審査請求

　税務署長、異議審理庁の決定に不服がある市民・納税者、また異議申立てが省略され審査請求を求める市民・納税者（所得税等の青色申告者など）は、国税不服審判所での審査請求の審査を受ける。改正により、審査請求への一元化、有識者からなる第三者機関による裁決の点検が予定されているが、国税不服審判所制度が踏襲される。

　国税不服審判所は、国税に関する法律に基づく処分についての審査請求に対する裁決を行う機関である（国通法78条）。これは、納税者の正当な権利・利益を救済することを目的とした国税庁の付属機関であるが、税務署や国税局から独立した第三者的な機関とされている。

　納税者からの審査請求は、原則として、異議申立前置主義の適用により、原処分庁の異議決定に納税者が不服の場合になされる（二審的審査請求）。しかし、青色申告書についての更正（個人の不動産所得、事業所得と山林所得に係るもの、また法人所得に係るものに限る。青色申告書を提出した個人の譲渡所得等に係るものは除く）に不服がある場合に、納税者が直接に審査請求を選択したとき、異議申立てをしてから3月経過しても異議決定がないときなどは、納税者は異議決定なしでも審査請求をすることができる（始審的審査請求）。改正により、直接審査請求が可能となる。

　国税不服審判所は本部と全国12支部（11国税局と沖縄国税事務所の管轄地）、7支所がある。

国税不服審判所長への審査請求は、異議決定を受けて、なお処分に不服がある場合に、異議決定の通知を受けた日の翌日から1月以内に審査請求書を提出して行うものである（国通法77条②、87条）。

　審査請求書（正、副本）が受理されると、その形式審査が行われる。これにより審査請求が不適法なものである場合（審査請求期限の経過後の審査請求など）は、審査請求は却下される。これが適法であれば、審判所長は原処分庁に答弁書（正、副本）の提出を求め、これ（副本）を審査請求人に送付し、担当審判官（1名）と参加審判官（2名）を指定し、審査請求人に通知され、この担当審判官を中心に実質審理に入る。審査請求人は答弁書に対して反論書や証拠書類等の提出をし、担当審判官等による質問検査がなされる。審理は、職権による書面審理が原則である（口頭での意見陳述はない）。そして、審判所長は、審判官の合議に基づき、審査請求に理由がないときは「棄却」、理由があるときは原処分の「全部若しくは一部の取消し」または「変更」の裁決を行う。したがって、裁決の内容は、全部取消し、一部取消し、棄却、却下、変更の5種類となる。

　国税不服審判所は第三者的機関として認められていることから、審判所長が国税庁長官の通達に示されている法令解釈と異なる解釈に基づいて裁決することは可能といえる。しかし、租税負担の公平原則から、また税務行政の混乱が生ずることにもなるため、この場合や法令解釈の重要な先例となる裁決をする場合には、あらかじめその意見を国税庁長官に申し出ることとなっている（国通法99条）。そして、国税庁長官は国税審査会に諮り、その議決に基づいて審判所長に指示するのが通例となっている。

　裁決は関係行政庁を拘束し（国通法102条）、原処分庁はこれに不服があっても訴えを提起することができないとされる。なお、審査請求人は、裁決に不服があるときは裁判所に裁決から3月以内に訴えを提起することができる。

3）国税訴訟

　行政事件に関する訴訟には、抗告訴訟、当事者訴訟、民衆訴訟、機関訴訟の4種があり、抗告訴訟は、①処分の取消しの訴え、②裁決の取消しの訴え、③無効確認の訴え、④不作為の違法確認の訴えに区分されている（行訴法2条、3条）。税訴訟も、市民・納税者が税法行政機関を相手とする行政訴訟としての性質をもっている。この意味では、税務訴訟は抗告訴訟を中心とする訴訟となる。し

かし、広範囲に税務行政が関与する訴訟をみると、抗告訴訟ばかりではなく、当事者訴訟や純粋に民事訴訟や刑事訴訟となる訴訟もある。

具体的な税務訴訟の類型としては、①取消訴訟、②無効確認訴訟、③争点訴訟、④不作為の違法確認訴訟、⑤過誤納金還付請求訴訟、⑥国家賠償訴訟、⑦租税債権詐害行為取消訴訟、⑧租税刑事訴訟などがあげられる。

取消訴訟は、税法行政処分取消しを求めるもので、税争訟の大部分がこれである。そして、この訴訟は不服申立前置主義をとり、また原則として、原処分中心主義で行われる。ここに税争訟の特徴がある。

(1) 取消訴訟　税法行政処分は、行政行為であることから、公定力、拘束力、不可争力、自力執行力、不可変更力が認められるので、処分に不服ある市民・納税者は取消争訟によりその処分の公定力排除を求めなければならない。

税務取消訴訟の要件として、不服申立前置主義と出訴期限（裁決から3月以内、改正により、6月以内）がある（国通法115条、行訴法14条）。この例外として、審査請求後3月経過しても裁決がない場合などのときには、裁決がなくとも訴訟が認められる（国通法115条）。

取消訴訟が提起された場合にも、原則として処分の執行停止等はない（行訴法25条）。また、税務署長等が処分の基礎となった事実を主張した日以後遅滞なくその異なる事実を主張立証しない場合、時機に後れた攻撃防御方法であるとされる（国通法116条）。

取消訴訟の判決としては、却下（訴訟要件を欠く場合に本案審理の拒絶）、棄却（処分適法とし原告納税者の主張を排斥する）、認容（処分違法としその全部または一部を取り消す）の判決がある。処分取消（認容）判決は第三者に対しても効力が及ぶとされる（行訴法32条）。

処分の取消訴訟における立証責任は、原則として、課税庁側にある。納税者は、処分に対する不服を説明しなければならないが、処分に関する適法性等の立証は課税庁にあると解する。

(2) 取消訴訟以外の税訴訟　取消訴訟以外の訴訟は、行政事件訴訟、民事訴訟、刑事訴訟に基づくもので、不服申立前置主義は採用されない。

無効確認訴訟は、税務処分が無効であることの確認を求める訴訟である。無効の処分には公定力等が認められないので、不服申立前置主義も出訴期限も関

係なくなる。

争点訴訟は、処分無効を理由として司法上の請求をする訴訟である。

不作為の違法確認訴訟は、納税者の申請等に対して税務行政機関が相当の期間を経過しても全く処分がない場合に、その不作為の違法を確認する訴訟である。

過誤納金還付請求訴訟は、過誤納金、還付金などの返還を求める給付訴訟である。これは公法上の当事者訴訟の一種と考えられる。

国家賠償訴訟は、税務職員の違法な公権力の行使により受けた損害を国などに求める訴訟である。これは民事訴訟とされる。

租税債権詐害行為取消訴訟は、租税徴収に際して債権者代位権や詐害行為取消権（民法423条、424条）に基づく訴訟である。これも民事訴訟である。税務訴訟は納税者原告が普通であるが、この訴訟は国等が原告にもなりうる。

租税刑事訴訟は、脱税等の租税刑事事件を処理する訴訟で、刑事訴訟である。

3　地方税争訟

1）地方税争訟の概要

地方税の課税権能は、都道府県と市町村に認められていることから、地方税法執行もこれらの長である知事と市町村長により行われる。したがって、都道府県税と市町村税の賦課徴収等に関する税務不服申立ても別のものとして処理される。市町村長の処分につき知事が審査請求を処理することはない（国民健康保険税でなく料の場合は別）。また日本では、地方に独自の裁判権がないので、地方税訴訟は国の裁判所で処理される。しかし、都道府県税争訟も市町村税争訟も、地方税争訟としてほぼ共通する手続がとられる。

地方税争訟にも行政不服審査法の特例がいくつかある。まず不服申立ての対象とならないものとして、刑事事件として処理される地方税の犯則事件に関する処分、市町村税における固定資産評価審査委員会の決定などがあげられる。不服申立ては、原処分庁への異議申立てと上級行政庁への審査請求に区分される。しかし、地方税不服申立ては、原則として、都道府県税にあっては知事への審査請求、市町村税にあっては長への異議申立てによるものとされている。つまり、地方税不服申立ては一審制となっている。

地方税訴訟についても、国税訴訟と同様、課税処分の取消争訟では不服申立前置主義が採用されている。

2）固定資産評価審査委員会への審査申出

地方税争訟のうち、固定資産課税台帳の登録事項に関する争訟は独特のものとなっている。

固定資産課税台帳の登録事項についての不服申立てについては固定資産評価審査委員会に対する審査の申出の手続が定められている（地税法423条）。これにより、市町村長の固定資産税課税処分への不服申立てにおいては、固定資産課税台帳の登録事項に関する固定資産評価審査委員会に審査を申し出ることができる事項についての不服をその固定資産税の賦課についての不服の理由とすることができないものとされる（地税法432条③）。この登録事項に関する争訟は、固定資産評価審査委員会に審査を申し出ることができる事項について不服がある固定資産税の納税者は、固定資産課税台帳に登録された価格に関する固定資産評価審査委員会への審査の申出（地税法432条①）と、固定資産評価審査委員会の決定に不服があるときの取消しの訴え（地税法434条①）によることによってのみ争うことができるとされ（地税法434条②）、一般の市町村税争訟とは別のものとなっている（固定資産税における争訟体系の二分化）。また、抗告訴訟の原告は、市町村となるが、固定資産評価資産委員会が市町村を代表する（地税法434条の2）。

固定資産税の納税者は、その納付すべき当該年度の固定資産税に係る固定資産について固定資産課税台帳に登録された価格について不服がある場合においては、原則として、固定資産価額等の登録公示（地税法411条②）の日から納税通知書の交付を受けた日後60日までに、文書をもって、固定資産評価審査委員会に審査の申出をすることができる（地税法432条①）。固定資産評価審査委員会は、審査の申出を受けた場合においては、直ちにその必要と認める調査その他事実審査を行い、その申出を受けた日から30日以内に審査の決定をしなければならない（地税法433条①）。不服の審理は、書面審理が原則であるが、固定資産評価審査委員会は、審査のために必要がある場合においては、審査を申し出た者および市町村長の出席を求めて、公開による口頭審理を行うことができる（地税法433条②、⑥）。

審査の申出期間が納税通知書を受けた後60日までに延長となったことから、納税通知書を受けて初めて自分が所有する固定資産評価額を知り、審査申出期間の徒過により救済されないという「不意討ち」的課税は回避された。しかし、争訟体系の二分化は維持された。

　固定資産評価の客観性を維持するために、その不服を第三者機関で審理することは適正であると考える。しかし、納税者が不服を有する相手は、固定資産評価決定者・行為者である市町村長であり、本来、争訟において納税者が対峙するのは原処分庁であるべきである。

4　関税争訟

1）税関長への異議申立て（再調査の請求）

　関税は、申告納税方式を採用していることから、関税における争訟は、税関長の処分である決定や更正の課税処分、輸出入許可、保税地域に関する処分などが対象となる。

　異議申立て（改正後、再調査の請求）の相手は、処分庁である税関長である。税関職員の処分も税関長の処分とみなされる（関税法89条③）。不服のある者は、処分があったことを知った日の翌日から起算して2月以内（改正後、3月以内）である。

2）財務大臣への審査請求と関税等不服審査会

　税関長に異議申立てをした納税者が、その決定に不服があり、審査請求をする場合の相手は、財務大臣である。

　財務大臣は、審査請求が次の事項に該当するときは、関税等不服審査会に諮問しなければならない（関税法91条）。関税等不服審査会には、関税・知的財産分科会と輸入映画部会とがある。

5　税法裁判の市民的コントロール

1）市民・納税者の権利救済

　税法裁判において顕著な特徴として、国税庁が発表している国税争訟に関する統計をみると、納税者側の主張が認められる件数が少なくなっている（国税庁レポート2015年度61頁の「訴訟事件の状況」での敗訴率はすべて10％未満である）。租

税犯則刑事事件では、無罪判決は稀である。
　この統計結果を「無駄な不服申立・訴訟」と評価するか、税法裁判での市民・納税者の権利救済が不十分であると評価するか、は難しい。しかし、市民・納税者が税法裁判を提起することは、おそらく一大決心であろう。それなりの不満があってのことである。その市民的不満が解決されることが税法裁判では重要である。
　税法裁判は、税法立法を通して表現される主権者・市民の課税意思としての実定税法の執行を個別的に是正することが期待され、税法執行により侵害された個々の市民・納税者の権利利益を救済するものであることはいうまでもない。上記の数値が、そのシステム的疲労を現すものでないことが望まれる。
　脱税事件については、告発されたら、ほぼ有罪となることが理解される。この数値が、一般予防効果となると信じる。

2）第三者機関による税法行政不服審査

　国税不服審判所の構成員である審判官は、「弁護士、税理士、公認会計士、大学の教授若しくは准教授、裁判官又は検察官の職にあった経歴を有する者で、国税に関する学識経験を有するもの」からも選任される（国通令31条1号）。国税不服審判所長や東京・大阪の首席国税不服審判官は、検事、判事であったものから任用されているようである。税理士も任用されている。しかし、多くは、国税職員の中から審判官が選任されている。第三者機関を強調するのであれば、現職の弁護士、税理士、公認会計士、大学教授、裁判官、検察官からのすべての審判官任用が望まれる。
　固定資産評価審査委員会も第三者機関とされる。委員は、地元の有力者から選任されることも多く、退職職員等からの選任も多く、名誉職としてあるといえることも事実である。

3）税法裁判官への市民的コントロール

　最高裁判所裁判官に対する国民審査（憲法79条）があり、市民的コントロールが直接的に保障されているが、下級審の裁判官については、国会での弾劾裁判所（憲法64条、78条）によることとなっている。日本の裁判官の資質が良いのか、弾劾裁判所は、ほとんど開催されることはない。
　法曹人の資質は、司法改革が実施され、向上することが期待されている。新

司法試験には、選択科目ではあるが「租税法」が採用された。旧制度では、税法に関する科目はなく、法曹人の税法知識について万全であったとはいえない状況であった。

税法裁判は、市民・納税者の権利救済の砦であり、その担当者に対する市民的コントロールがなされるべきものと考える。

しかし、現実の税法裁判は、納税者の勝訴となるケースは少ない。これは、課税庁側が膨大な税法資料等を有することから、係争事件に関する情報量が納税者のものを常に凌駕し、税法裁判に慣れた担当官が反論書を作成するなど、納税者と課税庁との裁判環境が大きく異なるなどの理由があるとともに、裁判官が課税庁側の情報量にまかせた論理をそのまま鵜呑みにしていることも考えられる。納税者は税法の素人、課税庁側は税法のプロ、裁判官はプロの意見に従う傾向があるともいえる。それゆえ、税法裁判担当の裁判官は、課税庁とは異なるプロであってほしい。税理士補佐人としての出廷陳述権が認められた（税理士法2条の2）ことから、税法裁判の環境に変化がもたらされることが期待される。

4）市民の権利擁護の道具「税法定原則」

税法裁判の多くは、租税要件等に関する事実認定の法的評価に関するものである。しかし、最高裁判所まで争われる事件では、憲法30条および84条のいわゆる「租税法律主義」に関わる争いが展開されることも多い。実際、違憲となる判決は少ない。しかしながら、市民が自己の権利を擁護するために「租税法律主義」論を用いて税法裁判を行うことが認められる。すなわち、市民・納税者の権利擁護として租税法律主義、税法定原則が一つの権利擁護「道具」として現実に機能している。

市民は、この税法定原則の権利擁護道具としての機能を、循環的税法関係の最終局面でもある税法裁判において、十分に発揮するように税法定原則の本質を理解し習得する努力をしなければならない。市民のための税法学は、その実現を支援するものである。

税法裁判は、市民の権利を国家機関により保護するものであるべきであるが、統計的事実は、納税者の救済にはなっていない。ほとんどの税法裁判は、行政側の勝訴である。ここに、市民・納税者の権利を救済する手続としての税法裁

判の課題がある。しかし、市民・納税者からの訴訟提起があってこそ、税制はよくなっていくことを実感している。たとえば、最近では、生命保険年金二重課税訴訟（最三小判平 22.7.6 判例 ID：28161817）は、税専門家が気づかない実定税法の違法性を一市民の税法裁判闘争により改善した。法の前提として「市民の常識」の重要性が認識されなければならない。税法は、市民のための法であり、一番身近な法である。それゆえ、税法は市民常識の法として常にあるべきである。

【演習問題】
1　国税争訟において不服申立前置主義が採用されている理由について説明せよ。
2　国税争訟における不服申立前置主義が採用されない場合がある。説明せよ。
3　固定資産評価審査委員会における口頭審理について説明せよ。
4　国税不服審判所における審査手続について説明せよ。
5　税争訟の提起と租税徴収との関係について説明せよ。
6　北海道札幌市に居住する納税義務者は、札幌東税務署長がなした所得税更正処分の取消訴訟を提起するとき、東京地方裁判所に訴訟提起することになります。これにつき説明せよ。（行訴法 12 条のほか「国の利害に関係のある訴訟についての法務大臣の権限等に関する法律」参照）

第13章

現代税法学の基礎・総論的課題

1 現代社会と税法学

1）現代社会と福祉国家の税財政

　封建的経済から資本主義経済への発展、君主政治から民主政治への転換は、税財政システムの大改革でもある。税財政構造は、経済と政治の構造とともにあり、法の支配するものとなった。

　近代的税財政は民主的コントロールの下に置かれることとなったが、初期は租税国家といえるほど租税収入が国家収入の大部分を占めるものではなかったが、次第に租税国家としての近代的税財政構造が確立していった。近代国家は、消極国家、夜警国家とも呼ばれ、いわゆる「小さな政府」として機能し、市民は、最小限の国家行政経費と軍事費を負担する税財政を支持した。フランス人権宣言13条前段「公の武力の維持および行政の支出のために、共同の租税が不可欠である」の規定は、これを確認する。

　近代は、封建社会システムのパラドックスである。しかし、個人主義社会を基礎とする（産業）資本主義経済の発展は、景気の波、失業、寡占、独占、貧富の格差などの社会経済問題を提起し、資本主義そのものの変革が求められるようになり、一方で共産主義、社会主義へ移行する国家も現れ、また一方で資本主義の修正、国家が市場介入し管理する資本主義（国家独占資本主義、修正資本主義ともいわれる）への移行がなされた国家もあった。租税国家の危機であった。この移行において、個人主義社会も見直され、公共性が主張され（公共の福祉）、国家も積極的国家、福祉国家へと転換した。

　福祉国家は、資本主義経済システムの中では、税による富の再分配機能を強調する。その結果、累進税率を採用した所得税を中心とする税制が構築されていった。それ以前の税制の中心であった関税、消費税、資産税は、国家収入に

おいて所得税の補完税としての地位に置かれた。福祉政策は、「揺りかごから墓場まで」から「母胎から天国まで」を保障することを目的とするものに発展し、それに伴う福祉財政も肥大化していった。大衆課税が拡大するとともに、福祉国家を税のみで担保することはできず、保険料、年金掛金を市民から徴収することとなる。福祉国家において、税は強者から弱者への富の再分配であるが、保険料等は将来への貯蓄、相互扶助、等の性質を有し、両者は、基本的に異なるが、強制徴収という面で類似し、公的負担として市民的コントロールを受けなければならないものと考える。

　現代社会・福祉国家は、君主権力支配からの転換としての近代国家とは異なり、民主政治と資本主義を維持し、かつ福祉・社会保障を実現することを積極的に展開する複雑な社会となっている。現代の税は、国家経費のための財政収入、軍事費補塡収入という伝統的目的・機能のほかに、「富の再分配」を行い、かつ「経済成長」政策実現をも行うものとしてある。市民は、国家行政経費、軍事費、社会保障費、教育費、年金支出、公衆衛生・医療費などの国家経費分担をしなければならない。市民の公的負担支出は、増大していった。市民の負担には限界がある。一方で、課税権力側においても、「高福祉・高負担」を強いることは、政治的問題をはらんだものとなり、政治的安定が図られない局面に至る。先進国での保守政党と革新政党とでの政権交代がなされたのも、その一局面であったといえる。「高福祉・高負担」にも限界はある。市民的妥協点が求められている。かつて、日本の封建制度下で四公六民、五公五民などといわれた年貢負担は、高いものであったのか。現在、高福祉国家といわれるスウェーデンの市民の公的負担は、7割を超えている。市民の負担と福利享受の実感バランスが問われている。

　このような政治的背景とともに、行政的ミスも多く発生し、先進国の多くは赤字財政へと進んだ。この赤字財政を打破する方法として、新保守主義、新自由主義、第三の道などの論議がなされ、アメリカや日本では、税制改革理念として「公平、簡素、中立」の考えが登場した。これは、所得課税中心の税制から消費課税中心の税制への移行として表面化している。しかし、幼子の小遣いで駄菓子を購入した際に、これに消費税を課税すること（税抜き価格14円に消費税8％税率で1円の消費税、税込15円）が公平な税制であるとは断じて言えない。

消費課税での応能負担の実現が課題となっている。

2) 政策と税制

　税は、民主国家システムでは、市民的コントロールの下にあるべきであり、一定の経済、政治、社会、そして法理論に基づき形成されるものと考える。これは学理的税制、理論税制または基本税制ともいえるものである。しかし、現実の税制は、政治的要素が強く現われる政策税制である。その結果が歴史的に認識され、税制史を形成している。税制は、単に財政収入のものではなく、富の再分配、景気調整等の諸機能をも有している。

　日本の税制は、シャウプ勧告という理論税制を基礎にして戦後スタートした。しかし、このシャウプ勧告税制は、直ちにともいえる段階で修正を受け、政策税制である「租税特別措置法」により崩壊させられ、理論税制であった基本税制も、その後の改正により政策税制の中に組み込まれていった。税制改革法は、崩壊した理論税制を再構築するものとみえたが、「公平、簡素、中立」というアメリカ経済政策に傾注した最たる政策税制を市民に強制したものとなった。

2　現代法としての税法学

1) 近代法と現代法

　近代法は、産業資本主義と初期民主主義を形成し発展させる市民のために立法され、法は市民的道具として機能した。所有権の絶対、契約の自由、責任原則に基づく近代私法は、資本主義システムを支え、発展させた。また、公法は、自由権および平等権という近代的自由権を中心に消極国家を形成し、法治主義による行政を一般化した。しかし、市場における資本主義の発展は、社会的基盤を崩壊し、国家危機へと進展し、近代私法・公法の変質が要請され始めた。

　これは、私法の公法化、社会法の登場、市場への国家介入などの言葉で表現された。現代法の登場である。国家も積極的国家となり、さらに経済も国家による統治の下に置かれた。政府の景気対策は最重要なものとされた。この政府の行動を支えるのが法令である。法治主義は維持された。しかし、行政のための大量の立法がなされ、法令は市民の道具から行政の道具へと変わった。

2) 現代法論等と税法学

　日本国憲法の制定は、日本の法令への大改革であり、学問の自由を学界にも

たらした。日本の法学界は、法社会学論争、法解釈論争、判例研究方法論争、現代法論争、法学と経済学論争などを展開した。

かつての税法学会は、これら法学論争に参加していない。しかし、法学である税法学も、基礎的研究方法論として、これら論争の成果を取り入れる必要がある。特に、総合科学の成果として実定税法が成立しているものと考えられることから、法社会学的方法などは、税法研究に必要なものであろう。実定税法の解釈は、現実の税法問題解決において重要であるが、それのみが税法学の使命、社会的機能ではないと考える。市民のための税制、よりよい税制の提言も税法学の使命であろう。

3　市民の権利保護

1）税法令は市民の権利保護の道具

実定税法令は、政府の税課徴のためのものとの認識が市民にはあるようである。しかし、それは間違いである。すでに検討してきたように、「法律なければ課税なし」という原理が認識され、税法定原理が税領域全域を支配している。

税法令は、市民の財産を政府に移出する税に対する市民的コントロールの成果である。したがって、税法令は、市民の権利を保護するための道具として本来的にある。このことを認識することが重要である。

税法定原理は、伝統的には、税領域における法的安定性、法予測可能性を市民に保障するものである。福祉国家、さらに環境国家を目指す現代国家になっても、税法定原理の基本は、税の市民的コントロールを保障する市民アイテムであり、変わらない。しかし、現代社会では、税の市民的コントロールは十分に機能しないものとなる傾向がある。これは、税の行使は基本的に権力行使であり、その行使は主権者・市民から離れ暴走し、より巧妙、強力に市民に迫り、特に社会的弱者である市民を圧倒する。このような社会においてこそ、税法定原理は、主権者・市民に理解され、かつ税の市民的コントロールのアイテムとして機能すべきである。

市民の権利保護を十分にするには、税法定原理の本質を市民レベルの常識として消化されることが要請される。義務教育課程での税法定原理の学習が十分に市民的視点から行われるべきであり、現在行われている税務署広報官による

小中高生に対する租税教育は、市民的に検証されるべきである。

2）税領域での納税者権利保護——納税者基本権

現代税制においては、税法立法、税法行政、税法裁判の課税権限の各段階での市民的コントロールが強化されなければならない。民主主義的租税は、循環的税法関係に基づいて主権者・市民の意思がこれら各段階の課税権限において反映されなければならない。特に、インプットである立法過程においても市民参加型のものが要請される。立法された税法条文は、義務教育を終えた者に理解できる内容のもの、公平、簡素、税計算簡易が望まれる。

しかし、実定税法は、税徴収確保を指向する傾向をもち、市民の権利保護に関して十全ではない。それゆえ、条文は複雑かつ抽象的になり、たとえば、「その他これに類する」「〇〇等」「当分の間」などの抽象的文言が実定税法で使用されている。

これら現行の税制の不全を改善する一つは、納税者による訴訟提起である。しかし、これも十分に機能していない。

市民の権利保護法として税法を構築するためには、市民の政治的コントロールも要請されている。そして、主権者として、市民が税領域での基本権を行使できる実体的手続的法令が要請されている。税務オンブズマン、納税者憲章の制定などが、その第一歩であろう。

4　国際化と税法

1）国際取引の多様化

国際取引と税との関係は、かつては貿易との関係での「モノ」の輸出入に対する関税（消費課税）が主流であったが、次第に「ヒト」の国際的移動に対する課税（労働所得課税）対応もなされ（これらは「足の遅い」経済活動ともいわれる）、最近では、「足の速い」経済活動として「カネ」の移動に対する課税（金融サービス課税）が問題となっている。インターネットが普及し、電子商取引に対する課税は、一国の課税問題ではなく、国際的な課税問題になっている。国際的相互協議、技術協力、情報交換、共通のルール設定など、国際取引の多様化に対する税実務の対応がなされている。

これらは、一般市民に無関係であると思われるが、「足の速い」経済活動に

対する課税ができず、逆に「足の遅い」市民の労働と消費への課税は重税となるという、状況も想定される。市民的コントロールとして、国際課税をいかにするかが検討されなければならない。

2）国際的租税回避

税制は、一国一国、それぞれの課税主権に基づくものであり、それぞれ異なるのが基本である。それゆえ、国際的税制の格差、課税の有無等を活用した国際的租税回避が起こりうる。

国際取引に対する税障害である「国際的二重課税」リスクは排除されなければならないが、経済社会のボーダーレス化のいっそうの進展により多国籍企業などによる国境を越えた多様な経済行動は、時として、国際的な租税回避となる場合もある。特に、国による企業誘致等による有害な税競争もあり、問題は複雑となっている。しかし、国際的な協力、情報交換などにより、公平な課税実現がなされるべきである。

3）税制の統一法制化

OECD租税委員会を中心に、国際課税問題は検討されている。モデル租税条約の提示、移転価格税制に関するガイドライン、各種の報告書、税務担当者間の情報交換など、多彩な活動がなされている。日本もこれに参画している。

国際社会に共通のルールは、条約から統一法制へと展開している。国際税制も、小切手法、特許法などのように統一法性化されるのであろうか。EU付加価値税のように、共通税源に関する共通化、統一化は簡単であるが、個々に自由な課税主権の行使を前提とする国際税制での統一法は難しいであろう。ただし、国際課税分野での統一化は要請されると考える。OECDモデル租税条約およびそのコンメンタリーの参照は、その一つの動きであろう。

4）国際連帯税の動き

2000（平成12）年の国連のミレニアム・サミット後、2015（平成27）年までに達成すべきミレニアム開発目標（Millennium Development Goals：MDGs）が設定され、その達成のために「革新的資金メカニズム」が構想され、その資金の一つとしてフランス等を中心として提言されたのが国際連帯税の一つである航空券連帯税（Taxe de solidarité sur les billets d'avion）（2006年7月施行）である。

従来、国際的支援のための資金調達は、各国の財政支出としてのODA等と

して実施されていた。その財源は、一般的国税収入である。国際連帯税は、特定加盟国が国際支援目的資金調達のために国際連帯を可能にするために同時に創設され、その税収を国際支援にあてるものである。

ノーベル経済学賞を受賞しているジェームズ・トービン（James Tobin、イェール大学経済学部教授）が1972年に提唱した「トービン税」、これに類するものとして最近提起されている「通貨取引開発税（Currency Transaction Development Levy）」、日本の外務省が提案している「国際開発連帯税」なども、国際連帯税として分類される。

5　IT社会と税法

1）税務のコンピューター利用

1989（平成元）年、昭和55年度税制改正に関する政府税制調査会（内閣総理大臣の諮問機関）の答申において、利子課税の把握のため「グリーン・カード」制度を導入することが提示された。これは、前年答申での「納税者背番号制度」の導入提案とも関係するが、税務行政のコンピューター化の口火を切った。国税庁は、グリーン・カードの処理のために大型コンピューターを導入した。その後、利子所得の分離課税が採用され、グリーン・カードはどこかへいってしまった。残ったのは、大型コンピューターと納税者背番号制導入論であった。その後、国税庁は、KSKシステムとして展開し、1995（平成7）年に東京国税局管内で設置され、2001（平成13）年末には全国税務署のネットワーク化が完成している。

市民の税実務においても、1990年代には、コンピューター会計が導入され始めた。税理士事務所を中心に財務会計ソフトも普及し、マイクロソフト社のOSソフトWindowsがコンピューター市場を支配するにつれ、一般企業でも「自計化」といわれるほど、PCと財務会計ソフトが普及した。その後、税務申告用ソフトも開発され、税実務はPCなしでは運営できなくなりつつある。

1988年税制改革法、消費税導入は、これらの背景がなければ実行できないものであった。消費税実務は、日々の会計処理がコンピューターで処理されていることから、その税額計算等も容易になされている。

IT（Information Technology 情報通信技術）は、税務の利便性、簡素化、効率化、

透明性、信頼の向上などに貢献するものであり、優れた技術である。日本は、電子政府の実現に向け推進改革を実行している。2006 (平成18) 年の政府が提示した「IT新改革戦略」では「いつでも、どこでも、誰でもITの恩恵を実感できる社会の実現」のために、ユビキタスなネットワーク社会の形成と、世界一便利で効率的な電子行政の実現を目指している。

今後とも、この進行は止まないものと考えられるが、市民の権利・義務に大きくかかわる問題も多くあり、いっそうの市民的コントロールが必要である。

2）納税者背番号制—マイナンバー制度

IT社会の現実は、税務では「納税者背番号制」（「納番制」と略される）の導入の可否が問題となる。これは、当初、金融所得課税の捕捉率向上のためのものとして検討された。現在では、さらに広く、所得捕捉、納税の適正化、公平化、徴税システムの透明化、信頼性の向上などのために、納税者背番号制が必要とされる。一方、これには、導入コスト問題（徴税費最小が望ましい、平成17年度に実施予定のホストコンピューター機器のリプレースおよびバックアップセンター設置作業を一般競争入札により調達した契約金額は58億9200万円）、市民のプライバシー保護の問題などがある。また、年金番号などを活用する場合、そもそもの年金番号自体の信頼性が崩れかけている。なお、確定申告を一度提出した者（個人・法人）には申告者番号がつく、また給与所得者も源泉所得税事務において企業内で番号が付されている。すでに、現実の納税者は、番号で管理されている。

納税者背番号制は、アメリカ、カナダ、オーストラリアなどで採用され、市民のプライバシー保護という観点からの反対も依然として強いものがある（石村耕治編『現代税法入門塾〔第6版〕』〔2012年、清文社〕752-768頁参照）。しかしながら、政府は、納税者番号制度を導入する方向で動いてきた。その結果、「行政手続における特定の個人を識別するための番号の利用等に関する法律」（マイナンバー法）が2013（平成25）年に制定され、社会保障・税番号制として2016（平成28）年1月から実施されている。しかし、導入初期ですでに問題が指摘されている。

3）電子申告

税務のコンピューター活用は、電子申告を可能にしている。電子申告は、ペーパーレスの社会実現につながり、環境（紙=森林資源）にもやさしいもので

ある。国税庁は、インターネットを利用してオンラインで申告・納税を行えるようにした e-Tax（国税電子申告・納税システム）を今後の税務手続の中心を担うシステムと位置づけている（2007年国税庁レポート29頁）。

日本の税務手続での電子申告等は、関税での通関情報処理システム（ナックス NACCS：Nippon Automated Cargo Clearance System）が 1978（昭和53）年から成田空港を最初とし稼動していた。国税の e-Tax は、インターネットを活用したものとして採用されている。地方税の電子申告として、地方税ポータルシステムとしてエルタックス eL-TAX が稼働している。

電子申告は、先進国では当たり前になり、日本でも拡大していくものと考えられる。電子申告時代における問題は、電子申告ソフトが市民的コントロール下に置くことが困難であること、基本的セキュリティ問題、市民の納税意識を後退されるのではないか、などが指摘できる。特に、電子申告ソフトは、税法定原理を崩壊させる可能性もあり（税法立法事項を電子化することがどこまで可能であるのか、電子化された情報をどのように市民的にコントロールできるのか）、また国税行政が提供するソフトに市民を隷従させる疑いもある（伊藤悟「税理士のアイデンティティーと納税者の権利―コンピューター税財務処理および電子申告の課題を通して―」北野弘久先生古稀記念論文集刊行会編『納税者権利論の展開』〔2001年、勁草書房〕743頁）。

6　21世紀環境時代の税法のあり方

1）環境国家の税財政

21世紀の国家は、19世紀の消極的夜警国家、20世紀の福祉国家、そして両世紀に共通する軍事国家として特徴づけられる従来の国家から質的転換をし、環境国家、平和国家として展開されなければならない。環境国家には、国際社会の一員として、地球環境保全、国際平和、基本的人権の保障およびその確保を目指す国家であることが要請される。

そして、経済的基礎は、18世紀の封建体制における土地生産経済から、産業革命により生産技術の向上に伴う余剰生産の拡大とともに市場経済・貨幣経済の発展、自由市場における利益追求をなす工場生産経済といえる19世紀産業資本主義へと転換したが、資本主義の欠点である景気変動と貧富の格差拡大を修正すべく国家の市場介入を認めた20世紀修正資本主義（社会主義・共産主義

表13-1 環境国家への展開

	18世紀	19世紀	20世紀	21世紀
経済	封建体制	産業資本主義	修正資本主義等	共生、循環
社会	身分社会	個人主義に基づく契約社会		参加連帯社会
国家	君主国家	夜警国家	福祉国家	環境国家

(伊藤悟「環境と税法学―新たな税法原則『環境主義』」、日本租税理論学会編『環境問題と租税〔租税理論研究叢書11〕』〔2001年、法律文化社〕39-50頁所収を一部修正)

への転換もあった)へと発展してきた。しかし、地球資源の有限性認識、公害・廃棄物など経済循環外の経済への影響(公害被害の損害賠償、廃棄物処理費用負担という外部不経済)を認識し、産業主体である企業は、社会的責任を果たすためにも共生・循環型の経済システム、環境経済への移行を要請されている。

社会的基礎についても、18世紀までの封建的身分制社会から個人の尊厳・人権を認め、所有権の絶対・契約自由・責任原則を柱とする近代法システムの下で近代的個人主義が革命などを経て19世紀には認められ、20世紀に国家介入が経済面で認められたのに伴い「公共性」からの人権制約もなされたが、現代社会は、個人の自由意思に基づく契約社会である。18世紀は君主が、19世紀は個人と企業が、20世紀は国家が中心であった。21世紀は、環境問題が認められ、人類生存の危機を共通認識とした環境の時代であり、国内公的機関が中心の「公共性」とは異なる各主体(国際機関、NGO、国、地方団体、企業、NPO、市民など)の「参加」し「連帯」する地球市民社会が望まれている。

この環境時代の国家(環境国家)には、近代的民主国家、軍事国家、福祉国家の税財政と異なる、いわゆる「税財政のグリーン化」を実現することが要請されている。

2) 炭素税から環境税へ

1972年ストックホルム会議、1992年地球サミットの開催は、環境時代を人類の共通の認識とした。環境国家は、自国のことのみならず、地球全体のことを考え行動することを要請されている。特に、地球温暖化問題について京都議定書(2005年2月16日発効)は、先進国に対する温暖化ガス削減の具体的数値目標を決定し、その削減への取組みを規定した。これにもみられるように、環境時代の先進国には、環境国家としての資質が問われている。

世界的な環境問題（人間活動による環境が本来有する自浄力、再生産力を超える環境負荷による環境保全上の支障問題等）の認識において、環境法などの直接的規制、環境基準などの枠組規制、環境アセスメントなどの手続規制などのほかに、人間活動のうち環境保全の支障となる経済活動への規制措置、経済的手法として「環境税」が注目されている。

　1990年代に北欧諸国において「炭素税」が創設され、環境税の先駆けとして注目された。また1996年のイギリス「廃棄物埋立税」（landfill-tax）も注目され、世界的に拡大した。

　当初の環境税は、北欧諸国の炭素税のように温室効果ガスの原因となる化石燃料への課税強化として現れた。2011年度税制改正において「地球温暖化対策のための税」として石油石炭税に上乗せすることが提言され、日本でも環境税が導入されている。基本エネルギー・資源となっている石油・石炭への課税は、国内経済活動に多大な影響をもたらすことになる。この点が炭素税・環境税の課題である。しかし、最近の環境税は、廃棄物税、水源税、レジ袋税、などと広範な課税物件に対する課税による環境保全効果をあげる税制が主流となってきている。

　ただし、日本での地方法定外税による産業廃棄物税は、産業廃棄物処理料（使用料、手数料）との二重負担となっているのは事実であり、この点の合理的解決がなされるべきであろう。

3）地球環境保全と先進国税制のあり方

　環境国家は、環境保全・保護を優先政策とする国家となるべきものと考える。そのような国家の税財政は、環境税財政（環境税の導入、グリーン購入等による循環型社会の形成）であり、税制は広義の環境税で構成されるべきである。

　個人主義に基づく近代国家（消極的国家、夜警国家＝警察国家、軍事国家）から、「公共の福祉」を基調とする20世紀の現代国家（積極的国家、福祉国家＝行政国家）へと展開し、さらに21世紀の現代国家は平和国家、環境国家へと展開されようとしている。ここでは、一国を超え、地球市民主義（強国支配のグローバル主義ではなく、市民的連携と参加に基づく社会構築、主権国家間の国際主義ではなく市民間の民際主義）によるグローバル福祉（地球市民全員・人類の福祉と平和の実現）を目指すものであるべきと考える（伊藤　悟「環境税と社会保障」項、佐藤　進・他『現代社会保

障・福祉小事典』〔法律文化社、2007年〕193頁）。

　このようなグローバル福祉実現のためには、国内的な公平税制ではなく、グローバルな公平税制が要請される。環境ODA、福祉ODAを通じて、先進国は地球市民に福利をもたらす責務がある。国内福祉の実現のための国内的富の再分配ばかりでなく、地球的規模での富の再分配がグローバル福祉に求められる税財政構造である。先進国の市民は、グローバル福祉のための財源を供給すべき責務を有する。このために、国内的な税負担公平を考慮しながら、均一のグローバル福祉税（食糧・医療難民等の救済）を先進国市民が負担することは、税負担公平原則に反するものではないと考える。これは、先進国での大衆課税の拡大を推奨するものではない。ただし、1日1ドル以下の生活を強いられている地球市民が多いことを、3秒に1人が飢餓で死んでいることを認識し、先進国市民がその救済に力・経済的負担をすべきではないかと考える。

4）環境時代の「豊かさ」

　環境時代の税による富の再分配はグローバル福祉の実現のためにあるべきである。

　私たちは、今まで、裕福、「豊かさ」を、貨幣集積であると考えてきた。福祉国家までの税財政は、富の再分配を、貨幣を多く集積した裕福者から税（貨幣）を多く徴収し、これを集積できない、できなかった者からは徴収せず、逆にこれらの者の最低生活を保障するために補助金（貨幣）を支出するものとしていた。このシステムは、貨幣を「豊かさ」の基準としてきた。

　環境国家は、今までの自由、平等、そして生存権等の社会権と展開してきた基本的人権を踏襲し、平和、環境を地球市民に保障し、グローバル福祉の実現に貢献する責務を有している。環境国家の税財政における富の再分配は、地球市民の「豊かさ」の共有であると考える。その「豊かさ」は、貨幣量ばかりでなく、「豊かな環境を享受していること」をも含めるものとして考えられる。分配される「豊かさ」の基準が転換しつつあると考える。なお、先進国企業等が資金力にまかせ、経済的未発達であるが自然豊かな地域での「リゾート開発」は、ここにいう新しい「豊かさ」の共有ではない。

7　総合科学としての税法学—税財政法学の確立

1）税財政の総合的考究

　民主主義政治では、主権者・国民は国民の福利を考えている。しかし、福祉国家では行政の肥大化が進み、官僚による政治支配も進行し、結局、一部の者による政治が行われてしまう傾向がある。この歪みは何らかの方法で解決しなければならない。

　税財政は政治の経済的裏づけである。政治の歪みは税財政にも現れる。逆に、税財政の歪みが政治の歪みにもなる。表裏一体の関係がそこにある。

　税財政を主権者・国民的管理の下に置く必要がある。フランス人権宣言14条（租税に関与する市民の権利）は、「すべての市民は、みずから、またはその代表者によって、公の租税の必要性を確認し、それを自由に承認し、その使途を追跡し、かつその数額、基礎、取立て、および期間を決定する権利をもつ」と規定し、税の徴収面のみばかりでなく、税の使途面をも、市民的コントロールに置くことを規定していた。現代税財政は、この原点を再評価する必要があると考える。税と財政支出の分断的考究ではなく、総合的考究が要請されている。税の賦課徴収の市民的コントロールのほかに、外部会計検査の強化、会計検査院の裁判機能（国民からの提訴可能とする）改善、税財政オンブズマン等への直接請求の創設（伊藤悟「フランス財務省メディアトゥールの創設」日本財政法学会編『財政の適正管理と政策実現〔財政法講座2〕』〔2005年、勁草書房〕79-97頁）、税財政関係の争訟の原告適格緩和などが、現時点で指摘できる。

2）税法学から税財政法学へ

　繰り返しになるが、税の使途をも含めた税法研究が納税者の人権のためには有用であり、かつ必要である。これは、北野弘久先生が、1983（昭和58）年の財政法学会の設立に際して、またそれ以前から、指摘されていることでもある（日本財政法学会・財政法叢書① 160-177頁北野論稿）。税の徴収および使途に関して、広範囲にわたる市民によるコントロールを保障することが、税法学の目的であり、税財政法学の目的でもある。

　税法学の範囲を税の徴収面に限定すべきとの意見もありうる。しかし、市民の権利保障からすると、広く税財政に市民がアプローチできることが民主主義

であると考える。学問方法として深く詳細に考究するには、税の徴収に限定すべきであるともいえる。ただし、本書は、そのような方法論を採用しない。

【演習問題】
1　税制を活用した政策実現の功罪を論じよ。
2　国際課税への日本・国税庁の取組みを述べよ。
3　インターネットを活用した国税e-Taxによる申告・納税手続について説明せよ。
4　環境税として石油・石炭に対する課税が注目されているが、その理由を説明せよ。
5　環境時代の環境国家における税財政は、どうあるべきか論じよ。
6　ODA等の国際支援のための資金調達として、国際連帯税の採用の適否について論じよ。

第2部

税法各論

第14章

課税基礎と税制論

1 単一国家の税システム

1) 国税と地方税

基礎的国家として「単一国家」がある。そして、国家組織として中央組織と地方組織がある。日本は、単一国家の代表的国家である。

日本の税制は、課税権能の主体から、国税と地方税とに分けられる。国と地方との税財政システムについては、次の3タイプをモデルとして提示できる（伊藤悟「地方税条例主義」『税法学』563号28頁掲載、一部修正）。

Ⅰ型は、地方主権モデルであり、市民・国民（N：Nation）から地方団体（L：Local government）が税を徴収し、その一部を国（C：Central government）に配分する税財政制度である。Ⅱ型は、地方分権モデルであり、市民・国民が地方団体および国に納付する税財政制度である。Ⅲ型は、中央集権モデルであり、Ⅰ型の逆に、市民・国民から国が税を徴収し、その一部を国から地方団体に配分する税財政制度である。

日本国憲法は、地方自治を保障している（92条以下）。日本の税財政は、Ⅰ型も可能であるが、Ⅱ型である。しかし、現実の自治体税財政構造をみると、日本はⅢ型であるともいえる（たとえば、地方消費税、地方法人税の課徴）。通常、単

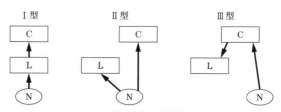

図14-1　単一国家の税財政モデル

一国家でも中央政府の課税権のほかに地方政府を設置し、地方政府の課税権を認めている。この地方課税権をどの程度認めるかは国により異なる。

中央集権のイメージがあるフランスは、地方団体に税率と課税標準の制定権限を認めている。それゆえ、フランスの租税一般法典には地方税の税率規定がない。これに対して、日本は、地方税につき、すべての租税要件等を地方税法により規制されている感がある。これは、国の法律において国税と地方税を定めることにより、国と地方との間での税源配分をなすものと考える。自治体の課税自主権を認める立場から、地方税法での税率規定は、本来的には各自治体の条例に委ねるべきである。

2) 企業税制と個人・家計税制

国家経済は、企業、家計、政府という単位（経済の三主体）により構成される（図14-2）。そして、政府が税課徴権を実行し、企業と家計から税として財（貨幣）の給付を受ける。税制として企業税制（企業課税）と個人・家計税制（個人課税）が想定される。これは税制の人的課税客体の側面からの構成となる。次節で述べる「課税基礎論」は、物的客体の側面からの税制構成となる。

企業は、法人企業と個人企業とに分けられる。後者を個人・家計税制として構成するのも可能である。しかし、両者は、個人・家計から労働提供を受け賃金を支払い、商品サービスを提供し収益をあげる企業である。税制上も、経済主体を基礎とする企業課税と個人課税との構造的区分が重要であると考える。

国家の主体、主権者は個人であるが、現実の社会経済の主体は企業である。国家経済（財政）を支えるのは企業である。企業は、独立した社会構成員として、社会的責任、企業の社会的責任（CSR：Corporate Social Responsibility）を有する。

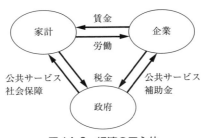

図14-2　経済の三主体

税負担も、その一部である。法人税の論議として、法人擬制説と法人実在説（実体説）の対立があるが、現実の企業は、独立した納税者であるといえる。法人企業は、会社法や経済刑法の分野では独立した人格として社会的地位を有し責任を負うのに対して、税法のみが異なる法的構成を講じていることは、国法体系から疑問視されるべきである。法人企業も、国内経済の主体である以上、独立主体として税負担を負うべきである。法人企業所得に対する累進税率の適用は、個人・家計課税との公平を考慮し、認められるべきである。

　法人企業課税と個人企業課税は、「事業体」課税として同一の税システム（同一の課税標準計算構造と税率構造）の下に設計されるべきである。特に、所得課税においては、企業会計をベースとして共通の課税がなされるべきである。それにより、「法人成り」による税負担に不公平が生じることを回避すべきである（人格なき社団等の課税、法人課税信託、オーナー役員の報酬への課税問題、連結納税、グループ法人税制、NPO税制、パス・スルー課税としての有限責任会社LLC〔Limited Liability Company〕と有限責任事業組合LLP〔Limited Liability Partnership〕の課税など組合課税の問題が指摘される）。なお、所得課税分野ばかりでなく、消費課税が間接税システムにより構成される場合、この事業体課税問題は、所得課税以上に複雑な問題を提起する（パス・スルー課税の場合の消費税の課税事業者判定などの問題）。

3）直接税と間接税

　直接税と間接税の区分基準は、租税転嫁の有無にある。すなわち、税法学でも、税法律または税条例において納税義務者とされる主体と税負担の主体とが一致する税を直接税といい、納税義務者と税負担者とが異なる、つまり納税義務者の税負担を第三者（通常、納税義務者の製造・販売する商品の購入者である消費者）に転嫁される税を間接税と呼んでいる。元来、これは、税負担の経済的側面での税分類であり、財政学租税論上の分類である。

　租税転嫁は、現実には、直接税である法人税や所得税であっても、法人企業や個人企業がその税負担を商品等価格に上乗せすれば、実行されることとなる。その意味では、税法令の立法において、直接税・間接税の区分、直間比率は無意味である。そうであれば、租税転嫁を税法立法において明文化すべきであるのか。現実の税実定法において租税転嫁を規定すること（改革法11条、転嫁特措法）は、その実効性に疑問もある。

法人企業の法人税額は、法人税法では損金不算入（同法38条）とされる。これは、法人企業が租税公課などの勘定科目で法人所得に対する法人税額を費用処理している場合に限り、法人企業の当期損益に対して加算措置を講ずるものである。したがって、これは、租税転嫁を禁止したものではない。直接税とされる固定資産税は法人税法では租税公課として損金となる。いかなる場合でも、企業は、商品販売価格の決定に際して、直接税である法人税等を商品価格に含めて商品購入者に転嫁することができる。

　企業の税負担が直接税であろうと間接税であろうと、転嫁される現実は、すべての税負担を家計に課すことになるともいえる。日本国憲法30条の「国民」には、法人企業は含まれないのか。否、これは、主権者である国民が市民代表として納税義務のあることを明記したものであり、国民のみが納税義務を負うことを規定したものではない。日本では、税法令に基づき納税義務が成立したもの（個人、法人）は、納税しなければならないのである（憲法84条）。

　経済主体として家計と企業の税負担バランスが税法立法において応能負担原則に基づき実現されるべきである。企業も社会的責任を負う法的主体であり、企業の税負担も基本的にはこれに基づき考察されなければならない。

2　課税基礎論―所得課税、消費課税、資産課税

1）課税基礎論と税制の基軸税目

　経済学での Y（国民所得）$= C$（消費）$+ I$（投資・資産形成）$+ G$（政府支出＝租税負担）という算式は、所得課税、消費課税、資産課税という課税基礎論を提示する。所得とその所得処分に対して課税がなされる税体系が構想される。

　近代の財政制度（年度主義財政）からみる毎年の税収は、毎年の国民経済活動の成果に基づくものとされる。その基本は国民所得である。しかし、税負担公平などの観点から、国民の消費にも、また消費されずに蓄積した資産にも税負担が求められる。今日の税制は、市民の所得のみ、消費のみ、あるいは資産のみを課税基礎とする単一税制度ではなく、これらをミックスした複税制度として構築されている（これをタックスミックスと呼ぶ）。単一税論は、ユートピアであり、市民の税負担に不公平をもたらすものと考えられている。税制改革法も、「所得、消費、資産等に対する課税を適切に組み合わせることにより均衡がと

れた税体系を構築する」(同2条)、「税体系全体として税負担の公平に資するため、所得課税を軽減し、消費に広く薄く負担を求め、資産に対する負担を適正化する」(同4条)、と規定し、所得課税、消費課税、資産課税が税体系を構成するものとしている。

　税が歴史的産物であることはすでに指摘した。国家の社会経済的基盤が土地にあるとき、たとえば封建制度の時代では、税の対象は土地生産物である農産物が中心となる。貨幣経済、資本主義経済の発展は、税も貨幣によるものとし、土地生産物以外にも多様な税負担を市民に課してきた。その結果として、所得税中心の税制が構築された。しかし、経済が国内に留まらずグローバル展開すると、所得税中心の税制では、高額所得者が高負担国から低負担国へと逃避移動(本店移転、国籍または住所移転)などの租税回避行動(課税亡命、年金生活者の軽課税国での老後生活など)が起こり、各国は納税者の奪い合いをし(税競争〔Tax competition〕)、所得税の負担を低くし(足の遅い勤労性所得に重課、足の速い金融所得に軽課する二元的所得税制もその一つ。また所得源泉地がどこにあるのかも国際的問題となる)、その代わりに消費税の負担増を図る税制構築を実施してきている(消費税は消費地課税主義)。

　しかしながら、税が市民の財政負担に対する同意・承諾の産物であることは、時代、社会経済の変化があろうと、不変の真理であるといえる。財政の肥大化による高福祉・高負担は回避できないことであり、その税負担を所得税と消費税のバランスで行うか、所得税のみで行うかは、その市民の意思である。

　近代民主主義国家以降、国家が有産国家(封建君主国家)から無産国家(資本主義経済基盤にたつ共和制国家)となり、国家財政を市民が負担する構造が構築・認識され、租税国家が形成され、市民の税負担は毎年のこととなった。税制の基軸は、資産課税(年貢、地租)や個別消費課税(関税、酒税等)では戦費膨張と福祉国家の財政需要を満たせず、所得税や総合消費税を採用した大衆課税制度になった。毎年の税源は、市民の毎年所得が基本となる。市民の所得税以外の税負担も、基本的には、市民の所得から支出される(消費税は所得の処分である消費に、資産税はその蓄積に対しての課税)。経済学での Y(国民所得)$= C$(消費)$+ I$(投資・資産形成)$+ G$(政府支出＝租税負担)という算式は、市民が毎年の所得により生活し、その残余を投資・貯蓄・資産形成するということを基本的に示すもの

であり、そこでの税負担は所得から消費（生活費）を引いたものを超えるものであってはならないことも示している。この算式から毎年度の税収は所得課税を中心にすべきものと考えられる。しかし、先に述べたようにグローバル社会経済では、所得税の高負担を市民・法人企業に求めると、その者の税痛感は高まり、高額納税者・法人企業を中心に軽課税国への逃避など高い税負担を回避する行動（課税亡命、グローバル租税回避行為）が起きる懸念もあり、毎年の消費（所得の処分）に対しても所得課税とのバランスをとりながらの税負担を市民に求めることとなる。ただし、日本の消費税制は多くの問題を有していると指摘される。

　毎年の税収は、市民の毎年の所得を中心とする所得課税により担保されるべきであり、そして、所得の支出消費と留保としての資産形成とに対する補完的課税から負担される。これが現代税制の基軸となる。この考えから、税制は、所得税中心税制をとり、補完税制として消費税制と資産税制がある。所得課税収入で財政十分であれば、消費課税と資産課税は不要または軽課税されるべきである。特に、資産課税は、消費課税をも補完するものであり、また資産が市民の生活基盤（家計資産は生存のための資産、企業資産は生業のための資産）であることから、所得課税および消費課税が十分になされてきた今日では基本的には不要である。しかし、資産課税は、富の再配分機能を担保するものとして、また所得課税や消費課税を免れた資産蓄積に対する公平課税として、行政サービスとの便益性を示すものとして、一般にその存立が支持される。しかしながら、毎年の税収の基盤、税源は、市民の毎年の所得にある。この事実は税制を構築するに際して十分に認識されなければならない。特に、資産課税は過去の所得蓄積に対する課税であり、これに課税する実質的財産税（市民の所有財産減少を目的とする税、日本ではかつての富裕税が該当する）は許されない。資産課税も、その課税対象や課税標準に資産価値評価額等を基礎としても、当該年度の市民所得の範囲内で負担する形式的財産税（納税者の収益を前提とする収益的財産税）のみが基本となる。

　所得課税、消費課税、資産課税という課税基礎による税体系は、毎年度の財政に応じた毎年度の市民所得によりまかなわれるべきと考えると、所得課税を中心に構築されるべきである。

ここで、国税と地方税という体系との観点を、この課税基礎論からの体系といかに関連づけるかが問われる。日本は、市町村、都道府県、国という段階的国家構成を採用している。また、日本国憲法が地方自治を保障していることから、国中心の税体系（市民所得からの税負担の大部分を国がとる）は許されず、自治体に傾斜した税体系が望まれる。しかし、自治体間の市民所得の格差から、自治体間格差が発生し、最低限度の市民生活を支える自治体財政需要を確保するために自治体間の衡平交付金などを国から交付する必要性も想定でき、国と自治体とのバランスのとれた税源配分は難しい。一つの方法として、国は所得課税、都道府県は消費課税、市町村は資産課税、という税システムで運営し、格差是正を交付金、補助金で行うということを提案する。

2）流通税等への疑問

　税の分類として、所得税、消費税、資産税、流通税というものがある。先の課税基礎論のところでは、流通課税というものを提示しなかった。課税基礎論からは流通課税は創出されない。

　流通税、流通課税は、印紙税に代表される税制として、権利の取得・移転をはじめ取引に関する各種の事実的ないし法律的行為を対象として課される税である（金子・租税法 16 頁、705-721 頁）。日本の税制では、印紙税のほかに、登録免許税、不動産取得税がある（有価証券取引税は廃止された）。

　流通税の課税根拠は、非常に不明確である。登録免許税は、日清戦争後の増税策の一環で「納税者の負担極めて軽くその徴収費も僅少にして好個の財源である」税として 1896（明治 29）年に創設された登録税を前身とし、1949（昭和 24）年のシャウプ勧告により廃止勧告がなされたが存続している税であるが、不動産登記などにかかる事務手数料としての性格が強いものであり、税として認識する必要はないものと考える（伊藤悟「廃止勧告から存続した税・登録税」『税制研究』No. 54 参照）。

　税制改革法は簡素な税制を目指すとしたが、日本は、流通税とされる税目の整理に着手しなかった。税収もわずかなものである流通税は税として存続させる理由もなく、登録免許税は行政事務手数料として課徴すればよいものであり、印紙税も無駄な市民的負担である（なお、印紙徴収は納税方法として存続しうる）。

　これらの税目のほかに、特に地方税には課税基礎論からみて、どの税分類に

属するのか不明確なものが多くある。とりわけ地方目的税は、手数料等として課徴してもよいものが多いといえる。税と税以外の公的課徴金の区分を明確にし、簡易・簡素な税制とすべきである。市民の同意、市民が納得できる透明性のある税制、またその課税根拠が明白である税体系が望まれる。

3）各課税基礎に対する税制のあり方

税の課徴は、毎年の行政活動経費をまかなうためには、毎年実行される。それゆえ、基本的には、市民の毎年の所得課税を柱とするか、所得の処分である消費課税を所得課税の補完税とする税制が構築される。資産課税は、これらの補完税となる。私見としては、総合累進課税の所得課税を税制の柱とすべきと考える。なぜなら、所得課税は市民に可視的で税痛感があるが、消費課税は購入商品などの価格に含められるなど市民に可視的ではなく無痛税ともなる。フランスでは、ルイ14世に仕えた財政家のコルベール（Jean-Baptiste Colbert）が「税を徴収する技術は、大きな鳴き声を出させないでガチョウの羽をむしるがごときである（l'art de lever l'impôt consiste à plumer les oies sans trop les faire crier）」と言ったとして有名である。税課徴の可視化と税痛感が民主的税制には重要である。間接税である消費課税の増税、所得税の源泉徴収税方式は、これに反する税制である。

4）無所得・赤字と税負担

所得なければ所得税なしは、当然と考えられている。現在の所得課税では、赤字の人に所得課税は行われない。また、繰越欠損金制度も設定されている。これらの者も生活している限り、何らかの収入を得ていると考えられる。消費があれば収入・所得があるともいえる。ただし、これらの者は、課税所得算定過程において、無所得または赤字・欠損となり、所得課税から排除される。

消費課税においても、わずかな収入を生活費として支出している人に消費課税をすることが適正であるとすることには疑問があり、これは、不公平な税制であるといえる。また、公的生活扶助を受けて生活している人も、その給付金で消費生活をする際に、消費課税がある。現在の消費税は、間接税であるので、所得課税なしの人にも課税される。これを直接税方式での課税に変更することも考えられる（一定の年間消費額以下のものについて消費税の還付、例：カナダ）。それにより、一定消費額以下の人を消費課税から排除しうる。しかし、その実施は

困難性を伴うと考える。より実務的には、年金手帳等を消費税の課税事業者に提示することで、これらの市民の消費税額の負担を輸出取引と同様に税免除する方法があるといえる。

　資産家であるが所得がない人も、生活費等の消費支出があれば所得があるといえる。資産課税が問題となる。税源が資産となり、このような人に対する資産税は実質的財産税（富裕税。富の再配分を目的とする資産家の資産減少をねらう税）となる。日本の固定資産税は、形式的財産税とされ、所有者の収入・収益（所得）を前提として課税される収益税的要素をもっている。これは、所得課税の補完税として資産課税を想定している。

　毎年度の税負担は、毎年度の市民の所得を基礎として構築されている。自給自足的な生活者は、その者の生活費に支出される相当額をその者の所得として考えうるが、所得課税の対象とするほどの金額に至らない場合が多いことから、課税対象とならない。また、所得の把握をすることが、困難であることもあり、無益な課税排除（徴税コスト以下の税収となる課税排除）という税法行政の考えもあり、実態として課税されない。所得なければ所得課税なしは当然としても、所得の把握のあり方（所得概念）、所得のない者も補完税としての消費課税、資産課税を受けることは理解しなければならないところもあるが、それが公平・公正であるかという課題は残っている。

5）課税最低限

　憲法の生存権保障との関係で、税法における課税最低限の議論がある。特に、個人の所得税課税では、この議論が重要視されている。先の標準生計費などから一定の最低生活費が計算できるものと考えるが、税制において課税最低限と最低生活費とが必ずしも一致させなければならないものではないと考える。

　所得課税における所得控除や税額控除は、この課税最低限を実現するものとされる。しかし、基礎控除額38万円で1年生活できるかは疑問であり、また給与所得者の課税最低限に給与所得控除額を含めて算出することにも疑問がある。課税最低限金額の算出は、今後とも税制の課題である。

6）課税シールド

　かつて、フランス租税一般法典1条は、「一納税義務者が支払う直接税は、その者の所得の50％を超えてはならない（Les impôts directs payés par un contribuable ne peuvent être supérieurs à 50% de ses revenus)」と規定していた (2013〔平成25〕年に廃止)。これは「課税シールド (tax shield, bouclier fiscal, Steuerschild)」(投資分野での「タックスシールド」とは区別される) と呼ばれるものである。課税亡命 (Exil fiscal) への妥協策とも、増税に対する救済とも考えられる。ヨーロッパでは、デンマーク、フィンランド、スイスにおいて課税シールド措置がある。

　かつて、日本も高い所得税率の構造であったときに「賦課制限」があった。これは、限界税率が所得税最高税率75％と地方税のそれ18％を合わせると93％にも及ぶことから、賦課制限として80％とするものであった (昭和49年所得税)。これも課税シールドの一種である。

　所得税の税率構造は、高い税率構造であったが、消費税の税率上昇に伴い、低くなった。しかし、再び所得税率の上昇が企てられている。これは、財政難を理由とするものと理解する。このような状況において、課税シールドの考えは興味あるものである。

3　各課税分野における国際課税

1）国内課税と国際課税

　税法は、主権国家内の税制の基礎である。しかし、国際社会経済の進展は、いわゆる「ヒト、モノ、カネ、情報」に関する国際取引を増大させ複雑にし、これに対する課税制度も進化してきた。今日の税法研究は、国内の実定税法を基礎的対象とするが、租税条約などの国際課税領域の問題をも考究しなければならない。国際課税問題は、各主権国家での課税として属地主義と属人主義との選択から発生する。具体的には、所得源泉地課税か所得者課税か、消費地課税か消費者課税か、資産所在地課税か資産所有者課税か、が錯綜することにより、国際課税問題は発生する。

　国際課税の研究は、外国税制の研究ではなく、また外国税制と国内税制との比較法的研究でもない、基本的には国内税法に基づく課税制度の国際的事象を対象とするものといえる。その意味で、国際課税は、国内税法研究の一部である。それゆえ、所得課税、消費課税、資産課税の各税基礎に基づく課税制度は、それぞれ国際課税を有する。また、租税回避行為に関する国際化の問題への対応がある。そして、最近では、グローバル福祉を考慮する「国際連帯税」

構想が注目されている。

国際課税も国内課税も、基本的には国内税法の規定するところに従うが、国際課税は二国間租税条約などの国際法的要素が関係する。

2）所得課税の国際課税

所得課税である所得税および法人税は、基本的には、主権国家内に国籍を有する個人、本店を設立している法人を納税義務者とする。しかし、「ヒト」の国際的移動、また「カネ」（資本投資など）の国際的移動に伴う所得課税問題が発生している（「モノ」の国際的移動は貿易であり関税の問題とする。ただし、知的財産権など情報の国際的移動取引については所得課税問題がある。また国境越えのWeb取引、特に情報等のダウンロードに対する消費課税の問題もある）。

国際課税問題の一つの解決として、国内所得課税において外国人（外国法人を含む）非課税とする措置がある。しかし、外国人の国内経済活動が自由である場合、内国人（国民、内国法人）と外国人との課税面での不公平が生じ、これは、内国人の不満となる。したがって、外国人非課税とする国内税法は稀であり、外国人への国内所得課税が実施される。国内所得課税法は、国籍主義または居住者主義、本店所在地主義または設立準拠法主義を採用しながらも、所得源泉地課税として外国人の国内源泉所得への課税をする（租税条約により課税除外もある）。

また逆に、内国人に対する外国所得課税がなされることも想定される。この場合、国際的二重課税が発生し、これは排除されるべきとされてきた。日本の所得課税法は、外国税額控除を規定している（所税法95条、法税法69条）。国際的にも、OECDモデル租税条約などが提示され、国際的二重課税排除が提唱されている。国際的二重課税の排除を目的とする租税条約は、関係国間の健全な国際取引を促進するためにある。所得税の国際課税は、居住者、内国法人でないものが国内に支店や工場などの恒久施設（PE：Permanent Establishment）を有する場合に、「PE帰属所得」に国内課税をすることを認めている。なお、日本の法人税法は、外国法人への課税について、総合主義を採用してきたが、帰属主義へと傾注する改正がなされた。

所得課税における国際課税は、国際的二重課税の排除が基本とされてきた。これは、国際的二重課税による国際取引への経済的障害を排除するためである。

しかし、多国籍企業の出現、企業の国際取引の複雑化などもあり、タックス・ヘイブン、移転価格税制、過少資本税制などが問題となり、さらに国際金融取引の拡大とともに「有害な租税競争」も激化し、外国為替決済をめぐる取引への課税問題、IT時代の「情報」取引である知的財産権取引への課税問題、国際的租税回避、課税亡命、トリティーショッピングなどもあり、国内所得課税とは異なる事象が国際課税問題としてある。さらに、これらに対応する所得税制として、二元的所得税制も提言されている。

この分野の国際課税については、OECD（経済協力開発機構）の租税委員会（CFA：Committee on Fiscal Affairs）を中心に、OECDモデル租税条約（正式には「所得と財産に対するモデル租税条約」〔Model Tax Convention on Income and on Capital〕、1963年草案、1977年承認、1992年以後数度改訂、最新2010年、条約コンメンタリーも重要）、OECD移転価格ガイドライン（1992年）、有害税制フォーラム（有害な租税競争への対応、1998年に最初の報告書）等が整備されている。

OECDモデル租税条約は、加盟国である先進国のためのモデル租税条約である。そのため、途上国等への配慮した「国際連合モデル租税条約」（1928年に国際連盟モデル租税条約が成立し、その後、1974年に「先進国と発展途上国間の租税条約におけるガイドライン」、1980年に「先進国と発展途上国間の国連モデル租税条約」とそのコメンタリーを発表）がある。

3）消費課税の国際課税

消費課税原則として「消費地課税原則」がある。それゆえ、当該国内で消費した財貨やサービスに対する消費税は、内国人であれ外国人であれ、国内課税される。消費課税における国際課税は、国境取引である「モノ」の輸出入、すなわち貿易に対するものとなる。これは、関税の対象となる。今日、輸入関税が一般であり、輸出関税はないといえる。国内消費税は、当該「モノ」が輸出されるものである場合、輸出免税となり、課税されない。

消費課税にかかる国際課税は、税関での関税と国内消費税（消費税、酒税、たばこ税等）課税の課税事象を対象とする。

インターネットの普及により、ネット販売を通じてPCソフトや音楽等のダウンロードがなされるとき、消費税の課税問題がある。消費地課税原則を基礎とすると、ダウンロード地での消費税課税が実施されるべきであるが、販売ウ

ェブサイトが海外にある場合、消費税課徴実施上の問題がある。

　国境を越えた役務の提供に対する消費税の課税の見直しが実施され、事業者と事業者（いわゆる BtoB、B2B）、事業者と消費者（BtoC、B2C）の課税・不課税の取扱いが逆転した（税務署パンフレット「消費税法改正のお知らせ」平成27年4月）。

4）資産課税の国際課税

　資産課税は、資産の取得、保有および譲渡・処分の各段階において、その資産価値を基礎に課税するものである。基本的には、これらの各段階において、その所有主体が内国人か外国人かにより、また、その資産の所在が国内か国外かにより、異なる資産課税が想定される。所有者が内国人で資産が国内に所在する場合、この場合の資産課税は一般的国内資産課税である。国内所在資産を外国人が所有する場合、および国外所在資産を内国人が所有する場合に、国際的資産課税が問われる。国外所在資産を外国人が所有する場合、これは外国資産課税の問題である。

　代表的問題として、相続税における内国人の国外財産相続、外国人の国内財産取得問題があり、地方税である固定資産税等では外国居住者への課税問題がある。

5）租税回避行為・脱税の国際化

　税法において、国内課税であれ国際課税であれ。租税回避行為の問題は常である。これに対して、脱税は、違法行為である。国際的取引を利用しての国際的租税回避ないし脱税は、複雑な手口をとり、一国の税法行政では発見できないこともある。それゆえ、国際的協力が要請されている。

6）グローバル福祉目的の国際連帯税

　国際連帯税は、様々なものが提案されている。実行されているものとしては、フランスの航空券連帯税（Taxe de solidarité sur les billets d'avion、Solidarity Tax on aircraft tickets）が、マラリア、結核、エイズの医療品購入資金として、UNITAID（ユニットエイド、IDPF：International Drug Purchase Facility、la Facilité Internationale d'Achat de Médicaments〔国際医薬品購入ファシリティ〕への資金管理・配分を行う機関）への財源提供を実行している（伊藤悟「日本の国際連帯税導入への課題」『札幌法学』23巻2号にて紹介）。従来の ODA の資金調達が先進国の財政難に伴い困難な状況となり、新たなグローバル医療、食糧等の問題解決のため、あるいは広く国

際協力を使途とする資金調達税制として国際連帯税が注目され、国際線搭乗者に対する航空券連帯税もその一つである。

この種の国際連帯税の発端は、2000年9月に開催された国連ミレニアム・サミットで採択された「国連ミレニアム宣言」と1990年代の国際会議等での開発目標を基にまとめられた「ミレニアム開発目標（Millennium Development Goals：MDGs）」と、この達成のために、2002年にメキシコのモンテレー（Monterrey）にて開催された国連開発資金国際会議の場において、革新的資金メカニズム（Innovative Financing Mechanisms：IFM）が発表されたことにある。

【演習問題】
1 複税制を採用する場合、その課税基礎はいかにすべきか論じよ。
2 流通税という税分類があるとされる。これにつき論じよ。
3 国際課税に関するOECDの取組みにつき述べよ。

第15章

所得課税法の基礎

1 所得課税法の沿革

　日本の所得税制は、1887（明治20）年に導入された。これは年300円以上の所得者に課する富裕税であり、所得税を納めることが名誉でもあり、名誉税とも呼ばれた。その後、1899（明治32）年、第一種所得を法人所得、第二種所得を公社債利子所得、第三種所得を個人所得に分けた分類所得税制がとられ、1940（昭和15）年に法人税が分離創設され源泉徴収制度も開始され、1947（昭和22）年に申告納税制度も導入され、1950（昭和25）年のシャウプ勧告税制、1962（昭和37）年に租税特別措置法が制定され、シャウプ税制で構築された一つの理論税制が崩壊した。現行所得税法および法人税法は、1965（昭和40）年大改正後のものを基礎としている。このほか、租税特別措置法による特例措置、政策税制が展開されている。

　世界的には、1799年にイギリスが最初に所得税制を導入した。

2 所得概念

1) 所得概念に関する諸説

　所得課税は、所得に対するものである。所得とは何か。経済学での議論を受け、消費型（支出型）所得概念と取得型所得概念の対立がある。前者は、所得＝消費と把握する。$Y=C+I$ から、消費生活をしている限り収益・所得があると考えられる。何かを消費し生活する限り、何らかの所得があると考えうるが、これを課税所得とすることはない。後者は、収入等を基礎とする経済的価値の取得を所得と把握するもので、各国の税制にて一般的に採用されている。

　取得型所得概念としては、制限的所得概念と包括的所得概念とが論じられる。前者は、所得源泉説あるいは反覆的利得説と呼ばれ、地代、利子、給与等の反

覆継続的利得を所得とし、一時・偶発的利得を所得とはしない。後者は、人の担税力を増加させる経済的利得をすべて所得とし、純資産増加説とも呼ばれ、現行の日本所得税もこれを採用しているといわれている。

日本の所得税において、包括的所得概念を表現するものとして、譲渡所得、一時所得、雑所得がある。担税力を考えると、いわゆる「違法所得」(窃盗、強盗などの犯罪による財取得)や「棚からぼた餅」的な所得も課税の対象となる。

このような所得概念とは別に、所得の性質による所得分類基準がある。それが、①勤労性所得、②資産性所得、③勤労・資産協働所得による所得の区分である。日本の所得税における所得分類に照らせば、給与所得が勤労性所得であり、不動産所得が資産性所得であり、事業所得が勤労・資産協働所得であるといえる。法人所得は所得分類をせずに課税されるが、個人所得は、その性質に応じた所得分類と所得金額(課税標準)の計算がなされる。これは、個人所得課税では、量的担税力のみならず質的担税力をも考慮していることからである(北野・原論168頁)。

2）課税標準としての所得金額

包括的所得概念論の実現には、キャピタル・ゲイン課税、帰属所得課税、未実現利得課税の問題がある。現実の所得税は、これらにつき立法的判断を下し、構築されている。

したがって、実定所得税法は、所得概念論の理論の具体的実践ではなく、立法作用のスクリーニングを経て、課税標準である所得金額の具体的算定方法を定めている。理論的に包括所得概念が正しい所得認識であるとすれば、各国の所得税は同一の所得分類と課税標準計算規定をもつこととなる。しかし、現実には各国の所得税は類似するが異なる構造となっている。この点から、所得の分類に原則はないともいえる。ただし、資産所得、勤労所得および勤労・資産協働所得という所得分類は、ある程度の理論性があるともみられる。

3）現金収入、企業会計損益と課税所得金額

実定所得税法における課税標準である所得金額は、現実的に捕捉評価が可能な収入や利得を基礎として計算される。その基礎資料は、現金収入や企業会計損益となる。そして、所得金額や収入・損益は、個々の取引に係る契約書等の基礎資料やそれを記録・保管された帳簿に基づき計算される。

企業会計損益は、現金収支差額とは異なる。現金主義会計では現金収支差額が損益の金額であるが、一般に公正妥当な会計処理に基づく損益の金額は、現金収支に基づくものではなく、費用収益対応原則に基づく期間損益計算がなされ、収益につき実現主義（販売基準、引渡基準にて収益認識する）、費用・損失につき発生主義（費用は収益との対応関係、期間帰属判定に基づき認識し、損失は発生により認識する）により処理計算される。資産の減価償却、掛け取引などにおいて、現金収入と企業会計損益とにおいて差が出る。このため、利益があり所得税額も算出されたが、納税資金がないという状況が問題となる。これの解決として、キャッシュ・フローを基礎に所得課税を行うことも想定される。

　企業の所得金額は、原則として、企業会計処理に基づき計算されるべきである。日本の法人税は、法人所得を概ね企業会計損益を前提として所得金額計算がなされ（法税法22条④）、確定決算主義を採用している（法税法74条）。しかし、個人所得税は、事業所得につき、企業会計原理に基づく企業会計損益を全く斟酌しない独自の所得計算構造となっている。課税所得金額の計算は、企業会計損益と異なる課税上の目的（公平課税など）に基づき、「別段の定め」という税法規定により、グローバル・ルールともいえる企業会計原則や会計基準、会計処理方法と異なるローカル・ルールとしての税法規定処理に基づきなされる。課税所得計算は、企業会計損益と無関係でもなしうる。すなわち、課税所得金額は、企業損益とは別に、会計帳簿記録を基礎とし、課税基礎となる要素金額を課税標準に取り込み、計算することも可能である（確定決算主義を採用するのは計算便宜でしかない）。

　日本の義務教育において企業会計の基礎が学習されていないことから、企業会計損益計算を理解していない市民に企業会計処理を前提とした企業課税法を理解せよとすることには、若干の問題があるといえる。なお、商法19条および会社法431条は、企業会計が一般に公正妥当と認められる企業会計の慣行に従うものとする。法人税法は企業会計との関連を規定するが、所得税法にはこれがないことから、売上原価などの会計用語につき定義規定を設けるべきと考える。会計用語は、法令用語ではないことから、借用概念にならない。また、会計用語を一般国語として理解することも難しい場合がある。

4) 無償の資産譲渡

　現金収入が伴わない行為に対して所得課税がなされることがある。日本の譲渡所得では、交換（所税法58条にて「譲渡がなかったものとみなす」とされる）、贈与（所税法59条にて法人へのものに限定）なども課税の対象となっている。また、給与所得者に対する経済的利益の供与（豪華な飲食供与、スーツなどを制服支給）もフリンジベネフィット（fringe benefit 給与外給付、追加給付）として所得課税がなされることもある（通達での非課税取扱が多い）。法人税法22条は、無償の資産譲渡と役務の提供を益金としている。

　法人税法22条は、「資産の販売、有償又は無償による資産の譲渡又は役務の提供、無償による資産の譲受け」を益金とする。この規定から、①無償による資産の譲渡または役務の提供が益金になること、および②無償による役務の享受が益金にならないこと、と理解される。他方、所得税法33条は、「譲渡所得とは、資産の譲渡」による所得とし、「有償又は無償による」という修飾語を資産譲渡につけていない。しかし、判例は、「譲渡所得の発生には、必ずしも当該譲渡が有償であることを要せず」（最三小判昭47.12.26 判例ID：21041120）とし、ここでの譲渡も法人税法と同様「有償又は無償による資産の譲渡」と解している（北野・講義161-163頁参照）。これらは、一般の市民に理解できるであろうか。

　日本の所得課税法は、取得型所得概念を前提としていることから、何らかの経済的価値の取得があることを課税基礎としている。無償の資産譲渡がある場合において、経済的価値の取得があれば、貨幣的収入の有無にかかわらず、当該譲渡は所得課税の対象となる。日本の現行所得課税法では、法人間、法人・個人間および個人間の無償による資産譲渡に対する課税措置は、無償譲渡の内容により異なる複雑な課税関係があることから、一律ではない。法人税法22条が「無償による資産の譲渡又は役務の提供」を益金とすることは、法人には相続税や贈与税がないことから、無償譲渡時に当該資産を時価評価し精算するという意義をもたせている。しかし、個人間には贈与税が課税されることから、所得税法33条の解釈に無償譲渡を含める解釈は正当であるか疑問である。また、所得税法59条により、「その時における価額に相当する金額により、これらの資産の譲渡があつたものとみなす」とし、個人の法人への贈与等（無償）の資産譲渡が時価による課税対象とされている。無償の資産譲渡への課税関係は複

雑であり、簡素化を再考されるべきである。

　税務大学校の法人税法の講義本において、無償譲渡と低額譲渡につき解説がある。それによると「全ての資産は、時価によって取引されたものとみなして課税所得を計算するのが原則的な取扱い」とし、無償譲渡の事例につき、次のような仕訳が税務上行われると記されている（税大講本『法人税法』31頁）。しかし、この仕訳は、簿記的には、勘定科目「寄付金」が費用勘定科目であるとすれば、また「土地譲渡収益」が収益勘定であるとすれば、簿記仕訳の原理から費用と収益が同時成立する簿記上の取引はないことから、完全に誤りである。また、法人税法には、無償譲渡につき所得税法59条のような「みなし規定」がない。したがって、無償譲渡につき税大講本の「みなして課税所得を計算する」ということを原則とはできず、本来なら「別段の定め」として、所得税法59条のような「みなし規定」を定めるべきである。法人税法22条は、みなし規定ではない。

参考：税大講本『法人税法』より（一部省略、変更）
【設例】資産の無償譲渡等による収益の額
　A法人が所有している土地（帳簿価額500万円、時価5000万円）を、無償でB法人に譲渡した場合、税務上の仕訳はどのようになるか。なお、A法人とB法人との間に完全支配関係はない。
【答】税務上の仕訳
A法人　　（土地譲渡原価）　　500万円　　（土地）　　　　　　500万円
　　　　　（寄付金）　　　　5000万円　　（土地譲渡収益）　5000万円
B法人　　（土地）　　　　　5000万円　　（土地受贈益）　　5000万円

　また、無償資産譲渡のときの当該資産の時価を、誰が、どのような金額として評価するかは不明である。結果として、税法行政の恣意的時価評価がなされるとすれば、法的安定性・法予測可能性を害することとなり、税法定原則に反する。

　実務的に無償の資産譲渡または役務の提供があったとき、資産譲渡にかかる企業仕訳は当該資産の簿価（取得価額、減価償却資産の場合、減価償却費累計額を控除した額）、役務提供については簿外処理となるものと解する。そうであれば、法人税の確定決算主義に基づく所得金額計算構造では、無償の資産譲渡または役務提供の時価を評価し、それとの差額を申告調整事項としなければ、法人税法

22条が要請する所得金額の計算ができない。申告調整事項は、別段の定めであることが通常である。無償の資産譲渡または役務提供に関する益金処理は、別段の定めとすべきである。

なお、上記の税務仕訳において、時価が下落した（簿価5000万円が時価500万円に）とき、譲渡側において、寄付金額と譲渡損の金額はいくらになるのか、また受贈側の企業会計上の受贈益（帳簿価額の引き継ぎによるもの）を時価まで減額する税務処理が認められるのか疑問が残る。

無償資産譲渡の場合、譲渡側において時価による譲渡収入があるものとする税法規定は、企業会計を前提とする所得計算一般規定ではなく、特段の定めとしての税法ローカル・ルールにてなされるべきものである。企業会計は、基本的には、貨幣収支を前提とする損益計算である。また、「一方の収益は他方の費用」（売手の売上は買手の仕入）という経理原理からも、税法が資産の無償譲渡側と受贈側の両者に課税所得を認定するには特別規定によるべきである。税法が企業会計と異なる課税規定を制定することは、ローカル・ルールとしては認められる。しかし、所得計算の一般規定において定めることは税法定原則から疑問である（法税法22条は再検討すべきである）。

市民生活において無償の資産譲渡や役務提供は、日常的でもある。たとえば、広告宣伝としての試供品や試食品の頒布など、家電購入の際の無料搬入や設置サービス、購入代金の分割払いに係る利息の無償化などがある。税法が時価処理を原則であるとすれば（これを法税法22条解釈として認めるべきかも疑問）、これらの税法処理はいかなるものとすべきかは議論となろう。

3　課税単位

1）個人所得税と法人所得税

所得課税には、個人所得税と法人所得税との2税がある。所得課税は、個人所得税が社会的歴史的に先行構築された。法人税の創設は、社会経済の主役が法人企業となり、その社会経済の発展に対応したものである。また一面、個人（出資者）が法人を活用して租税回避することの防止と課税公平の確保からなされたとも考えられる。個人所得税と法人所得税による所得税制は、個人（出資者）と法人との間の税負担調整措置、特に二重課税排除の課題をもっている。

これを排除する各種システムが講じられている。

　法人企業は、資本を基に、経営をなし、利益をあげることを目的とする。資本提供者の出資は、その持分に応じて法人企業を分掌するとも考えられ、法人企業利益に対する法人税課税がなされると、結果として出資者が受け取る配当金は法人税課税済後の利益分配とされ、この配当金に対して再び所得課税をすることは二重課税となると考えられてきた。それゆえ、日本では、法人の受取配当益金不算入（法税法23条）と個人の配当控除額（所税法92条）を採用している。このほかの方法として、インスティチューション・システム（institution system）と呼ばれる別の方法がある。これは、個人の受取配当金額に法人税額分を加算した金額に所得税を課し、加算法人税額を控除することで、法人・資本家間の二重課税を排除する。さらに、最近のものとして、キャッシュ・フロー法人税構想もある。

　しかしながら、法人も企業として経済主体の一つを担っていることから、所得課税法も、法人を独立した人課税客体として認識し、法人と個人株主との間の所得課税法上の調整を廃止してもよいのではないか。

　法人所得課税は、法人企業の企業会計における財務諸表上の当期利益を前提に、税務調整として加算減算がなされ、課税当期所得が算出される。この過程で、日本税制は、「受取配当額」を益金不算入とし、「支払配当額」を損金不算入（法税法22条③⑤。資本等取引とされる。企業会計でも支払配当額は費用・損失ではない）とする。法人企業の課税所得は、収入額等である収益（資本取引である資本受託額を除く）から、売上原価、販売費および一般管理費（給与や諸経費）、営業外費用・損失を控除し、さらに支払配当額も個人所得税での所得控除システムと同様に控除した残額とする。すなわち、売上収益から売上原価や諸経費を控除した金額は、従業員給与と株主配当金（これらは受取側での所得課税）とに分配されると考え、その残額が政府取分（税）であり、次年度への法人企業運営資金の増額分となる。企業会計では、支出が費用の基礎であり、収入が収益の基礎である。企業税務でも同じであるべきである。

2）個人の家族扶養負担

　個人所得課税は、所得を得た個人に課税するのが基本である。しかし、独身者と扶養家族のいる者では、その生計費支出が異なり、同一所得に同一所得税

を課すことは公平であるが、この場合には、不公平となる。能力に応じた所得税負担を講じるには、扶養支出を税負担能力の減殺要素と考え所得から控除することが要請される。また、一方で、扶養支出が高額である場合、受ける扶養親族側での所得課税もありうるが、それが扶養親族の教育費、生活費として必要な範囲のものである限りは所得課税すべきではない。当然、単なる贈与である場合には、贈与税を課税すべきと考える。

このような扶養控除制度ではなく、課税単位を世帯家族とし世帯所得を合算し課税公平を講じるものと、所得者の中心である夫婦の所得を合算する課税制度もある。

個人所得課税は、課税単位として個人はもちろん、世帯単位、夫婦単位において実行されている。これら課税単位の選択は立法裁量であるともいえる。しかし、そこには、いかに家族生計費を所得課税において維持するかという共通の志向がある。独身家計と夫婦家計、または家族家計との間に、課税世帯構成に関係なく同一所得・同一税負担原則を維持することはできるのか。このための課税単位選択がそれぞれある。

3）課税単位の類型

個人所得課税に関する課税単位は、世界各国で種々のものが考案されている（財務省ウェブサイト内税制＞わが国の税制の概要＞所得税など〔個人所得課税〕＞課税単位の類型、参照）。それによると、課税単位の類型は、大きく①個人単位と②夫婦単位または世帯単位とに分けられる。前者は、稼得者個人を課税単位とし、稼得者ごとに税率表を適用するもので、日本、イギリスにて実施されているものである。後者は、合算分割課税と合算非分割課税に2区分され、合算非分割課税をしている国はなく、現在、アメリカの夫婦を課税単位とする均等分割法（2分2乗方式。アメリカは個人課税との選択、ドイツも同様）と、フランスの家族を課税単位とする不均等分割法（N分N乗方式。フランスは家族除数を用いる）がある。

個人所得課税である限り、個人を単位として課税すべきである。日本国憲法13条も「すべて国民は、個人として尊重される」と規定している。しかし、現実の所得税法は、世界的にも、納税義務者の家族構成を考慮し、所得税を課している。その考慮にも差がある。

国家経済の主体としての「家計」の税負担を考慮するという思考では、フラ

ンスの世帯課税が最良のものともいえる。しかし、これは複雑すぎる。私論税制のように、基本的には純粋に個人単位で所得課税を構築し、課税最低限以下の所得者は、課税に代わり社会保障給付を受給する。生まれたばかりの子は、親の扶助を受けなければ生活できないのは当然である。また、その生活費は、子自ら稼得することも無理である。私論は、その生活費を親が支出するのではなく、政府が社会保障として支出すべきと考えている。

4 所得課税法原則

1）概 論

所得課税は、日本の税制では、所得税法による個人所得税、法人税法による法人所得税、地方税のうち住民税などが対象税目となる。

所得課税法原則は、税法原理 (税法定原理)、税法基本原則 (税法立法基本原則と税法執行基本原則) を受けて、展開されなければならない。これは、特に税法立法基本原則である租税要件等法定原則を受けて、所得課税に関する特有の諸条件を考慮して、展開すべきと考えている。所得課税原則として、①「所得源泉地課税」の原則、②「同一所得・同一課税」の原則、③「総合累進課税」の原則、④「簿記会計原理等の尊重」の原則、⑤「課税単位間公平」の原則、⑥「最低生活費非課税」の原則、⑦「実績課税」(実額課税) の原則を提示する。

2）「所得源泉地課税」の原則

所得課税の課税団体は、基本的には、所得が実現される地を所轄する団体であるべきである。国際所得課税の問題ばかりでなく、国内所得課税においても、所得源泉地が所得税の課税団体となる。ただし、例外として、居住者課税主義に基づく居住者の世界所得課税、条約等による外国人免除などがある。

3）「同一所得・同一課税」の原則

税負担は公平でなければならない。同一所得・同一課税は、単に量的平等のみならず、質的平等にも及び、質量ともに同一である所得には同一の課税をすべきことを要請する。逆に、同一量の所得であっても、性質の異なる所得は、別異に課税すべきことが要請される。したがって、この原則は、個人所得課税では、勤労性所得、資産性所得、勤労・資産協働所得との所得性質に応じた所得分類主義に従った税負担がなされることを要請する。また、法人課税では、

公益性の高い収益、たとえば、医療サービス収益などは、一般の商工業収益と比べて、軽課税されるべきと考える。さらに、企業である個人企業と法人企業の所得は、この原則を最も強く要請されるべきと考える。国家経済の主体として、個人（家計・個人企業）と企業との間の税負担にかかる不公平は、排除されるべきである。

所得課税において資産性所得重課・勤労性所得軽課という志向（所得課税の法的主義とまではいえない）が指摘できる。資産性所得は、利子所得、配当所得、不動産所得など不労所得としてみられ、額に汗して収受した給与所得などの勤労性所得に比べて、重課税すべきであると考えられる傾向がある。しかし、現実には、勤労性所得の把握が容易であることから、志向とは異なる課税がなされているともいえる。俗に、クロヨン（9・6・4）、トーゴーサンピン（10・5・3・1）と所得の把握度はいわれる。なお、キャピタル・ゲイン課税である譲渡所得課税は、資産課税の一貫として考慮すべきもの（たとえば、生活用動産、居住用不動産の譲渡）と、所得課税として考慮すべきもの（たとえば、投資目的有価証券・不動産の譲渡）とがある（北野・講義、第7章譲渡所得税・山林所得税を参照）。

所得課税は、市民の一生涯所得に課税するものではなく、暦年課税主義、または事業年度課税主義を採用し、一定期間の所得に課税する期間税である。「同一所得・同一課税」の原則は、究極的には一生涯所得が同一であれば生涯税負担が同一であるべきことをも要請する。しかし、その実現は、税法技術的には難しい。損失の繰越控除などの技術を駆使しても、複数年度間の税負担公平は図れても、生涯所得での税負担公平を所得課税のみで実行することは不可能であると考える。

4）「総合累進課税」の原則

税負担は、単純な平等、均一負担ではなく（均一な税負担は不平等である）、市民・納税者の支払能力に応じた負担が求められる。市民の経済活動の成果としての所得は、その源泉、性質、金額が異なるものであるが、同一所得・同一課税の原則を踏まえて、総合され、かつ累進税率を適用した所得税制により課税されるべきである。

個人所得課税は、分類所得課税として所得源泉別に課税していた時期を経て、包括的所得概念を前提とする総合所得課税制度へと変遷してきた。しかし、社

会経済的状況の変化、特に金融所得のグローバル化に対応し、勤労所得と資本所得とに所得を大別する二元的所得税論を採用する国（ノルウェーなど）もある。この二元的所得税は政策的税制ともいえる。純粋な理論的税制としての所得課税は、総合累進所得課税が基本と考える。

日本の現行個人所得税は、総合課税を前提としながらも、分離均一課税となるものが多くあり、総合累進課税から逸脱している。

5）「簿記会計原理等の尊重」の原則

所得税の課税標準である課税所得金額の計算は、各国税法による立法裁量に委ねられる側面もあり、各国の所得課税法において多様に規定されている。しかし、市民の企業活動の成果である所得は、公正な会計慣行ないし会計原理に基づく企業経理（簿記）に関係する。それゆえ、多くの所得税立法は、企業会計原理を企業所得の計算において参照としている。たとえば、収益や費用の認識基準、減価償却の方法等があげられる。企業の損益計算と課税所得金額の計算の目的は異なるので、全面的に企業会計原理が所得課税法に導入されるものでもないが、所得課税において、特に企業所得に関しては簿記会計原理が尊重されるべきである。

会計原則として「費用収益対応の原則」（企業会計原則・損益計算書原則1C参照）が提示されている。これは、一企業内の会計原則として理解される。この理解とは別に、さらに注意しなければならないこととして、通常の売買取引において、「売り手の収益は、買い手の資産、費用または消費となる」。または取引当事者において「一方の収益は他方の費用」という事実、経理原理である。これは簿記取引の原理である。所得課税では、政策目的等により、企業活動での費用を制限または否認することがある（家族への給与、交際費の損金不算入等）。これは簿記会計原理を全く否定するものである。当然、通達による課税取扱があることは法定原理から基本的には問題であるが、このような立法は、相当なる理由を明示されなければならない。また、企業の費用等を税法上否認した場合、この理論からすれば、その相手方の収益等も否認すべきである。簿記会計原理を無視し、否認された企業とその相手方ともに両者に課税するという税法の考えは、一般的に理解されるものではない。

また、会計原則として「資本取引・損益取引区別の原則」（企業会計原則・一般

原則3参照）があり、企業の資本を食いつぶす課税は許されない。また、個人について適用すれば、個人の生活基盤を侵害する課税も許されない。これは、日本国憲法25条の生存権保障との関係からも説明できる。所得課税であることから、資本取引、資産（企業の将来費用の原資、個人生活の基盤）への課税は許されない。

　企業会計は、ゴーイング・コンサーン（継続企業）を前提に期間損益計算を行う。所得課税も一定期間での課税所得金額の算定を行う。これが「暦年課税主義」、または「事業年度課税主義」として具現される。

　所得課税における収支、損益の期間帰属認定として、「権利確定主義」「債務確定主義」「権利義務確定主義」などがあるとされる。これらは、所得税法36条の解釈、また法人税法22条の解釈として、主張されている。これらも、基本的には簿記会計原理に従い考慮されることが望ましい。ただし、判例は様々である。

　この原則の展開として、上記の主義があり、さらに収入金額や益金の判定として「引渡基準」「割賦基準」「工事進行基準」などがある。

　なお、企業会計は国際会計基準などグローバル基準に基づくが、法人税は法人税法などの国内法、ローカル・ルールに基づき計算される。そこに両者の本質的相違があることを認めなければならない。

6）「課税単位間公平」の原則

　所得課税において課税単位の問題がある。個人所得課税として立法しても、家族の養育費用等の問題をどう解決するのかが問われ、個人単位での課税であるが配偶者控除や扶養控除などの人的控除制度の採用（日本）、あるいは夫婦を課税単位（アメリカ、ドイツ）、または生計を一にする家族（世帯）単位での課税制度を構築したり（フランス）、各国の立法は異なる。いずれにしても税負担公平が貫かれる必要がある。個人課税、夫婦課税、家族課税にしても、税負担は公平であるべきである。換言すれば、個人が結婚し夫婦になり、子供が生まれて家族が形成されたとしても、個人単位課税の所得税、夫婦単位課税の所得税、家族単位課税の所得税での税負担は公平であることが望まれる（さらに言及すれば、所得課税の婚姻中立保障などが主張できる）。

　日本国憲法13条は「すべて国民は、個人として尊重される」と規定してい

> **コラム　独身者と婚姻者間の所得課税**
>
> 例①　独身者A：給与所得者　年500万円
> 　　　婚姻者B：給与所得者　年500万円　配偶者控除分の減税　∴A＞B
> 例②　独身者A：給与所得者　年1000万円
> 　　　婚姻者B・C：B給与所得者年500万円＋C給与所得者年500万円
> 　　　　　　　　＝家計1000万円
> 　　　　累進税率構造により　　　　　　　　∴A＞B・C
> 　あなたは、これを不公平と思いますか。また、日本では、婚姻は法律婚のみが対象です。事実婚の場合と法律婚との場合でも不公平になります。

ることから、個人単位課税が望ましい。しかし、世帯家族の生活は、家計負担をする夫婦など家族の収入により支えられる。日本の民法も夫婦扶助（752条）、親族扶助（730条）、親族間の扶養義務（877条）を規定している。その結果、日本の所得税法は、居住者課税という個人単位課税を採用しているが、配偶者控除、扶養控除を所得控除として規定し、婚姻および家族扶養による経済的負担を税負担減殺要因として、単身者以外の家計の税負担軽減を行っている。

　所得課税は、個人の所得税法のほかに法人の所得税（単に法人税）法を立法することが一般的になされている。ここでも、個人企業として事業経営する場合と、法人として行う場合とで、税負担の公平は保障されるべきである。いわゆる「法人成り」による税負担の軽減が実現できることは、税制として回避すべきである。

　なお、個人所得課税において男女平等観点から、寡婦控除と寡夫控除との要件相違が問題とされ、これらを区別しない規定が望まれる（北野・講義〔初版〕116頁）。判例は、これを日本国憲法14条および25条に反せず、差別なしとする（最小三判平6.9.13判例ID：22007673）。また、寡婦（夫）は、既婚者を前提とし、特に法律婚を前提としていることから、母子家庭において寡婦控除の適用のない母子家庭（未婚母子家庭、事実婚母子家庭など）があるという問題がある。所得税法が経済的弱者である母子家庭への税制上の支援制度として寡婦控除を規定しているものと解し、法律婚による線引きをせず母子家庭への支援が実施されるべきと考える。「母子及び寡婦福祉法」は、母子家庭や寡婦の基礎要件として法律婚のみならず事実婚をも含めている（同法6条）。寡婦について、この法

律との所得税法との整合性が要請される。諸外国では、同性婚も認められ、男女平等から「すべての者の平等」が実現されるべきである。それゆえ、所得税は、個人単位で課税し、課税最低限以下の個人には所得補償などの財政措置で対応することが望まれる。

7)「最低生活費非課税」の原則

現代憲法の人権論として生存権が指摘される。日本国憲法25条1項も「すべて国民は、健康で文化的な最低限度の生活を営む権利を有する」とし、これを規定する。所得課税での生存権保障は、最低生活費非課税の原則として表現される。これは、いかなる所得を収受する市民に対しても保障されるべきものであり、人的所得控除である基礎控除額、または税額控除額あるいはゼロ税率適用所得金額として具現化されるべきである。これは、課税最低限を提示する。

給与所得金額の計算において給与所得控除額を定める立法例がある。日本の所得税法もこれを規定する。そのほかの所得分類の所得金額計算において特別控除額がある。これらは、課税最低限とは本質的には異なり、各分類所得の性質に応じた担税力把握の観点からの控除である。課税最低限は、所得分類に関係なく、市民の最低生活を保障するものである。

8)「実績課税」(実額課税)の原則

所得課税は、所得主体の生涯所得に対する課税ではなく、税財政が年度主義を採用していることから、1年基準を基本とする期間所得に対する課税である。課税期間の終了において、帳簿等による実額に基づき、その課税期間の所得計算をし、所得課税額が実績に基づき計算されることは、所得課税法の基本であると考える。それゆえ、課税期間終了前の課税、見積課税や予算課税は回避されるべきである。その意味において、源泉所得課税は、外国人の所得課税など、例外であるべきである。居住者給与所得者に対する源泉所得課税は廃止され、給与所得課税も、課税期間終了後に通常課税としての事後・実績課税(分割納税が推奨される)されるべきである(住民税との課税期間均衡を考慮すべき)。

この原則の下に、暦年課税主義、事業年度課税主義がある。前者は個人所得課税に、後者は法人所得課税に適用されるのが一般的である。しかし、個人企業に対する事業年度課税主義の適用も認められるのが望ましい。また、納税時期の適時を考慮すれば、積雪地方での夏季申告納税も許容されることが望まし

い。これは、財政収入の時期分散化にも繋がる。

　所得課税は実績課税によるべきであり、課税期間前に徴収確保のためであるとしても、源泉徴収は例外的課税である。財政収入の確保、分散収入は、事後実績課税に基づく徴収でも確保できる。マイナンバー制度は、e-Taxなどを通じて、納税義務者と税法行政機関との間に、民間企業である源泉徴収義務者を介さずに、税法律関係を形成することを可能にするものと考える。この実現により、給与所得者も税法律関係の当事者となり、多くの市民が循環的税法律関係に参画し、よりよい税制が実現されることが期待される。

【演習問題】
1　所得税の課税対象である所得と現金収入および企業会計上の収益との相違につき説明せよ。
2　所得課税において考慮されるべき原則を論じよ。
3　個人所得課税の課税単位について論じよ。
4　日本における個人企業と法人企業との所得課税につき、比較し、課題を論じよ。
5　給与所得者と事業所得者との所得課税最低限について論じよ。
6　財務省が示す日本の所得税における課税最低限の算定方法等について説明せよ。

第16章

所得税の基本構造と課題

1　日本の所得税法

　所得税法は、居住者の所得税額の基本的計算順序として、①課税所得を10種類の所得ごとに区分し、各種所得金額を計算し、②損益通算、総合し、総所得金額、退職所得金額および山林所得金額を計算し、③所得控除をし、課税総所得金額等を課税標準計算し、④これを基礎に累進税率を適用し、算出税額とし、⑤これから税額控除をなし、年の所得税額を計算すると規定する（所税法21条）。所得税の計算構造に関する解説は、財務省や国税庁のウェブサイト上にもある。

1）納税義務者と課税所得範囲

　個人所得税は、所得税法に規定される。所得税の納税義務者は、原則として個人であるが、法人も課税技術的理由により納税義務を負うことがある（所税法5条、174条、180条）。

　個人の納税義務者は、国内に住所を有しまたは現在まで引き続いて1年以上居所を有する個人である居住者を中心に、居住者のうち日本の国籍を有せずかつ過去10年以内において国内に住所または居所を有していた期間の合計が5年以下である個人である非永住者、そして居住者以外の個人である非居住者の区分に応じて、課税所得の範囲が異なる（所税法7条）。非永住者以外の居住者は、すべての所得、すなわち全世界所得に課税される。

　居住者は、原則、すべての所得が課税所得とされるが、所得税法は、その9条に非課税所得を規定し、「所得税を課さない」とする。これら非課税所得については、何ら申告手続せずに、所得課税から除外される。

2）各種課税所得金額の分類と計算

　日本の所得税法は、課税所得を10種類、すなわち利子所得、配当所得、不

動産所得、事業所得、給与所得、退職所得、山林所得、譲渡所得、一時所得および雑所得に分類している。

①利子所得：公社債および預貯金の利子等をいい、利子等の収入金額＝利子所得金額となる（所税法23条）。

②配当所得：法人から受ける剰余金の配当、利益の配当、基金利息の配当等をいい、配当等の収入金額－負債利子を控除＝配当所得金額となる（所税法24条）。

③不動産所得：不動産、不動産の上に存する権利、船舶または航空機の貸付けによる所得（事業所得または譲渡所得に該当するものを除く）をいい、年中の不動産所得に係る総収入金額－必要経費＝不動産所得金額となる（所税法26条）。

④事業所得：農業、漁業、製造業、卸売業、小売業、サービス業その他の事業（詳細は所税令63条）から生ずる所得をいい（山林所得または譲渡所得に該当するものを除く）、年中の事業所得に係る総収入金額から必要経費を控除したものが事業所得金額となる（所税法27条）。

⑤給与所得：俸給、給料、賃金、歳費および賞与ならびにこれらの性質を有する給与等の所得をいい、給与等の収入金額－給与所得控除額＝給与所得金額となる（所税法28条）。給与所得控除額は、給与等の収入金額に応じて算出される。

⑥退職所得：退職手当、一時恩給その他の退職により一時に受ける給与及びこれらの性質を有する給与に係る所得をいい、（退職手当等の収入金額－退職所得控除額）×2分の1＝退職所得金額となる（所税法30条）。退職所得控除額は、勤続年数により異なり、20年以下では年40万円、これを超える場合には800万円＋超過年70万円となる。

⑦山林所得：山林の伐採または譲渡による所得をいい、（総収入金額－必要経費）－特別控除50万円＝山林所得金額となる（所税法32条）。山林をその取得の日以後5年以内に伐採しまたは譲渡することによる所得は、山林所得に含まれないものとされる。

⑧譲渡所得：資産の譲渡（建物または構築物の所有を目的とする地上権または賃借権の設定その他契約により他人に土地を長期間使用させる行為を含む）による所得を

いい、取得後5年を基準に、5年以内を短期譲渡所得、これ以外を長期譲渡所得とに区分され、それぞれ、総収入金額－（取得費＋譲渡費用）－特別控除50万円（短期譲渡所得優先）＝譲渡所得金額となる（所税法33条）。長期譲渡所得金額は、総合課税される際に、2分の1が総所得金額となる（所税法22条②2号）。株式等、土地等の譲渡に関しては、様々な特例があり、申告分離課税とされている。

⑨一時所得：利子所得、配当所得、不動産所得、事業所得、給与所得、退職所得、山林所得および譲渡所得以外の所得のうち、営利を目的とする継続的行為から生じた所得以外の一時の所得で労務その他の役務または資産の譲渡の対価としての性質を有しないものをいい、総収入金額－直接支出金額－特別控除50万円＝一時所得金額となる（所税法34条）。長期譲渡所得と同様、総所得金額に算入される際、2分の1算入となる。代表的な一時所得として競馬の返戻金が雑所得となるとされている（外れ馬券事件・最三小判平27.3.10 判例ID：28230975。所税基通34-1）。

⑩雑所得：利子所得、配当所得、不動産所得、事業所得、給与所得、退職所得、山林所得、譲渡所得および一時所得のいずれにも該当しない所得をいい、公的年金等の収入に係るものとそれ以外の雑所得とで雑所得の金額計算が異なり、公的年金等収入金額－公的年金等控除額＋総収入金額－必要経費＝雑所得金額となる（所税法35条）。

3）所得税額の計算

所得税は、課税所得を10種類に分類し、その後、課税標準としての総所得金額、退職所得金額および山林所得金額を算出する（所税法22条）。その際、不動産所得金額、事業所得金額、山林所得金額または譲渡所得金額の計算上生じた損失の金額があるときは、損益通算がなされる（所税法69条）。

課税標準は、所得控除額、すなわち雑損控除（所税法72条）、医療費控除（同法73条）、社会保険料控除（同法74条）、生命保険料控除（同法76条）、地震保険料控除（同法77条）、寄付金控除（同法78条）、勤労学生控除27万円（同法82条）、配偶者控除38万円（同法83条）、扶養控除38万円（同法84条）、基礎控除38万円（同法86条）があれば、その控除後、課税総所得金額、課税退職所得金額または課税山林所得金額が計算され、これらを基礎として、累進税率が適用され、

所得税額が計算される。配当控除（所税法92条）および外国税額控除（同法95条）などの税額控除を受ける場合には、これら税額控除をした後の金額が納税義務者の所得税額となる。なお、課税標準の計算において1000円未満の端数があるとき、国税の確定金額に100円未満の端数があるとき、これを切り捨てる（国通法118条、119条）。

確定申告は、課税期間である暦年終了後、翌年2月16日から3月15日までに行う（所税法120条）とともに、納税義務者は納税する。予定納税額、源泉所得税額がある場合、控除した金額が確定申告納付額となる。

2　サラリーマンの給与課税

一般のサラリーマンは、雇用契約が開始する月の支払給与・賃金等（各種手当を含む）を対象に源泉所得税の徴収が当該給与等の支給者である使用者企業・源泉徴収義務者によりなされる。源泉徴収義務者は、原則、その徴収額を翌月10日までに納付する義務を有する（所税法183条。常時2人以下の家事使用人のみに対し給与等の支払をする者は不要、同法184条）。

毎月の給与所得に係る源泉所得税の計算は、基本給のほか、諸手当（通勤手当は一定額まで非課税。所税法9条①5号）を加算した金額から、社会保険料等（年金掛金、医療保険料、雇用保険掛金等）を控除した金額（その月の社会保険料等控除後の給与等の金額）を基に（所税法188条）、給与所得者の扶養控除等申告書にて源泉徴収義務者に提出している扶養親族の数を考慮し、給与所得の源泉徴収税額表（月額表）甲欄と照合し、掲載金額で行う。

賞与に係る源泉所得税の計算は、毎月の給与所得にかかるものとは別に行われる（所税法186条、実務では「賞与に対する源泉徴収税額の算出率の表」にて行う）。

3　所得税の課題

現実の所得税は、社会経済の展開とともに、複雑な法規定に基づいて実行されている。その簡素化は、非常に困難なものとなっている。義務教育終了者に理解できる所得税法には程遠いものである。市民の財産権を不当に侵害させないために税法が立法されていることから、市民の目線、常識に基づく所得税法の規定が立法・改正されるべきである。これが所得税法の最大課題である。以

下の課題は、近時検討されたものである。これらのほか、所得分類に関する具体的基準の問題なども想定される。

なお、重大な税制改正は、一市民の目線での疑問から過酷な裁判闘争の結果によりなされている（たとえば、給与所得の実額控除〔大島サラリーマン税金訴訟判例 ID：22000380〕、生命保険年金をめぐる相続税と所得税の二重課税排除〔生命保険年金二重課税訴訟 ID：28161817〕など)。

1）所得課税と資産課税

所得税法 9 条 16 号は、「相続、遺贈又は個人からの贈与により取得するもの（相続税法〔昭和 25 年法律第 73 号〕の規定により相続、遺贈又は個人からの贈与により取得したものとみなされるものを含む。)」と規定し、相続税・贈与税の課税対象となる資産取得収入を非課税としている。純資産の増加があっても、それが相続等による場合には、それに基づく所得は所得課税をされない。

（1）生命保険年金二重課税　　相続税法 3 条 1 項 1 号は、被相続人の死亡により相続人その他の者が生命保険契約の保険金を相続または遺贈により取得したものとみなしている。生命保険金は、被相続人が契約した生命保険会社から相続人等が授受することから、一時金であれば一時所得として、年金であれば雑所得として所得税の課税をすることもできるが、被相続人の死亡を保険事由としていることから、本来の被相続人の財産ではないが、相続財産とみなして相続税の課税対象としている。

しかし、生命保険金の一部を一時金で受け、残額を年金方式で授受する場合、その年金収入は雑所得として所得課税の対象となる。従前、相続開始年の年金受給につき、支払生命保険会社での所得税源泉徴収がなされ、受給者側で他の所得とあわせて確定申告をするのが通常であった。

生命保険年金二重課税訴訟では、相続開始年についての課税につき、「年金受給権は、年金の方法により支払を受ける上記保険金のうちの有期定期金債権に当たり、また、本件年金は、被相続人の死亡日を支給日とする第 1 回目の年金であるから、その支給額と被相続人死亡時の現在価値とが一致するものと解される。そうすると、本件年金の額は、すべて所得税の課税対象とならないから、これに対して所得税を課することは許されないものというべきである」と判示された。これにより、相続開始年における所得税と相続税の二重課税が回

避されることとなった。

(2) 所得課税と資産課税との基本的相違　贈与・相続により所有する純資産額が増加することから、これを所得として課税することも理解できる。しかし、税制として、所得課税と資産課税は、全く異なる思考で実施される。したがって、両者は区別されるべきである。税務行政も、所得課税と資産課税とで別の組織展開をする。

所得課税が所得に課税するものである限り、その所得は、勤労の対価、資産運用等の対価、または勤労と資産とを協働した事業の対価として取得する経済的価値（財）である。毎年度の課税は、この財取得を基礎として構築される。所得課税は、税制の中心であり、何らかの対価としての財取得に課税するものである。

これに対して、資産課税は、毎年度の課税の基盤となる所得課税、これを補完する消費課税、これらをさらに補完するものであり、財政収入が所得課税と消費課税で十分であれば、不要な税制と考える。資産課税は、基本的には補完税である。それゆえ、資産課税は、資産の取得（不動産取得税、登録免許税、自動車取得税）、保有（固定資産税、自動車税）および移転等処分（相続税、贈与税）に対して軽課されるべきである。なぜなら、資産は、財の取得と消費の結果の蓄積であり、すでに課税済み所得の処分結果であるからである。さらにいえば、市民の所有資産は、個人の生存基盤であり、将来の生活基盤であり、企業の生業資産であると考えられる。現在の資産課税は、公平課税の観点、富の再配分機能の観点から、制度化されている。所得課税が不十分であった時代背景では、このようなことが妥当するが、今日ではその妥当性には疑問がある。

資産は、将来収益の基礎（将来の費用）でもある。それゆえ、その譲渡取引等（売買、交換、贈与、相続、信託、現物出資、共有持分の分割等）がなされると、これに対する所得課税をする思考も課税側に起きうることは仕方のないことかもしれない。しかし、所得課税と資産課税は区別すべきものである。個人の生存基盤、企業の生業資産に対する課税は、基本的に認められない。このような資産の譲渡所得課税も認めるべきではない。住宅用土地等の譲渡に対する特別控除（できれば非課税）は、このような観点から構成されるべきである。

2）二元的所得税

預貯金、株投資、為替などの金融商品取引は、複雑になり、グローバルに展開され、投資家の動きも速くなっている。これら取引における利得への課税は、国際課税の課題の一つとなっている。

投資家マネーを呼び寄せるためには課税をしないのが最良である。しかし、それは不公平税制である。特に、不労所得とされる資産所得に課税をしないのは重大な不公平となる。そこで、低税率での課税により、投資家マネーを国内に勧誘する動きがある。その一つが二元的所得税制（Dual Income Tax）である。1990年代にノルウェー、フィンランド、スウェーデン、デンマークにて採用された。これは、基本的には、課税所得を資本所得と勤労所得とに二分割し、資本所得に低税率適用し、勤労所得に高い累進税率を適用する。

二元的所得税制は、日本においても税制調査会（1997〔平成9〕年12月金融課税小委員会「金融システム改革と金融関係税制」、2000〔平成12〕年7月「わが国税制の現状と課題—21世紀に向けた国民の参加と選択—」）などでも議論検討され、金融所得課税の一体化として税制改革の一つとして注目されている。

3）給付付き所得控除制

社会保障制度と税制の一体化が求められ、提言されているのが「給付付き所得控除制度」である。この制度設計は、フリードマンの負の所得税を基にする。実際には、部分的に導入されることが多い。たとえば、アメリカでは、1975年に導入された勤労所得税額控除（Earned Income Tax Credit）も、この制度の一類型と考えられる。

日本では、平成22年税制改正大綱において「所得控除から税額控除・給付付き税額控除・手当へ転換」を進めると提言され、給付付き税額控除制度が注目された。所得控除の見直しは行われたが、給付付き税額控除の導入には至らなかった。

税制を活用した社会保障制度の実現よりは、直接的な財政支出による社会保障実現が効果と可視性に優れていると考える。

4）給与所得の実額課税

給与所得は、毎月の支払に対して源泉徴収がなされ、年末調整により、年税額の調整がなされる。これは、一種の見積課税である。所得税は、期間税であ

り、期間終了後、その実額所得を基礎として、課税されるべきである。マイナンバー制度の導入により、給与所得の実額課税が実現できると考える。これにより、給与所得にかかる所得税と住民税との課税時期が事後課税として一致する。納税者の便宜を考慮して、毎月の源泉徴収との選択も許される。

【演習問題】
1　所得税法が所得を分類し各課税所得金額を算出する構成を採用している理由を述べよ。
2　総合累進課税を所得税の基本構造とすれば、源泉分離課税の意義について論じよ。
3　収入金額の計算通則（所税法36条）に対して、現金主義（所税法67条）が認められる理由について説明せよ。
4　給与所得者の通勤費非課税について説明せよ。
5　いわゆる「ふるさと納税」としての寄付金控除について説明せよ。
6　離婚による財産分与が譲渡所得として課税されるか否か説明せよ。
7　個人商店の店主がその商品を自家消費した場合、税務上どう取り扱うべきか論じよ。
8　マイカーを、昨年、新車取得し、今年、別の中古車と下取り交換した。想定される所得税の課税について論じよ。
9　先祖代々の農地を、宅地造成し、譲渡した。これに対する所得税の課税について論じよ。
10　居住している地区が洪水に見舞われ、マイカーがダメになった。これに対して所得税の課税において何らかの措置を受けることができるか否か説明せよ。
11　上記の洪水で、商店に陳列してあった商品が水害で販売できなくなり廃棄処分した。所得税上の取扱いを説明せよ。
12　生命保険料に対する所得控除と保険料収入課税との関係を説明せよ。
13　日本の金融商品に対する所得課税について説明せよ。
14　生命保険年金二重課税訴訟の1審（判例ID：28130343）、控訴審（同ID：28142185）と最高裁（同ID：28161817）での判決の相違点を論評せよ。

第17章

法人税の基本構造と課題

1 法人税法の構造

1）法人税法の基本構造

法人税法は、「法人税について、納税義務者、課税所得等の範囲、税額の計算の方法、申告、納付及び還付の手続並びにその納税義務の適正な履行を確保するため必要な事項を定める」ものである（1条）。同法は、第1編総則、第2編内国法人の法人税、第3編外国法人の法人税、第4編雑則および第5編罰則の5編からなる。

一般の検討対象は、内国法人の法人税である。内国法人とは、国内に本店または主たる事務所を有する法人をいう。

2）内国法人の法人税の基本

現行の法人税法、第2編内国法人の法人税は、①各事業年度の所得に対する法人税（第1章）、②各連結事業年度の連結所得に対する法人税（第1章の2）、③退職年金等積立金に対する法人税（第2章）の3つの法人税から構成される。これらの現行制度の解説は、税大講本『税法入門』『法人税法』、タックス・アンサーコードなど国税庁ウェブサイトにて公開されている。

信託法の改正に伴い2007（平成19）年税制改正により、特定信託の各計算期間の所得に対する法人税（旧第1章の3、82条の2～82条の17）が削除され、法人課税信託（4条の6、4条の7、4条の8）として整備された。2010（平成22）年税制改正により、清算所得に対する法人税および継続等の場合の課税の特例（旧第3章）措置が削除された。しかし、現実的実質的には、これら法人税も存続している。

通常、法人税と呼ばれているのは①各事業年度の所得に対する法人税と②各連結事業年度の連結所得に対する法人税である。②は連結納税を選択した法人

につき適用されることから、法人税の基本は、①となる。

③は、退職年金業務等を行う内国法人の各事業年度の退職年金等積立金の額に対して1％の法人税を課すものである。信託会社や生命保険会社が関係する。

なお、2010年税制改正により、100％完全支配会社に対してグループ法人税制が導入された（資産譲渡につき法税法61条の13、その他の特例として受取配当につき同法25条の2、このほか受贈益と寄付金につき特例がある）。

2　内国普通法人の各事業年度の法人税額計算

1）内国法人の種類、課税範囲、税率

内国法人は、根拠法令により、公共法人（法税法別表1）、公益法人等（同法別表2）、協同組合等（同法別表3）、人格のない社団等（法税法3条）および普通法人に分類される。

公共法人は、地方公共団体、国立大学法人、日本放送協会などであり、法人税の納税義務がなく、人的非課税とされる（法税法4条②）。これに対して、公益法人等は、私立学校、宗教法人、労働組合（法人であるもの）などであり、収益事業（法税令5条）から生じた所得に課税され（法税法4条①ただし書、5条、7条）、課税対象となる。人格のない社団等も、これと同様の課税範囲となる。

税率は、法人の種類により異なる。普通法人の各事業年度の法人税に係る税率は、一定税率である（法税法66条①、23.9％）。しかし、普通法人のうち各事業年度終了の時において資本金1億円以下の法人については、その各事業年度の所得の金額のうち年800万円以下の金額に対する法人税率は、累退税率による（法税法66条②、19％）。

基本構造の特例として、特定同族会社の留保金への特別税率での課税（法税法67条①）、使途秘匿金の支出がある場合の特別税率（租特法62条）がある。

2）各事業年度の課税所得計算

株式会社などの普通法人の各事業年度の法人税は、会社計算に基づいて確定された決算による企業損益を前提に計算される（法税法74条）。これを確定決算主義という。基本的には、企業損益が収益から費用・損失を控除するのに対して、法人の課税所得は、益金から損金を控除して算定される（法税法21条、22条）。

益金とは、別段の定めがあるものを除き、資産の販売、有償または無償によ

る資産の譲渡または役務の提供、無償による資産の譲受けその他の取引で資本等取引以外のものに係る当該事業年度の収益の額とする（法税法22条②）。そして、損金とは、別段の定めがあるものを除き、①当該事業年度の収益に係る売上原価、完成工事原価その他これらに準ずる原価の額、②①に掲げるもののほか、当該事業年度の販売費、一般管理費その他の費用（償却費以外の費用で当該事業年度終了の日までに債務の確定しないものを除く）の額、および③当該事業年度の損失の額で資本等取引以外の取引に係るものの額とする（法税法22条③）。これら益金および損金は、一般に公正妥当と認められる会計処理の基準に従って計算されるものとする（法税法22条④）。また、資本等取引とは、法人の資本金等の額の増加または減少を生ずる取引および法人が行う利益または剰余金の分配（資産の流動化に関する法律115条1項〔中間配当〕に規定する金銭の分配を含む）をいう（法税法22条⑤）。

　法人税の課税所得計算は、企業会計損益を基礎とするが、法目的等の理由から、これに税務調整がなされ算出される。これが、いわゆる「別段の定め」である。税務調整には、決算調整と申告調整とがある。決算調整の多くは、損金経理（法人がその確定した決算において費用または損失として経理すること）を前提として処理される。したがって、これは、確定決算に基づく企業損益の金額において、法人企業において考慮済のものであり、法人税法が企業会計を制約しているともいわれる点でもある。決算調整としては、①減価償却資産の償却費の損金算入（法税法31条）、②繰延資産の償却費の損金算入（法税法32条）、③圧縮記帳の損金算入（法税法42条等）、④引当金繰入額の損金算入（法税法52条等）、⑤準備金の積立額の損金算入（租特法55条等）、⑥長期割賦販売等による経理（法税法63条）などがある。

　これに対して、申告調整は、法人税の申告書作成に際して、法人の確定決算損益に加算・減算する調整で、課税標準である課税所得金額を計算する。この調整は、法人税申告書付属明細書・別表4（所得の金額の計算に関する明細書）を中心になされる。調整事項としては、益金に関して①益金算入（企業会計で収益としなくとも税法で益金とするもの）と②益金不算入（企業会計で収益としても税法で益金としないもの）とがあり、また損金に関して③損金算入（企業会計で費用・損失としなくとも税法で損金とするもの）と④損金不算入（企業会計で費用・損失としても税法

で損金としないもの）とがある。つまり、企業損益＋加算（益金算入＋損金不算入）－減算（益金不算入＋損金算入）＝課税所得金額となる。これが法人税の申告書別表4の構成でもある。申告調整には、任意の申告調整と必須の申告調整がある。前者のものとして、①受取配当等の益金不算入（法税法23条⑥）、②外国子会社から受ける配当等の益金不算入（法税法23条の2）、③所得税額の控除（法税法68条③）などがある。後者のものとしては、①資産の評価益の益金不算入（法税法25条）、②完全支配関係のある他の内国法人から受けた受贈益の益金不算入（法税法25条の2）、③還付金等の益金不算入（法税法26条）、④資産の評価損の損金不算入（法税法33条）、⑤役員給与の損金不算入（法税法34条）、⑥過大な使用人給与の損金不算入（法税法36条）、⑦寄付金の損金不算入（法税法37条）、⑧法人税額の損金不算入（法税法38条）、⑨外国子会社から受ける配当金等に係る外国源泉税等の損金不算入（法税法39条の2）、⑩法人税から控除する所得税額の損金不算入（法税法40条）、⑪不正行為等に係る費用等の損金不算入（法税法56条）、⑫繰越欠損金の損金算入（法税法57条）、⑬減価償却費の償却超過額、引当金の繰入限度超過額、準備金の積立限度超過額等の損金不算入（法税法31条等）、⑭交際費等の損金不算入（租特法61条の4）などがある（税大講本『法人税法』参照）。

3) 青色申告

内国法人は、納税地の所轄税務署長の承認を受けた場合、中間申告書と確定申告書を青色の申告書により提出することができる（法税法121条①）。青色申告法人は、帳簿書類を備えつけてこれにその取引を記録し、かつ、当該帳簿書類を保存しなければならない（法税法126条①）。

青色申告法人には、税法上の特典が認められている。たとえば、欠損金の繰越控除（法税法57条）、欠損金の繰戻による法人税還付（法税法80条）、調査および更正理由附記（法税法130条）、推計課税の禁止（法税法131条）、ならびに特別償却、準備金積立および特別控除（租特法42条の5等）、また更正処分に対する直接審査請求が認められる（国通法75条）。

3　特殊な法人税制

1）組織再編成と法人税

　法人企業の経営戦略として、合併、分割、現物出資、現物分配または株式交換もしくは株式移転（「組織再編成」という）が頻繁になされている。かつての財閥企業が解体されたが、グループ企業（支配従属関係にある2つ以上の企業からなる集団）が新たに形成されつつある。また、「○○ホールディング」というように、細分化した企業グループを統括する法人組織も出現している。さらに、いわゆる三角合併も解禁されている。

　組織再編成に関する法人税課税は、その形態により課税も異なるものであった。会社法等の整備もあり、組織編制税制は、原則、組織再編成時に資産移転があることから、これを時価評価し譲渡損益の発生を認識し課税するものとした。ただし、一定要件に合致する適格合併（法税法2条12号の8）の組織再編成の場合（企業グループ内の組織再編成、共同事業を行うための組織再編成）に、帳簿価格を引き継ぐものとし、課税の繰り延べを認めた。株主に対する課税も現金交付があるとき課税、株式のみの交付のとき課税繰り延べとなる。

2）連結納税制度

　企業のグループ化が進むと、グループ全体を単一の組織体とみなして、親会社がそのグループ企業全体の財政状態、経営成績およびキャッシュ・フローの状況を総合的に把握し株主等に報告するために連結会計制度が発達した。

　日本の法人税においてもグループ企業に対する課税のあり方が検討され、2003（平成15）年より、連結納税制度が実施された。

　日本の連結納税制度は、連結親法人とその完全支配関係（法税法2条12号の7の6、100％支配グループ内）にあるすべての連結子法人を一つのグループ法人（連結法人）として、親法人がそのグループの所得（連結所得）の金額等を一つの申告書（連結確定申告書）に記載して法人税の申告・納税を行うものとなっている（法税法4条の2）。連結納税制度は、国税庁長官の承認を受け（法税法4条の3）、連結法人の選択により採用することができる。適用期間は、各法人の個々の法人税申告が不要となる。連結納税制度は、グループ内の黒字企業と赤字企業とを相殺できることから、これを節税として活用する企業もある。

3）グループ法人税制

連結納税制度は、企業の選択制に基づく制度である。しかし、2010年より実施されている100％支配グループ内の企業に適用される「グループ法人税制」は、強制的制度となっている。

グループ法人税制は、100％支配関係にある内国法人間で一定の資産の移転を行った場合の譲渡損益については、そのグループ内に資産がある間において課税繰り延べするものである（法税法61条の13）。

強制的制度であることから、100％支配関係のあるグループ企業にとっては重大な制度となっている。また、個人株主による100％支配グループ企業も適用対象となり、問題議論も多くあるものとなっている。

4）リース取引、法人課税信託、等

企業を取り巻く経済取引は、多種多様なものが進展し、それに対する法人税の課税問題も提起されてきた。その代表的なものがデリバティブ取引（法税法61条の5）、リース取引（法税法64条の2）、信託取引（法税法64条の3）などである。

通常の資産賃貸借と異なり法人税上のリース取引は、リース取引の目的となる資産（リース資産）の賃貸人から賃借人への引渡しの時にそのリース資産の売買があったものとするもので、その賃貸人または賃借人である内国法人の各事業年度の所得の金額が計算される（法税法64条の2）。リース資産の賃借人は、リース料金の支払処理でなく、リース資産の減価償却費として損金額の計算をする。

信託取引に対する所得課税は、信託法の整備に伴い、原則的には委託者、受託者および受益者の間での信託取引において信託収益の受益者に課税するものである（受益者等課税信託）。しかし、信託取引の多様化から、集団投資信託、退職等年金信託などへの所得課税制度が整備され、また受益者のいない信託もあり、このようなものに対しては受託者である内国法人に対して法人税が課税される（法税法4条の6、4条の7、法人課税信託）。

経済取引の進展に対しては民事法制により基礎的整備がなされるべきであるが、これがない状況もある（一種の法の欠缺である）。そのような状況において、所得課税法が民事法に先行して課税上の措置を講ずることがある。

4　法人税の課題

1）個人企業と法人企業との公平

（1）法人成りの問題　　所得税での「みなし法人課税制度」（1973〔昭和48〕年7月1日から1978〔昭和53〕年12月31日まで。廃止）、法人税での「特殊支配同族会社における業務主宰役員給与の損金不算入制度」（法税法35条。2010年度廃止）は、異なる制度であはあるが、ともに個人企業が法人成りをした場合の経営者（社長）の役員給与に関係する所得課税上の問題解決として措置されていた。

個人企業では経営者・店主の労働対価が給与として費用にならず、事業所得金額として一括把握され所得課税される。これに対して、当該個人企業を法人企業（法人成り）としたとき、法人企業では役員給与が認められる。その結果、同一規模の企業経営が維持されたとした場合、たとえば売上収益が同一である場合、法人成りをし役員給与を支給することで、法人企業利益はその役員給与額分減額され、企業としての税負担が軽減される（給与額を売上利益と同額にすると法人企業利益はゼロとなり、法人税負担もない。ただし、過大役員給与の損金不算入がある）。しかし、役員給与に対する所得税額の負担が発生する。しかしながら、個人企業を維持すると事業所得のみに対する累進税率の適用を受けるのに対して、給与所得課税を受けることで、給与所得控除額相当が事業所得課税の場合の課税総所得金額より減額される結果となる。つまり、法人成りによって、給与所得控除額部分が節税となる。ただし、法人住民税や商業登記諸費用の追加負担が法人企業にはあることから、これら税負担が総合勘案される。しかし、国税ベースでは、法人成りが節税となる場合があるのは事実である。

ここでの課税公平の実現は、技術上の問題であり、可能であろう。課題は、市民の公平感が確保されることである。かつて、トーゴーサンピン（10・5・3・1）や、クロヨン（9・6・4）といわれた所得把握に関する問題があった。

かつてのみなし法人課税が「経費の二重控除」として廃止されたが、労働対価の支給を企業が行うことは、経済主体としての企業と家計との分離であり、経済取引として成立するものと考える。これは、給与所得控除額も給与所得の概算経費控除として機能するものであることから、この控除額の問題とするのではなく、企業課税として個人企業と法人企業との課税公平を考慮すべきであ

る。すなわち、個人企業においても店主やその家族従業員に給与の支払を認めるべきと考える。その限度額は、消費税のみなし仕入率を用いて給与支給額の率とする。みなし仕入率を適用した額と課税売上高との差額は、消費税の不課税取引である給与支給と考えうる。

(2) 所得金額計算の統一　所得課税の基礎である所得は、企業会計などで認識される損益、なかでも利益と密接に関係すると考える。利益のないところに課税をすることは、市民的理解・納得が得られるか疑問もある。

個人の事業所得課税や法人所得課税については、特に企業会計損益を全く無視することはできない。日本の法人税法は、所得金額を22条4項で「一般に公正妥当と認められる会計処理の基準に従って計算」するとしている。しかし、所得税法にはこの種の規定がない。個人であっても、事業所得を有することは「商人」であり、商人としての帳簿作成等の義務が商法においてある（同法19条）。商法19条1項「商人の会計は、一般に公正妥当と認められる会計の慣行に従うものとする」、会社法431条「株式会社の会計は、一般に公正妥当と認められる企業会計の慣行に従うものとする」、同614条「持分会社の会計は、一般に公正妥当と認められる企業会計の慣行に従うものとする」と規定し、商法・会社法は企業会計原則を基準とする企業会計慣行を前提として商人、会社の会計を構築している。

事業所得、法人所得の計算は、簿記原理に従い会計帳簿に記載された数値等を基にした企業会計に基づき計算された企業損失・利益（貸借対照表、損益計算書）を前提とし、課税公平上の措置を講じ、調整すべきは調整し、実行されなければならない。ただし、会計帳簿の記載にあたって、会計取引は私法上の取引とは異なるところもある。たとえば、賃貸借契約は私法上の契約取引であるが、簿記上の取引とはならない、また逆に、倉庫からの商品搬出は簿記上の取引であるが、私法上の取引ではない。

所得課税の課税所得は、帳簿記録に基づいた実額によることが基本である。ただし、課税所得と企業会計損益とは、必ずしも一致しない。両者には目的から、差異が生ずる。企業会計原則である真実性の原則も、絶対的なものではなく、相対的なものであるとされる。

2）企業会計と法人税

（1）企業会計規範と法人税法　企業会計にかかる規範は、企業活動のグローバル化に伴い、一種のグローバル・ルールとなっている。それに対して、法人税法は、日本国内の課税公平等に配慮した規範であり、その意味でローカル・ルールである。税領域では、ローカル・ルールである法人税法が優先適用される。

両者の関係は、常に論議されてきた。基本的には、法人税法に基づき損金不算入となった損金が企業会計においても費用または損失として否認されるかは別の事項となる。法人税法のいわゆる「みなし役員」が会社法での「役員」（会社法329条）にはならない。企業会計から法人税法をみると、それは企業会計処理における一国内において適用される法人税法という「ローカル・ルール」の適用でしかない。法人税法の規定は、基本的には、企業会計の本質を揺るがすものではない。

しかし、現実の法人企業は、節税目的もあり、法人税法の諸規定を優先する傾向をもっていることから、法人税法が要求する損金経理処理を基準に会計処理することがある。今後、世界的にも、「国際財務報告基準：IFRS（〔ア〕イファース）；International Financial Reporting Standards」が企業会計において重要視されていることから、企業会計と法人税との関係がさらに論議されるであろう。

（2）別表4・5(1)と企業会計　現実の企業会計と法人税との処理基準をめぐる相違は、納税申告書の別表4（所得の金額の計算に関する明細書）と別表5(1)（利益積立金額および資本金等の額の計算に関する明細書）に税務的に記録される。

たとえば、売上計上漏れであれば、①完全簿外のとき、当該売上認定額を該当年度の別表4にて加算・留保、別表5(1)に当期増計上処理（消費税処理もある）を、②計上時期のミスのとき、当該売上認定額を該当年度の別表4にて加算・留保、別表5(1)に当期増計上処理し、翌年度の別表4にて減算・留保、別表5(1)に当期減計上処理となる。企業会計では、①のとき、過年度損益修正が必要であるが、②のときには、すでに売上計上されていることから、金額が少額であれば、処理なしとしても、適正な期間損益計算に影響ないものと解する。

税務では、別表4を税務上の損益計算書、別表5(1)を税務上の貸借対照表

と呼ぶことがある。しかし、法人税は、基本的には適正な期間損益計算とは関係なく、年度主義に基づく公平で適正な課税の実現を目的としている。それゆえ、これら別表は、特に別表5(1)による留保金課税の目的を有するのみである。

交通反則金などの罰金は、損金不算入であることから、租税公課処理した年度に別表4にて加算・社外流出と処理されるが、別表5(1)に計上されない。そこで、企業が交通違反者に支払額を求償請求し金員を受領したとき、企業会計では雑収入処理した場合、これにつき別表4にて減算するかは疑問である。

企業会計はグローバル・ルールに基づき、法人税はローカル・ルールに基づき運用される。所得課税法の問題には、ローカル・ルールである税法が優先適用される。

(3) キャッシュ・フロー計算と法人税　企業会計の結果が黒字で法人税の納税もあることとなった場合、確定申告とともに納税となるときに、納税資金がないということが起こる。利益が出ているが資金がない。掛け売りの売掛金が回収されていない、など様々な状況がこの原因となる。

キャッシュ・フローの計算には、直説法と間接法がある。一般には、貸借対照表と損益計算書を基に計算する間接法が採用されている。今のコンピューター会計では、キャッシュ・フロー計算書も作成される。

利得・所得ベースの法人税ではなく、キャッシュ・フローをベースとした法人課税が提示される。しかし、所得ベースからの移行の困難性等もあり、課題は多いといえる。

なお、所得ベースの法人税は、税引前当期利益を基礎に法人税額等が見積もられ、損益計算と、法人税等納税充当金などの科目として貸借対照表に計上され、翌期において納税される。この企業利益確定時期と納税時期との時間的隔たりとその見積額の正確性を期するために、税効果会計が採用されている。

【演習問題】
1　特定同族会社の留保金課税について説明せよ。
2　法人税法に同族会社の行為・計算を否認する規定につき論じよ。
3　法人税法の益金・損金の認識について説明せよ。
4　損金経理について説明せよ。
5　税務調整の意義について論じよ。

6　売上原価の算定基礎となる期末棚卸資産の法定評価方法について述べよ。
7　法人企業の交際費に関する税務について論じよ。
8　過大役員給与等が損金不算入となる理由を説明せよ。
9　連結納税制度が採用された理由について説明せよ。
10　グループ法人税制の目的について説明せよ。
11　リース取引に対する法人税法の取扱いを説明せよ。
12　法人課税信託の対象となる信託について説明せよ。
13　法人の寄付支出に関する法人税上の取扱いを説明せよ。

第18章

所得課税における国際課税

1 個人所得課税に関する国際課税

　日本の所得税法は、国籍主義ではなく居住者主義を納税義務者の判定として採用している。したがって、日本人で外国に住所を有する個人は、非居住者とされ、原則、日本の所得税の課税を受けない。逆に、非永住者以外の居住者である外国人にも、すべての所得（全世界所得）に日本の所得税が課される（所税法7条）。

1）日本人の国際所得課税

　（1）非居住者日本人への所得課税　日本国内に住所を有する日本人は、居住者であり、全世界所得に国内所得税が課税される。これ以外の日本人は、外国人と同様、非居住者の課税措置を受ける。ただし、国家公務員等の例外措置（所税法3条）がある。また、年の途中での海外転出の場合の措置がいくつかある。

　（2）国家公務員等の特例　所得税法3条は、「国家公務員又は地方公務員（これらのうち日本の国籍を有しない者その他政令で定める者を除く）は、国内に住所を有しない期間についても国内に住所を有するものとみなして、この法律（第10条〔障害者等の少額預金の利子所得等の非課税〕、第15条〔納税地〕および第16条〔納税地の特例〕を除く）の規定を適用する」と規定し、海外赴任の公務員を居住者とみなし判定するとしている。これは、これらの者を非居住者とすると国内所得課税がなくなり、また一方で勤務地海外国でも課税がない場合も想定され（外交員特権、国際儀礼）、給与所得があるにもかかわらず所得税がないという問題が生ずる。その解消として、この規定がある。

　これは公務員等本人に対する規定であり、その配偶者については別である。

　（3）海外転勤・出向の日本人　海外赴任の公務員に対する所得税はみな

し居住者判定がなされるが、一般企業のサラリーマンが海外赴任した場合の所得税は、原則、住所がなくなることから、非居住者として取り扱われ、課税がなされない。

ただし、国内銀行等の預金利息収入、国内に有する住宅を賃貸しているときの賃貸料収入（この場合、納税管理人の選任必要）などがある場合には、非居住者である日本人でも、国内所得税の課税を受ける。また、通常のサラリーマンが1年以上の海外赴任する場合、勤務先企業が日本から給与等を送金していたとしても日本の所得税の課税を受けないが、役員の給与である場合、租税条約の特則があるときを除き、その役員給与は日本の所得税が課税される。すなわち、所得税法161条（国内源泉所得）8号イは、俸給、給料、賃金、歳費、賞与またはこれらの性質を有する給与その他人的役務の提供に対する報酬のうち、国内において行う勤務その他の人的役務の提供（内国法人の役員として国外において行う勤務その他の政令で定める人的役務の提供を含む）に基因するものと規定し、国内勤務に起因するものには課税するとし（国外勤務のサラリーマンは課税されない）、かっこ書きに、国外勤務の役員給与が課税される旨を規定している。当然、これと異なる租税条約がある場合、その租税条約規定が優先する（所税法162条）。

（4）外国での国際取引と所得課税　日本国内に住む日本人が外国での国際取引を行い、そこからの所得には、外国の所得税が課税される場合もある。居住者である日本人は、全世界所得に日本の所得税が課されることから、外国所得課税がある場合、外国税額控除（所税法95条）の適用を受ける。どのような所得に外国所得税が課税されるかは、当該国の所得税法等に従うものとなる。また、日本国と当該国との間での所得課税に関する二国間租税条約がある場合、これが優先適用される。OECD加盟国間では、モデル租税条約に準拠したものが制定されていると考える。

外国取引をすると、それが外貨建取引となることもある。外貨建取引の金額に関する円換算額は、「外貨建取引を行った時における外国為替の売買相場により換算した金額」で所得税の計算をする（所税法57条の3）。実務では、「電信売買相場の仲値」が換算相場となる（所税基通57の3-2）。これは、関税の場合に税関長公示外国為替相場によるもの（関率法4条の7、関率規1条）と異なる。

タックス・ヘイブン（税負担が20％以下の軽課税国）を活用した特定海外子会

第18章　所得課税における国際課税　　269

社等に留保所得がある場合、これを居住者の雑所得とみなして、課税がなされる（租特法44条の4）。

2）外国人の国内源泉所得課税

（1）国内源泉所得　　現在の日本において、外国人は、規制もあるが、基本的には日本人と同様な事業活動や収益行為を行うことができる。これら活動行為からの所得は、租税条約の非課税特則がない限り、日本の所得税の課税対象となる。居住者である外国人は全世界所得に日本の所得税の課税、非永住者である外国人は国内源泉所得とこれ以外の所得で国内において支払われまたは国外から送金されたもの、そして非居住者である外国人は国内源泉所得にのみ、日本の所得税の課税が行われる。

　国内源泉所得は、所得税法161条に列挙され、具体的な内容につき同法施行令279条から288条までに規定される所得をいう。主な国内源泉所得としては、①国内において行う事業から生じ、または国内にある資産の運用、保有もしくは譲渡により生ずる所得、②国内にある土地もしくは土地の上に存する権利または建物およびその附属設備もしくは構築物の譲渡による対価、③国内において人的役務の提供を主たる内容とする事業で政令で定めるものを行う者が受ける当該人的役務の提供に係る対価、④国内にある不動産、国内にある不動産の上に存する権利等の貸付けによる対価、⑤日本国の国債等利子、国内金融機関の預貯金利子、⑥内国法人からの配当金等、⑦国内において業務を行う者から受ける工業所有権等の使用料または譲渡対価、⑧俸給、給料、賃金、歳費、賞与またはこれらの性質を有する給与その他人的役務の提供に対する報酬のうち、国内において行う勤務その他の人的役務の提供（内国法人の役員として国外において行う勤務その他の政令で定める人的役務の提供を含む）に基因するもの、および公的年金等、などがある。

　具体的な非居住者である外国人への所得課税は、国内に支店、工場その他事業を行う一定の場所を有するとき、上記のすべての国内源泉所得に課税されるが、その他の場合（代理人等）では限定された国内源泉所得にのみ課税される（所税法164条）。また、総合課税される場合と分離課税される場合とがある（所税法165条、169条）。分離課税の場合の税率は、20％（利子･所得は15％）とされる（所税法170条）。

(2) 国内で行う事業　日本国内での外国人の事業は、多様である。そして、その事業からの所得に対する日本の所得税の課税は、総合課税となる場合と20％分離課税となる場合がある（所税法212条、213条）。また、租税条約の有無により、課税の有無もある。条約のない場合には所得税法等の国内税法規定に従う国内源泉所得課税がなされ、条約がある場合には条約により所得税の減免がなされることがある。その詳細は、「租税条約等の実施に伴う所得税法、法人税法及び地方税法の特例等に関する法律」（実施特例法）と具体的な租税条約に基づいてなされる。

OECDモデル租税条約は、その源泉地国（所得の生ずる源泉地国）での所得税の対象範囲について、事業所得にあっては支店等（国内恒久施設PE）の活動により得た所得のみに課税すること（PE帰属所得課税主義）とし、投資所得（配当、利子、使用料）にあっては税率の上限を設定している。モデル条約は、直接の法源ではないが、加盟国の条約締結の基準となっている。そのため、そのコンメンタリーなどが条約規定の解釈指針ともなっている。

非居住者の日本国内で行う事業としては、いわゆる「外国人タレント」などが行う「映画若しくは演劇の俳優、音楽家その他の芸能人又は職業運動家の役務の提供」（租税条約で免税等となるものを「免税芸能法人等の役務提供」という）がある（所税法161条2号、租特法41条の22①）。この対価は、支払時に20％所得税源泉徴収がなされるが、租税条約により免税相手国居住者等が免税対象の役務提供対価の支払を受けた場合には、税務署長は、その免税相手国居住者等に対し、徴収された所得税の額に相当する金額を還付する（租税条約特例法3条②）。

(3) 外国人就労者の源泉所得税　人々の国際間移動により、国際的労働市場が開かれている。日本国は、就労ビザと在留カードの交付に厳しいと言われる。しかし、外国人の労働者は、多くなっている。外国人が居住者または永住者ではなく非居住者として日本国に在留し労働の対価として給与等を得る場合の所得課税は、給与所得に係る所得税源泉徴収制度の下でなされる（所税法212条）。その徴収税額は、その支給額（国内において行う勤務その他の人的役務の提供に対応する額）の20％である（所税法213条）。

ただし、短期滞在者である受給者に係る給与等の所得税源泉徴収は、租税条約にて免除される場合、事前の届け出により免除される（租税条約特例法省令4条）。

短期滞在者とは、給与または報酬につき国内での滞在が年間または継続する12月の期間中183日、またはそれより短い一定の期間を超えない者をいう。

3）租税条約等の濫用防止

（1）トリティーショッピング　日本では、租税条約は、国内法より優先適用されるのが憲法上の原則である（憲法98条②）。大部分の租税条約は、二重課税排除を基本目的としながら、相互に課税軽減を図ることもある。このような租税条約上の特典は、締約国の居住者にのみ適用される。したがって、その国内において、国籍の相違により課税上の不公平が事実上発生する。

この条約特典を逆に利用しようとする動きがある。それがトリティーショッピングである。すなわち、締約国外の第三国の居住者が租税条約の特典を利用しようとして、その条約締約国の居住者となること等により、その特典が第三者国の居住者により濫用されることが発生している。これは、租税条約締約国の条約締結意図とは異なることから、この防止をするための諸規定が租税条約に定められようとしている。

日本は、2004（平成16）年の日米租税条約から防止規定の導入を進めてきている。防止規定としては、①受益者概念規定、②適格者基準等、③導管取引防止規定、④濫用目的防止規定などがある。

（2）課税亡命（Exil fiscal）　税負担が高くなると、その国を離れ、税金のない国（無税国家は夢）または軽課税国へ移住するという動きがある。日本は島国であるため、直ちに、このようなことが発生するとは思われないが、ヨーロッパのように陸続きである国が集合している国々では、課税亡命と呼ばれる国際課税問題がある。

フランスでは、税負担が上昇し、高収入を得ている俳優や歌手などが税負担の低いヨーロッパ所在国に住居を構え、ここを拠点に生活と仕事をすることで、フランスの高い税負担から逃れるということが話題になっている。課税亡命は、所得税の居住者主義課税からの回避という、国際的租税回避行為として、課税庁には映る。

所得税以外でも、アメリカの州税である売上税（sale tax）の各州間での税率の高低があることから、州の堺を越えて低い売上税の州で買い物をするというのも、消費税の課税亡命の一つであろう。また、日本で運航されている船舶の

船籍をパナマ船籍などにし、日本の固定資産税の負担を回避するのも、資産税の課税亡命である。近時発生した武富士事件（最二小判平 23.2.18 判例 ID：28170244）も一種の課税亡命であったといえる。

課税亡命は、国際的租税回避行為とみることもできるが、合法的な節税行為とも理解できる。なお、日本での「ふるさと納税」論議は、この課税亡命の勧誘であるともいえる。

課税亡命は、政権に対する反対行動として納税拒否をする税反抗（Tax resistance）とは異なる。

2　法人所得課税に関する国際課税

1）内国法人の国際法人所得課税

（1）内国法人の国際課税の基本　　国際課税は、いわゆる「ヒト、モノ、カネ、情報」の国境を越えた経済活動がなされることに対する課税である。内国法人は、外国に支店、工場、営業所、代理人等の恒久施設（PE）に該当する施設をもったとき、その PE に帰属する所得等に当該外国の法人税等の課税を受けることがある。この場合、日本国が内国法人に対して全世界所得に法人税を課していることから、海外所得につき日本と当該 PE 設置国との課税権行使がなされ、いわゆる国際的二重課税が発生する。国際課税問題の基本は、国際的二重課税の排除にある。

このほかに、企業がグローバルな経済活動をする多国籍企業が出現し、国際取引に基づく法人国際課税として、様々な問題が提起され、為替決済、タックス・ヘイブン対策税制、移転価格税制、過少資本税制などの税法上の対策がとられている。

（2）直接・間接外国税額控除　　日本の法人税法は、内国法人の外国での活動に基づく所得（外国所得）についても各事業年度の課税所得金額に含めて、法人税額を計算する。その結果、当該外国所得に外国の所得課税がなされる場合に国際的二重課税が生ずることとなる。そこで、日本の法人税法は、外国税額控除の制度を採用している（法税法 69 条）。なお、外国所得非課税としている国もある。この場合、外国税額控除は採用されない。

企業が海外進出する場合、自社直営の支店等による進出と、関係外国法人

（外国子会社等）を設立しての進出がある。前者の場合、内国法人が直接納付した外国税額を控除しなければならない。これを直接外国税額控除と呼んでいる。これに対して、後者の場合、外国子会社等からの配当金等の処理となり、その配当金等を外国法人税の負担後のものと考え、外国の子会社等が納付した外国税額のうち内国法人が受ける配当に対応する部分を控除することが考えられる。これを間接外国税額控除と呼んでいる。日本の法人税法は、外国子会社から受ける配当等の益金不算入（23条の2）を採用し、間接外国税額控除制度を採用していない（2009〔平成21〕年税制改正で廃止）。

直接外国税額控除は、国際的二重課税となっている部分の税額を国内法人税額から控除するものである。しかし、この控除額には限度額が設けられている。それは、基本的に、国外所得の金額にわが国の法人税率を乗じた金額の範囲内で控除がなされるということである。計算式を示すと、外国税額の控除限度額＝当期の所得に対する法人税額×当期の国外所得金額／当期の所得金額となる。

外国税額控除制度には、直接・間接外国税額控除のほかに、発展途上国等との租税条約等に対応する「みなし外国税額控除」（タックス・スペアリング・クレジット）と、タックス・ヘイブン対策税制の適用からの「特定外国子会社等に係る外国税額控除」がある。

（3）みなし外国税額控除　　発展途上国は、自国の経済発展のために日本企業等に対して法人税相当額の減免を法制化し企業誘致を行うことがある。しかし、その減免措置が日本の法人税法に基づく課税により、無意味なものとなること（発展途上国源泉所得を自国に課税シフトさせる）を回避するため、租税条約等において、あたかもその減免分が課税されたものとみなして、外国税額控除を行うことがある。これが、みなし外国税額控除、またはタックス・スペアリング・クレジットと呼ばれるものである。

日本は、この制度を認めている（実施特例省令1条11号、10条）。「みなし外国税額」とは、「相手国等の法律の規定又は当該相手国等との間の租税条約の規定により軽減され又は免除された当該相手国等の租税の額で、当該租税条約の規定に基づき納付したものとみなされるものをいう」とされる（実施特例省令1条11号）。これについては、もはや途上国とは呼べない国に対しても恩典を与えている場合もあるほか、第三国のトリティーショッピングの温床となってい

るとの批判もある

　(4) タックス・ヘイブン対策税制　　内国法人の法人税課税は、その法人企業の本店所在地国を中心に実施される。これが本店所在地主義（日本）である。また、これと同じものと考えられるものが、設立準拠法主義（米国）である。このことを利用して、グローバルに経済活動を行う多国籍企業などは、法人税の負担が低いまたは無税である国（タックス・ヘイブン、軽課税国）にいわゆる「ペーパー・カンパニー」等を設立し、事業活動の本拠は従来の通りであるが、本店所在地を移動または設立準拠法を外国法とすることで、法人税減免を達成することができることとなる。そこで、先進国の中には、法人税課税を本店所在地主義のみでなく管理支配地主義（英国）を含めた内国法人判定基準に変更し、実際の実質的法人を管理支配している場所（取締役会の開催地等）をもって内国法人の判定をする国が現れた。これにより、本店所在地主義等と管理支配地主義の競合問題が起こる。

　本店所在地主義を採用している日本の法人税法令は、タックス・ヘイブンを活用した法人税の減免または租税回避を目的とする内国法人の行為に対する対策を講じている。それが、「内国法人の特定外国子会社等に係る所得の課税の特例」（租特法66条の6以下）として規定されるタックス・ヘイブン対策税制である。タックス・ヘイブン対策は、OECD加盟国において重大な国際課税問題として、古くから検討されていたもので、日本もこれに対する国内法整備が1978（昭和53）年から実施されている。

　日本のタックス・ヘイブン対策税制は、内国法人のタックス・ヘイブン内にある外国関係会社のうち日本の法人税負担に比して著しく低いものとなる特定外国子会社等が各事業年度においてタックス・ヘイブン対策税制の適用対象金額を有する場合、その適用対象金額のうち内国法人の有するその特定外国子会社等の株式等を勘案して計算した金額（課税対象金額）は、その内国法人の収益とみなして、益金に算入する（租特法66条の6）。

　日本のタックス・ヘイブン対策税制は、税負担の著しく低い外国子会社等を通じて国際取引を行うことによって、直接国際取引した場合より税負担を不当に軽減・回避し、結果として日本での課税を免れるという租税回避行為に対処するため、一定の税負担の水準（20%、これをトリガー〔trigger〕税率という）以

下の外国子会社等の所得に相当する金額について、内国法人等の所得とみなし、それを合算して課税（会社単位での合算課税）するものである。会社単位での合算課税は、①事業基準、②実体基準、③管理支配基準および④所在地国基準または非関連者基準の全ての条件（適用除外基準）を満たす場合には、その外国子会社等はこの税制の対象とはならない。これは、タックス・ヘイブン対策税制は、ペーパー・カンパニー等のような実体のない子会社を海外に設立し、租税回避を防止するための措置であるからである。なお、資産性所得の合算課税制度もある。

合算課税がなされた場合、特定外国子会社等に係る外国税額控除もなされる（租特法66条の7）。

企業の海外進出は、単に税負担が減免されることを理由になされるものではなく、その企業活動の発展を基本目的とするものである。特に、先進国の企業は、天然資源や労働資源のない国、情報通信設備の不十分な国、交通不便な国などに、企業進出をしないのではなかろうか。タックス・ヘイブン税制は、税負担軽減目的のものに限定して適用されるべきである。

（5）**移転価格税制**　親子関係のある会社間のような関係者間の国際取引は、その取引価格の決定が恣意的であり、その取引価格を操作することで、内国法人の課税所得を減少させ法人税の負担を回避することもある。取引価格は第三者間で行われる独立企業間価格（アーム・レングス・プライス）が基準となり、これと異なる関係者間の取引価格をこの独立企業間価格で行われたものとみなして法人税の課税が行われる。これを移転価格税制という（租特法66条の4）。日本は、1986（昭和61）年から実施されている。

移転価格税制は、一企業間の本支店工場間の取引には適用されない。これは、親子関係を前提としている。すなわち、50％以上の持株関係がある場合に、基本的には、この税制の適用がなされる。適用対象取引は、資産の販売、資産の購入、役務の提供その他の取引とされ、ほとんどの取引が対象であるといえる。

独立企業間価格は、棚卸資産の売買取引とこれ以外の取引とにより、算定の方法が異なる。棚卸資産の売買取引では、①独立価格比準法、②再販売価格基準法、③原価基準法のいずれかを基本として、④利益分割法（プロフィット・ス

プリット法）などその他の方法が採用されている。棚卸資産の売買取引以外の取引（金銭貸借、役務提供）では、①独立価格比準法、②再販売価格基準法、③原価基準法のいずれかの方法が基本となる。

移転価格税制により増額課税をした外国に所在する関係者の取引相手である内国法人に関しては、減額更正となる事由が発生する。結果、過年度分の取引に基づく過年度分の減額修正であれば、還付税が発生する。取引が多額である場合には、還付税も多額となる。これは住民税の還付ともなり、自治体財政に大きな影響ともなる。

（6）過少資本税制等　　日本の法人税では支払配当金が損金不算入となる。そこで、日本に企業進出する場合、特に子会社を設立して進出するとき、資本金額を減じて、その日本企業の借入金とすることで、借入金に対する支払利息を多くし、これは損金となることから、日本での法人税額負担を軽減することができる。そこで、この対策として、過少資本税制が講じられている（租特法66条の5）。日本では、1992（平成4）年に採用された。

内国法人がその国外支配株主等または資金供与者等に負債の利子等を支払う場合において、その事業年度の国外支配株主等および資金供与者等に対する負債に係る平均負債残高がその事業年度の国外支配株主等の資本持分の3倍に相当する金額を超えるときは、その国外支配株主等および資金供与者等に支払う負債の利子等の額のうち、その超える部分に対応するものとして計算した金額は、その内国法人の事業年度の所得の金額の計算上、損金の額に算入しない。

なお、過大な支払利子を利用した租税回避に対する過大支払利子税制もある（租特法66条の5の2）。

（7）為替決済　　外国との間の国際取引は、日本円で契約され決済されることもあるが、国際通貨であるドル建取引等も多くある。その結果、内国法人は、外貨を有して、事業年度末における決算をしなければならない。このときに、どのようにこれら外貨を円換算するかにつき、法人税法は規定している。

外貨建取引を行った時における外国為替の売買相場により換算した金額とするのが基本となる（法税法61条の8①）。

2）外国法人の国内源泉法人所得課税

（1）恒久施設帰属と国内源泉所得　　外国法人の日本法人税に係る納税義

務は、国内源泉所得（法税法138条）に規定する国内源泉所得を有するとき（人格のない社団等にあっては、その国内源泉所得で収益事業から生ずるものを有するときに限る）、法人課税信託の引受けを行うとき、または外国法人に係る退職年金等積立金の額の計算（法税法145条の3）に規定する退職年金業務等を行うときは、この法律により、法人税を納める義務があるとされる（法税法4条③）。外国法人の国内法人課税の基本は、国内源泉所得である。なお、外国資本100％で設立された法人で本店が日本国内にある法人（外国法人の国内子会社）は、内国法人となる。

　国内源泉所得は、日本国内にある恒久施設に帰属する所得を基準として決定される。法人税法138条は、1号から11号までに国内源泉所得の種類を列挙している。また、租税条約により、これと異なる定めがある場合、その租税条約による（法税法139条）。

　(2) 課税標準、税率等　外国法人の国内法人税の課税標準となる国内源泉所得の範囲は、次の4区分に従い決定される（法税法141条）。また、外国法人に対して課する各事業年度の所得に対する法人税の額の適用税率は、内国法人のものと同様である（法税法143条）。

① 国内に支店、工場等を有する場合：すべての国内源泉所得が課税対象となる。

② 1年を超える国内建設作業等を行う場合：法人税法138条1号から3号までの国内源泉所得とそのほか国内建設作業等に帰属する国内源泉所得が課税対象となる。

③ 代理人等を置く場合：法人税法138条1号から3号までの国内源泉所得とそのほか代理人等を通じて行う事業に帰せられる国内源泉所得が課税対象となる。

④ その他の場合：法人税法138条1号の国内源泉所得のうち、国内にある資産の運用もしくは保有または国内にある不動産の譲渡により生ずる国内源泉所得と同法138条2号および3号の国内源泉所得が課税対象となる。

　利子所得、配当所得、人的役務提供事業の対価の支払については、源泉所得税の徴収（20％）がなされている。外国法人の法人税計算においても所得税額の控除がなされる（法税法144条）。また、これら源泉所得税の徴収は国内に恒

久施設を有しない外国法人についても行われることから、これら徴収額は租税条約に基づき処理、手続される。

【演習問題】
1　日本国内に居住する日本人が年の途中にて勤務先企業の外国支店勤務となった場合、納税管理人を定めなければならない場合がある。これにつき説明せよ。
2　海外勤務する内国法人の役員に対する給与課税について説明せよ。
3　日本人居住者である個人事業者が外国での工場経営を始めた。想定される所得税の課税措置を説明せよ。
4　非居住者である外国人が日本国内で行う事業において、その事業内容により所得課税の有無がある。免税となる租税条約がないものとしたとき、日本国内法に基づき、課税所得を生じる事業と生じない事業との事例を説明せよ。
5　短期滞在者である外国人タレントAとそれに報酬を支給する内国法人甲株式会社との間で行われる所得税源泉徴収について説明せよ。
6　法人企業の課税において、本店所在地主義でなく、管理支配地主義が採用される背景について説明せよ。
7　タックス・スペアリング・クレジットの意義と内容を説明せよ。
8　日本のタックス・ヘイブン税制について説明せよ。
9　トリガー税率とは何か説明せよ。
10　移転価格税制の必要性を説明せよ。

第 19 章

消費課税法の基礎

1　消費課税の基本

1）個別消費税と一般消費税

　日本の税制史においても、砂糖税、トランプ税などの個別消費税があった。今日でも、酒税、たばこ税、石油関連税目がある。1988（昭和63）年税制改革において、消費税が創設された（改革法10条）。消費税は一般消費税と呼ばれるもので、かつ多段階消費税（製造者・上流から消費者・下流までの商品移転、すなわち製造・流通・消費の各段階で課税する税）でもある。

　消費税は、消費に課税する税である。しかし、現実には、商品・製品等の製造・流通・消費の段階での製造者等による譲渡価額を基礎に課税し、その税負担を上乗せした価格での商品等の移転販売が消費者に対してなされることを想定した税システムが構築されている。すなわち、租税転嫁が消費課税では行われることを立法は前提としている。消費税は、消費に対する税として、最終消費者が負担することを予定している税である。現実の商品売買等において租税転嫁がなされ得ない場合もありうる（在庫商品の原価割での販売、輸出免税、ゼロ税率等）。日本の消費税も、ヨーロッパ付加価値税も、企業の付加価値（利益）に課税しているともいえ、消費課税はある意味において所得課税的要素がある。しかし、消費税は、所得への課税ではなく、市民の消費への課税であり、消費税の徴収システムとして消費者が納税義務者となっていないだけのことである（消費者・市民を納税義務者とする直接消費税も可能である）。

　個別消費税と一般消費税との関係において、累積課税の問題がある。個別消費税の多くは、原価等を基礎として課税し、一般消費税は譲渡（販売）価額を基礎として課税することから、租税転嫁を前提とすれば、一般消費税の課税標準には個別消費税が含まれている。すなわち、税に税を課している状況、すな

わち累積課税（tax on tax）がある。日本の消費税法も、累積課税を実施している（同法28条④）。これには批判がある。

2）多段階課税と単段階課税

日本の消費税は、課税資産等の製造（生産）段階、卸（流通）段階、小売（消費）段階と続く経済取引過程において、そのすべての段階での課税をするものである。このような課税を多段階課税と呼んでいる。これに対して、その一つの段階でのみ課税する税もある。この課税を単段階課税と呼んでいる。

2　消費課税法原則

1)「消費地課税」の原則

消費課税は、消費地で課税される。したがって、原則として国内消費のみを課税対象とする。国際的にも、国内消費課税に限定して消費課税制度は構築されている。しかし、ネット取引での商品購入がグローバル化してきており、消費課税を逃れていると解されるケースも出現してきている（日本では2015〔平成27〕年に「国境を越えた役務の提供に対する消費税の課税の見直し」として対応改正）。

国外輸出品への消費課税の免除、また輸入品に対する国内消費税課税は、この原則の適用からである。外国人の国内消費は課税されるが（外国人の免税購入は別）、自国民の国外消費は課税対象外となる。国境を超えた役務提供に対する国内消費への消費税課税が検討され、実行されようとしているのも、この原則に基づく考えである（国税庁ウェブサイト＞パンフレット・手引き＞税務署パンフ「消費税法改正のお知らせ」〔2015年4月〕参照）。

これは、消費行為の特性に由来する。この原則は、所得税の所得源泉地課税、資産税の資産所在地課税と同じ考えに基づくが、所得税の居住者課税主義に基づく全世界所得課税、日本国籍を有する者の相続税の全世界相続財産課税などとは異なり、国内取引に基づく国外消費に対する課税を完全に排除する。

なお、国際連帯税としてフランスなどが導入した「航空券連帯税」は、国際航空券購入にも課税されることから、出国時の課税となり、例外の一つである。また、アルゼンチンの穀物輸出に対する関税も例外的な政策税制である。

2)「生活必需品減免税、贅沢品重課税」の原則

課税は、無限に認められるものではない。毎年の課税は、市民の所得を税源

として基本的に構築されるべきである。市民生活は、その市民の毎年の所得と、蓄積してきた資産（過年度の所得税を支払った後の所得での生活消費した残額）を基礎として営まれる。その中で、市民の一般的生活では贅沢と思われる奢侈なものの消費には、通常の消費課税よりも重課することが認められる。また、嗜好品である酒・たばこ等についても重課が認められる。しかし、これら嗜好品課税の重課は、その消費品の原価を上回る負担となり、消費課税の枠内で説明されるものではない。これは、環境、人の健康という別の視点からの重課として許されるべきものである。

　この原則は、単に贅沢品消費に課税すべきとするのみならず、最低生活を維持するのに必要な衣食住に関する消費行動、生活消費に対しては消費課税をしてはならないことをも提示する。

　消費課税において課税品目等のいわゆる「線引き」は、常に課題となる。また、これは政治的道具としても使用される。政権政党との関係のない業種に重課となり、付加価値税の本場であるフランスではデモの標的となっている。

3)「エコ減免税」の原則

　環境問題は21世紀の人類共通のものである。環境配慮型の社会、循環型社会の形成が要請されている。市民の消費行動も、グリーンコンシューマーとして、地球環境市民として、環境企業として、環境リテラシーをもった行動が期待されている。国家活動も、環境国家、環境政府、環境自治体としての行動が問われている。税制においても、エコ推進が意図されるべきである。

　具体的には、環境税の創設となるが、現実の環境税は、北欧諸国の炭素税などの石油エネルギー関連税制、イギリスの廃棄物処理場税（Landfill Tax）などのごみ処理税制が中心となる。これらのみでなく、再使用品、再生品の購入を推進するための消費税の減免税も要請される（3R〔Reduce 発生抑制、Reuse 再使用、Recycle 再生利用〕から 4R〔Refuse 環境に支障のある製品等の購入使用拒否〕、5R〔Rebuy 再生品購入〕への展開）。

【演習問題】
1　消費課税の分類を説明せよ。
2　消費課税での応能課税の実現について論じよ。

第 20 章

消費税の基本構造と課題

1　消費税法の創設と基本

　平成の税制として「消費税法」は登場した。すでに消費税が創設されてから、四半世紀が経過する。しかし、消費税廃止の声は未だにある。消費税は、税制改革法の理念「公平、簡素、中立」に基づいて創設された。その実現がされているか検証されるべきである。

　消費課税は、消費に課税するものである。しかし、現実の消費税は、個人の消費行為に対する税というより、企業の事業活動成果に対して課税するもの、いわゆる取引高税（la taxe sur le chiffre d'affaires）となっている。直接税として消費者を消費税の納税義務者とすることは、税技術として現実的な煩雑さを伴うものと推量され、事業者を消費税の納税義務者にし、租税転嫁を認め、間接税としての消費税制を採用する例が多い。

　現行消費税の解説は、税大講本『消費税法』等に詳細記述されている。

1）取引区分、納税義務者等

　消費税は、国内において事業者（個人事業者と法人）が行った資産の譲渡等（事業として対価を得て行われる資産の譲渡および貸付け並びに役務の提供〔代物弁済による資産の譲渡その他対価を得て行われる資産の譲渡もしくは貸付けまたは役務の提供に類する行為を含む〕をいう）、および保税地域から引き取られる外国貨物（輸入貨物）に課税する（消税法2条、4条）。

　国内取引については事業者が、輸入取引については輸入者が、納税義務者となる（消税法5条）。納税義務者としては一般の個人企業、法人企業のほか、国、地方公共団体等についても、一般会計または特別会計の事業につき、これらを一つの法人が行う事業とみなして、消費税法を適用することから、納税義務者となる（消税法60条）。国等が納税義務者になるのは、消費税だけである。通常、

国等は非課税団体である。

　消費税の非課税は、国内において行われる資産の譲渡等のうち別表第一に掲げるもの、および保税地域から引き取られる外国貨物のうち別表第二に掲げるものとされる（消税法6条）。たとえば、税の性格から非課税取引として、土地の譲渡・貸付け、金融・保険、行政手数料等があり、また、社会政策的配慮から非課税取引として、医療、社会福祉事業等、一定の学校の入学金・授業料等、助産、埋葬・火葬料、身体障害者用物品の譲渡・貸付け等、教科用図書の譲渡、住宅の貸付けがある。

　消費税の非課税ではないが、消費税の課税の対象とならない取引（不課税取引）がある。不課税取引としては、国外取引、寄付金、祝金、保険金、配当金、損害賠償金などの受領、資産の廃棄、盗難などがあげられる。

　消費税の実務では、不課税取引、課税取引、免税取引、非課税取引の区別が重大である。しかし、これが煩雑でもある。簡易課税制度を選択した事業者は、二つ以上の業種を営むとき、その課税売上につき区分しなければならない。これも、煩雑である。

2　本則課税の消費税構造

　消費税の税率は、創設当初3％、そして、その後、地方消費税込で5％、さらに8％となり、今後10％と上昇することが予定されている。

　消費税の納付税額は、課税売上高×税率－仕入税額控除額という算式で原則的に計算される。

　課税売上高は、非課税取引を除く「資産の譲渡等」（課税資産の譲渡等）の対価の額が消費税の課税標準となる（消税法28条①）。この対価額は、対価として収受し、または収受すべき一切の金銭または金銭以外の物もしくは権利その他経済的な利益の額とし、課税資産の譲渡等につき課されるべき消費税額およびその消費税額を課税標準として課されるべき地方消費税額に相当する額を含まないものとされる（同条かっこ書）。

　仕入税額控除額は、消費税が多段階課税、累積排除型の税であることから前段階での消費税額を控除する方式（前段階税額控除方式）を採用しているが、これによる税額控除額をいう（消税法30条①、37条①）。その他の税額控除として、

値引きや返品に係る税額控除（同 38 条）と貸倒れに係る税額控除（同 39 条）がある。非課税（支払利息など）、免税（国際電話料金など）、不課税（支払給与など）取引については、仕入税額控除の対象とならない。仕入税額控除は、原則、課税仕入れの対価に係る消費税額の全額控除となるが、課税売上高（5億円基準）と課税売上割合（95％基準）により個別対応方式または一括比例配分方式が採用される（消税法 30 条②）。仕入税額控除額の計算の基礎として、帳簿および請求書等の保存が事業者に義務づけられている（消税法 30 条⑦、58 条。これを請求書等保存方式という）。

日本の消費税は、仕入税額控除につき、帳簿方式を採用した（現行法は請求書等保存方式）。今後、インボイス方式の導入も検討されている。消費税の会計処理としては、税込経理方式と税抜経理方式がある。仕入税額控除の帳簿方式、総額表示義務があることから、税込経理方式が処理上簡便であるが、インボイス方式が採用されると、税抜経理方式が適用普及する可能性もある。

3 簡易課税制度の消費税構造

基準期間（前々年または前々事業年度）の課税売上高が 1000 万円以下の事業者は、納税義務が免除される（免税事業者）（資本金が 1000 万円以上の新設法人の設立当初の2年間については、適用されない）（消税法 9 条）。

基準期間の課税売上高が 5000 万円以下の課税期間については、選択により、売上げに係る税額にみなし仕入率を乗じた金額を仕入税額とすることができる（消税法 37 条。簡易課税制度）。みなし仕入率は、事業の種類ごとに法定されている（消税法 37 条、消税令 57 条）。二以上の事業を営む事業者には、みなし仕入率の調整がなされる。

4 申 告 等

1）消費税の申告

確定申告は、課税期間の末日の翌日から2月以内に行う（消税法 45 条）。ただし、個人事業者は、翌年の3月末日までとされている（租特法 86 条の 4）。また中間申告は、年税額に応じてある。輸入取引については、保税地域からの引取りの際に申告・納付する。

2) 地方消費税

　日本の消費課税制度は、国税としての消費税とともに、地方消費税が都道府県にて課税される（地税法72条の77以下）。地方消費税は、消費税の申告納付と合わせて一旦国（税務署、税関を通じて）に納付される。国に納付された地方消費税額は、最終消費地に税収を帰属させるため、消費に関連した基準（商業統計に基づく小売年間販売額、人口、従業者など）によって都道府県間において清算される。この地方消費税収入の2分の1は、市町村への交付金として配分される。

5　消費税の課題

1) 逆進性の回避

　現在の日本の消費税では、幼児が30円の駄菓子を購入した場合にも消費税の課税となる。この幼児は、親の扶養の下にあり、所得を得ていない。消費税は、所得課税を補完するものであると考える。所得課税において課税所得なしとなる者の消費に消費税を課税することは、公正であるのか疑問である。特に、公的な生活扶助を受けている者への課税は、税の支出の福利効果を減退させる。

　消費税の逆進性は、創設以来、提示されてきた。そして、これを理由に消費税廃止が求められている。単一税率の税は、常に逆進性の問題を内包する。この逆進性の解消策として、いくつかの改正論が提案される。

　一つには、非課税の範囲の見直しである。特に、食品（加工品、調理品等を除くか否かの問題もある）、乳幼児用物品、教育用物品および介護・医療用品等、並びに教育費、医療費などの公益的役務提供および各種の公共サービスなどの非課税が考慮される。非課税に代わり、これら物品に対する税率をゼロとすることも、同様なものとして推奨される。これら物品の生産者、製造者および役務提供者が負担した前段階の消費税は、還付されるべきである。それにより、この還付は、これらの者への一つの補助となる。これに類する解消策として、課税物品の性質種類ごとに多段階税率の適用が提案される。付加価値税の母国フランスでは、複数税率による税率構造を採用している。

　いま一つには、カナダで実行されているGSTクレジット（Goods and Services Tax Credit。消費税逆進性対策型の給付付き税額控除）などの創設が期待される。間接税である消費税は、最終的には消費者である家計の負担となる。家計に対す

る均一税率が有する不公平な逆進性は、所得課税において調整することも可能である。しかし、これも、所得申告が所得の有無に関係なく市民に保障されている場合には、有用な方法であるが、その困難性もあり、課題を有する。

　消費税が原則的にすべての資産の譲渡等を課税対象とし均一税率での課税をしている限り、消費税の不公平は解消しない。消費税率の上昇は、より不公平を増大する。所得税減税を実施し、消費税の増税をするという新自由主義的税制策は、所得税の大衆課税を超える大衆課税を実行し、富裕者優遇の税制といえ、不公平であると断言する。公平税制の実現は困難な面もあるが、明白に不公平である税制は直ちに改善されるべきである。

2）仕入税額控除の計算基礎

　日本の消費税法は、その課税方式として、仕入税額控除（仕入れに係る消費税額の控除）額の計算基礎として帳簿方式を当初採用し、その後の改正により請求書等保存方式とした。すなわち、同法は「事業者が当該課税期間の課税仕入れ等の税額の控除に係る帳簿及び請求書等（同項に規定する課税仕入れに係る支払対価の額の合計額が少額である場合その他の政令で定める場合における当該課税仕入れ等の税額については、帳簿）を保存しない場合には、当該保存がない課税仕入れ又は課税貨物に係る課税仕入れ等の税額については、適用しない」と規定した（消税法28条⑦）。また、消費税法は、帳簿の備付け保存義務を事業者に課している（同法58条）。実務において、税務調査時に帳簿の提示がない場合、ここでいう帳簿保存がない場合に該当するものとされる。

　消費税の課税方式として帳簿方式ではなく、インボイス方式が提言されている。付加価値税を創設したフランス、またヨーロッパでは、インボイス方式が採用されている。事業者は、仕入れ時インボイスに記載されている付加価値税額と売上げ時インボイスに記載されている付加価値税額の差額を、原則として、毎月納付する。

　所得課税でも同じであるが、会計帳簿を完備するのは事業者として当然ではあるが、現実には難しい場合もある。それゆえ、所得課税では青色申告制度を導入しているのであり、消費税にはこれがないことから、所得課税の青色申告者でもない事業者が消費税の納税義務者となるとき、所得税負担がなくとも消費税の納税があることが想定でき、その者の税務負担は容易に相当なものとな

る。

　日本の消費課税史において、大部分の企業が消費課税に関係するのは、この消費税が初めてである。その税額計算において、記帳義務が事実的に課されたのも、この消費税が初めてである。所得課税では、青色申告者のみが記帳義務を有していた。所得課税で青色申告者でない消費税の納税義務者もいる。消費税は、導入当初より、税制的混乱の元となっていた。ただし、消費税の帳簿方式が青色申告者以外の事業者にも記帳の重要性を認識させ、記帳に基づく実額課税を拡大させたのも事実である。そして、コンピューター会計が普及し、複雑な消費税処理を帳簿方式でも可能にし、日本の消費税は、インボイス方式を羨望しつつも、帳簿方式を基礎に税額計算を可能にしている。この点に関しては、問題は多く指摘されている。

　国税通則法15条は、消費税等の納税義務の成立時期を、課税資産の譲渡等をした時とする。消費税の確定申告が課税期間の末日の翌日から2月以内とされていることから、納税義務の成立と確定との間に時間的隔たりがある。インボイス方式による納付税額計算を採用しない日本の消費税は、税システムとしても違和感を有する。課税売上額と課税仕入額を帳簿から導く課税方法には、請求書等による補完がなされたとしても、その信憑性、正確性などに疑問が呈される。

　また、税制改革法11条が「消費税を円滑かつ適正に転嫁する」と明記した消費税転嫁についても、帳簿方式による計算では不十分なものとなると推量される。消費税率の引上げに伴い消費税転嫁対策特別措置法が制定され、一定期間につき、消費税の転嫁に関する法的対応措置が講じられた。これは、自由市場への規制となる。

3）国等の納税義務

　税制において納税義務者は、個人や法人であり、国や地方公共団体は納税義務を負わないというのが基本設計である。国等は、課税主体であり、納税主体ではない。国家経済の構造からも、このことは当然である。しかし、消費税の納税義務者には、国、地方公共団体も含められている。それゆえ、自治体の公企業によるバス料金などには、消費税が課されている。これは、国等が購入した資産に消費税が課税されていることから、消費税を転嫁させるために、課税

事業者と同様な資産の譲渡・サービスの提供がある場合、最終消費者に消費税を負担させるものである。現行制度は、国等に対する特例を規定している（消税法60条）が、国等を消費税の納税義務者にしている。

　税制の基本からすると、所得課税および資産課税において非課税となる国等が消費税の課税事業者・納税義務者になることは異様である。国等の資産譲渡等を課税除外とすべきと考える。国等の会計は、消費会計と呼ばれる。国等が物品購入で負担した消費税額は、転嫁の対象ではない。また、公営企業等の役務提供に関する消費課税は、非課税またゼロ税率とすべきものである。公益サービスへの消費課税は、市民の日常生活に多大な負担を強いるものであり、廃止されるべきである。

4）法人の消費行為と消費税

　法人企業の会計処理では、「消費」は存在しない。一般には、企業が営利目的の存在であることから、その支出する財貨は収益を得るための費用であるとされる。したがって、これらの支出において消費税が課税された場合、その消費税額は、仕入税額控除額として、収益に係る消費税額から控除される。

　しかし、個人が家計負担にて飲食する場合と、法人の接待交際費として関係者が飲食する場合と、消費課税として異なるところはないのではないか。所得課税において法人の交際費損金不算入（租特法61条）があるが、消費税においても、同様に、最終消費と考えうる法人企業の消費支出に係る消費税の仕入税額控除を否認することも可能であると解する。消費課税が所得課税の補完税的税であるとすれば、同様の措置（奢侈支出制限）が望まれる。

　法人の消費に対する消費税の課税（最終負担）は、法人所得税である法人税を補完し、企業の社会的責任としての法人企業の税負担のあり方を考える際にも、強く求められるものである。

5）tax on tax

　個別消費税の課税物品に関する譲渡販売に対しては、個別消費税額を含めた価額に消費税が課されている（消税法28条③、消税基通10-1-11）。たばこ、酒、石油製品に関しては、二重、三重の税の上に税という tax on tax（累積課税）の状況がある。これは、関税や酒税等の個別消費税額を含む金額を課税標準として消費税の税率を適用することから生ずる問題である。「税に税を課す」こと

の正当性が問題視されている。

　これは、間接税の租税転嫁の実効性が実定税法において担保されるべきなのかが問われる。関税10％を含む輸入貨物価格110万円に係る消費税の計算は、この110万円を基礎に計算され、消費税率10％とすると、消費税額11万円となり、その輸入貨物が最終消費者に引き取られる際に、これら関税と消費税は転嫁される。輸入貨物の本体価格が関税額を除いた100万円であることから、本来的には、消費税額も10万円となるべきという課税システムも講ずることは可能である。輸入（納税）申告書等において、これらの対応は可能であると考える。ただし、関税の基礎となる課税価格がいわゆるCIF価格でありFOB価格ではないことから、問題の単純でない面もある。

　この問題は、「税に税を課す」という事態を異常であると一般常識的に捉えうることからの提起である。現行法の解釈では、明確に規定されていることから、違法とはならない。しかし、立法論として、このような状況が市民の税負担として公正であるかが問われるべきである。消費税の課税対象となる物品の課税価格である販売価格等は、個別消費税等の額を含めたその物品の購入原価等に販売利益等を考慮して算出決定されている。したがって、このことから、そこに含められている個別消費税額を消費税課税に際して控除することは、個別対応のインボイス方式であれば可能であるが、帳簿方式での計算では困難なものとなる（事後的な詳細な実際原価計算に基づく作業が必要であろう）。計算の複雑さを増す立法は、公平、簡素、中立の原理から、望ましいものではないともいえる。

　tax on tax は、納税者心理として異常なシステムであるといえるが、課税システムの簡素化からみると、一つの課税システム設計ともみることができる。これは、市民の理解があれば許されるものと考える。

【演習問題】
1　消費税の福祉目的税化とは何か説明せよ。
2　消費税法における国等の納税義務について論じよ。
3　地方消費税の課徴システムについて説明せよ。
4　消費税の会計処理について説明せよ。

第21章

関税の基本構造と課題

1 貿易と関税

　国際課税の中心は、かつて国境税である関税であった。1930年代の世界恐慌後、ヨーロッパのブロック経済体制から自由主義貿易への展開として、ガット体制（ITO構想におけるGATT）が構築され、今日、これはWTO体制へと展開されている。

　「モノ」の国際移動、すなわち貿易は、輸出取引と輸入取引とに分け認識される。これに対する税制としては、国境税としての関税がある。今日、関税は輸入にかかる税制として知られている。WTO体制の中、自由貿易の拡大が叫ばれ、関税撤廃が推進されている。しかし、関税制度は依然として存在する。税関では、関税のほか、国内消費税の課徴も行われる。関税は、「モノ」の輸入に対する税であり、消費税の消費地課税原則が適用されるものと考え、消費課税として考察されうる。

1）関税の意義

　関税は、歴史的には、入国に際する手数料として徴収されていたものが発展したものである。現在の関税は、輸入関税のみとなっているが、輸出関税もある（アルゼンチンの輸出物品税）。

　国際経済の進展は、貿易自由化を求めている。貿易自由化のためには、関税撤廃が推進されている。現在の関税は、財政収入の確保のためというより、国内生産品を保護するための保護関税としての性格を強くもっている。かつて、日本においてバナナが高級果物であったのも、国内の果物生産者保護のため、高い関税が課税されていたからである。保護関税は、政策関税であり、貿易自由化のためには縮小されるべきである。しかし、貿易自由化の理念の実現は難しい。

関税は、関税法、関税定率法および関税暫定措置法を中心に法整備されている。関税法は、関税の確定、納付、徴収および還付ならびに貨物の輸出および輸入についての税関手続の適正な処理を図るため必要な事項を定める法律である（同法1条）。関税定率法は、関税の税率、関税を課する場合における課税標準および関税の減免その他関税制度について定める法律である（同法1条）。関税暫定措置法は、国民経済の健全な発展に資するため、必要な物品の関税率の調整に関し、関税定率法および関税法の暫定的特例を定める法律である（同法1条）。

2）貿易と通関手続

　国際取引、特に国際物流である貿易において、税関での通関手続は迅速であるべきである。日本の通関手続は、賦課課税方式から原則・申告納税方式に変更され、また電子申告等も導入されている。

　通関は、輸入通関と輸出通関に大別される。また、特殊なものとして、国際郵便物の通関、携帯品・別送品の通関がある。

　（1）**輸入通関**　　外国から日本国に到着した貨物（外国貨物）を国内に引き取る際には、貨物が保管されている保税地域を管轄する税関官署へ、輸入（納税）申告を行い、税関の検査が必要とされる貨物については必要な検査を受けた後、関税、内国消費税および地方消費税を納付する必要がある場合には、これらを納付して、輸入の許可を受ける（関税法72条）。この一連の手続を輸入通関手続という。企業間の物流取引のみならず、個人が行う輸入の場合も、一定の場合、輸入通関を必要とする。

　（2）**輸出通関**　　輸入通関に対して、輸出通関は、関税等の課徴を必要としない。しかし、貨物を輸出する場合、輸出申告を税関に提出し貨物の検査を受け、輸出許可を得なければならない（関税法67条）。輸出申告は保税地域に貨物の搬入前にもできるが、輸出許可は保税地域に貨物を搬入した後になされる。

　（3）**国際郵便物の通関**　　郵便局を利用して、貨物を輸出入することがある。この場合、貨物価額が20万円以下の場合には、郵便局での手続で輸出入ができるが、20万円を超える貨物の輸出入は税関での通関手続が必要となる。

　（4）**携帯品・別送品の通関**　　海外から帰国するとき、空港などでの税関検査場を通過しなければならないが、このときに携帯品・別送品に係る通関を

必要とされる。免税点範囲のものの携帯品・別送品は別として、この免税点範囲を超える携帯品・別送品には簡易税率が適用される（関率法3条の2）。

3）保税地域の意義

輸出入通関において重要な機能を果たすのが、保税地域である。

保税地域には、指定保税地域（関税法37条）、保税蔵置場（関税法42条）、保税工場（関税法56条）、保税展示場（関税法62条の2）および総合保税地域（関税法62条の8）がある。保税地域は、輸出しようとする貨物または外国から到着した貨物を置く場所として、財務大臣により指定、または税関長により許可された場所である。保税地域は、空港内の外国貨物置場、保税倉庫、国際見本市会場などとして知られ、関税の納税なく外国貨物を蔵置することができる場所である。これにより、保税地域は、国際物流に寄与している。

また、開港、税関空港、保税地域との間を保税運送も認められる（関税法63条）。

4）輸入と輸出の定義

輸出入取引は、基本的には貨物の売主と買主との間での国境を越えた売買である。売買契約が整うと、売主側では貨物の搬出と本船への積込み、積込貨物のリスト等作成（品物の品名、数量、価格を記載した「仕入書〔インボイス Invoice〕」、船会社から取得する本船貨物受領書〔有価証券〕「船荷証券〔Bill of Lading：B／L〕」、荷送人と運送人との間に締結される運送契約書「海上運送状〔Sea Way Bill：SWB〕」、航空貨物の運送に関して荷送人と運送人との間に締結される運送契約書「航空貨物運送状〔Air Way Bill：AWB〕」）、買主からの代金支払確認、B／Lの引渡しをする、一方、買主側では、外国為替銀行を介しての代金決済、B／Lの受理、運送人（船会社、航空会社）から「到着通知（Arival Notice）」、貨物の輸入通関後、貨物の引き取りとなる。

輸入とは、外国から本邦に到着した貨物（外国の船舶により公海で採捕された水産物を含む）または輸出の許可を受けた貨物を本邦に（保税地域を経由するものについては、保税地域を経て本邦に）引き取ることをいい、輸出とは、内国貨物を外国に向けて送り出すことをいう（関税法2条）。外国貨物とは、輸出の許可を受けた貨物および外国から本邦に到着した貨物（外国の船舶により公海で採捕された水産物を含む）で輸入が許可される前のものをいい、内国貨物とは、本邦にある

貨物で外国貨物でないものおよび本邦の船舶により公海で採捕された水産物をいう（関税法2条）。

2 関税の納税義務者等

現行関税の解説は、財務省ウェブサイトに関税制度が掲載され、カスタムアンサーに詳細記述されている。また、日本関税協会ウェブサイトも参考となる。

1）納税義務者

関税は、関税法または関税定率法その他関税に関する法律に別段の規定がある場合を除く外、貨物を輸入する者が、これを納める義務がある（関税法6条）。

2）品目分類と税率

関税は、輸入貨物の価格または数量を課税標準として、これに課税物品ごとに定められている関税率表の税率を適用し計算される（関率法3条）。

関税率には、関税定率法（基本税率）および関税暫定措置法（暫定税率、特恵税率）により定められている「国定税率」と、条約による「WTO協定税率」「経済連携協定（EPA）税率」がある。適用される関税率は、複雑であることから、実行関税率表（タリフ〔Tariff〕）が参考として公表されている。税率の形態は、従価税、従量税、混合税などがある。特殊な関税として、WTO協定で認められたルールとして、不公正な貿易取引や輸入の急増など特別の事情がある場合に、自国の産業を一時的に救済するため、通常課されている関税に追加的に課される割増関税で、報復関税（関率法6条）、相殺関税（同法7条）、不当廉売関税（同法8条）および緊急関税（セーフガード、同法9条）などがある。

品目分類が各国で異なることは国際貿易の障害となると考えられる。そこで、関税協力理事会品目表（CCCN）が作成され、「関税率表における物品の分類のための品目表に関する条約」（品目表条約）が1959年に発効していた。現在は、1983年に「商品の名称及び分類についての統一システムに関する国際条約（HS条約）」が採択され、日本の関税率表もこれを採用している。また、輸出入統計品目表もHSに適合したものとなっている。

これらをまとめたものが、「輸入統計品目表（実行関税率表）」（タリフ）である。

3）関税評価（課税価格）

従価税の関税では、その外国貨物に係る課税価格の決定が重要となる。この

価格には、FOB（Free on Board）価格と CIF（Cost, Insurance and Freight）価格がある。FOB 価格は、「本船甲板渡し条件（本船渡条件、本船渡し、本船積込渡し）」の価格である。これに対して、CIF 価格は、「運賃・保険料込み条件」の価格である。貿易取引において売主と買主とのいずれが、どこまでの費用とリスクを負担するかにより、契約上の取引価格が決定される（FOB と CIF との中間のものとして、保険料買主負担となる C&F）。日本の貿易統計では、輸出には FOB 価格が、輸入には CIF 価格が用いられている。

関税定率法は、関税の輸入貨物の課税標準となる価格（課税価格）を取引価格としている（同法4条①）。取引価格とは、当該輸入貨物に係る輸入取引において輸入貨物につき現実に支払われた、または支払われるべき価格に、その含まれていない限度において、輸入貨物が輸入港に到着するまでの運送に要する運賃、保険料その他当該運送に関連する費用（輸入港までの運賃等）等を加えた価格である。すなわち、CIF 価格相当の価格が関税の課税標準価格である。

貿易取引は、貨物価格を円表示でなされるものもあるが、ドルなどの外国通貨によるものもある。外国通貨により表示された価格の本邦通貨への換算は、その輸入貨物に係る輸入申告の日における外国為替相場（税関長の告示）によるものとされる（関率法4条の7）。

4）申告・納税等

貨物の輸入許可を受けるには、輸入（納税）申告し、関税、内国消費税および地方消費税を納付する必要がある場合には、これらを納付しなければならない。

関税の確定は、基本的には、申告納税方式によりなされる（関税法6条の2）。NACCS（Nippon Automated Cargo and port Consolidated System、輸出入・港湾関連情報処理システム）を利用した、電子申告ができる。通関手続に係る電子手続の原則化が進行している。NACCS の「申告添付登録（MSX）業務」利用が進むことで、通関関係書類の電子化・ペーパーレス化がなされる。

また、納税についても、従来、納付書による金融機関納付、税関窓口納付、印紙納付があったが、電子納付としてのマルチペイメントネットワーク（MPN）を利用することで、ネットバンキング、ATM 等での納付もできる。

NACCS と MPN により、税関窓口に行かずに貨物の通関ができるようにな

っている。

3 通関業者・通関士

1) 通関手続と通関業者

通関手続は、複雑な面もあり、また迅速な処理が要請される。貨物の輸出入をするものが通関手続を熟知しているとは限らない。そこで、通関手続を代理・代行する専門業者が要請される。それが通関業者である。通関業者に関する業法として、「通関業法」がある。この法律は、通関業を営む者についてその業務の規制、通関士の設置等必要な事項を定め、その業務の適正な運営を図ることにより、関税の申告納付その他貨物の通関に関する手続の適正かつ迅速な実施を確保することを目的とする（通業法1条）。

通関業（業として通関業務を行うこと）を営もうとする者は、その業に従事しようとする地を管轄する税関長の許可を受けなければならない（通業法3条）。この許可を受けたものを通関業者という。通関業者は、その通関業務を行う営業所ごとに、通関士を置かなければならない（同法13条）。通関業者は、他人の依頼に応じて税関官署に提出する通関書類のうち政令で定めるもの（通関士が通関業務に従事している営業所における通関業務に係るものに限る）については、通関士にその内容を審査させ、かつ、これに記名押印させなければならない（同法14条）。

2) 通関士試験

通関業者が通関書類を作成するときに、その書類の内容を審査する国家資格者として通関士は設置されている。通関士になろうとする者は、通関士試験に合格しなければならない（通業法23条）。過去の通関士試験については、日本関税協会ウェブサイトにて公開されている。

通関士試験は、通関士となるのに必要な知識および能力を有するかどうかを判定するため、①関税法、関税定率法その他関税に関する法律および外国為替および外国貿易法（同法第6章に係る部分に限る）、②通関書類の作成要領その他通関手続の実務、③通関業法の試験科目にて実施される（通業法23条）。通関実務に従事した経験年数を考慮した、科目免除制度がある。ただし、③通関業法の科目は必ず受験しなければならない。

4　関税の課題

　関税は、外国貨物の輸入に関する税であることから、普通の市民生活において日常的に関係する税ではない。しかし、海外旅行も一般化し、またネットショッピングが頻繁に利用され、外国企業から商品等を直接購入し輸入（いわゆる個人輸入）する機会も増加し、企業以外の個人においても、関税に関係する機会が増えてきている。

　国境税としての関税制度については、従来、税法学研究において十分に検証されていない分野である。市民の目線での関税制度の研究が望まれる。

　関税分野における環境税の導入が検討されるべきである。フランスのエコタックスは、大気汚染等の軽減のために重量貨物トラックに走行距離に応じた課税をする関税の一つとして企画されていた。海洋国である日本では、外来生物問題にも繋がるバラスト水容量に対して環境税が構築されるべきである。

【演習問題】
1　輸出入が禁止されている物品についてその概要を説明せよ。
2　関税の税率について説明せよ。
3　関税の課税標準となる外国貨物の価格について説明せよ。
4　瓶入りワインを保税運送中、事故により、全壊した場合の関税の課税について説明せよ。
5　外貨で表記されている外国貨物の価格の関税上の円換算について説明せよ。
6　税関での国内消費税（消費税と地方消費税）の計算における端数処理について説明せよ。
7　保税工場の機能を説明せよ。
8　通関業者と通関士との関係を説明せよ。

第 22 章

資産課税法の基礎

1 資産課税の基本

1）資産課税の本質—補完税としての資産税

　税制は、各課税基礎に対して、市民の毎年の収入を基礎とする所得課税を税体系の基軸とし、かつ消費課税とのバランスを考慮すべきものと考える。資産課税は、基本的には、これら課税制度を補完するものでしかないと解する。補完税としての資産課税は、税収が所得・消費課税で十分なものとなる場合、不要なものである。特に、所有資産への課税は、当該資産を収奪するような財産税的財産税（実質的財産税）のような税課徴をすべきではなく、その所有者の収入等を背景とした収益税的財産税（形式的財産税）としての税課徴となるべきである。日本の固定資産税は、このようなものとして制度設計されている。

　相続財産の集積は、人は裸で生まれ、ゼロ資産からスタートすることから、毎年の収入に対する所得課税、その支出に対する消費課税を経てなされたものである。すなわち、その財産は、課税済財産である。この過程において課税漏れ、課税逃れがあるのであれば、その清算課税としての相続税課税も許される。しかし、苛酷な税負担を受けたにもかかわらず、節約生活の結果の財産集積への課税は、適正であるか疑問である（同じ生涯所得の、奢侈な生活をした財産のない独身キリギリスと節約生活をして家族に財産を残したアリ。アリの死により、その相続財産に課税することは適正な税制であるのか）。

　日本の税制においても、資産課税の税収は僅かなものでしかない。地租が税体系の基軸となっていた時代は終わり、所得・消費課税が税体系の基軸となっている現代では、資産課税は縮小・廃止の方向を辿る。世界各国の税制をみても、資産課税の代表である相続税は、縮減してきている（吉牟田勲「資産課税の国際比較」水野正一編著『資産課税の理論と課題〔改訂版〕』〔2005年、税務経理協会〕第

12章参照)。そのような世界的動向の中、日本は、基礎控除の引下げ、最高税率の引上げと、相続税の増税を提案している。これにより、現在の土地評価額を前提にすると、首都圏にマンションや戸建てを有するすべての市民が相続税の対象となる可能性がある。

資産課税は、資産の保有のみならず、その取得や譲渡に係る課税も含まれる。所得税の譲渡所得は、資産課税に含まれる(北野・講義153-154頁)。

2) 資産課税法の機能

資産は、個人にとって生活の基礎であり、企業にとっては将来の収益を得るための費用である。それゆえ、これに対する課税による侵害は、生存権、生業権の保障から、極力回避されるべきと考える。

資産課税に関する税法令は、このことを考慮しなければならない。

2 資産課税法原則

資産課税は、相続税、贈与税、固定資産税などが基本的な対象税目となる。

資産課税法原則も、所得課税原則と同様、税法原理(税法定原理)、税法基本原則(税法立法基本原則と税法執行基本原則)を受けて、展開されなければならない。ここでは、資産課税原則として、①「資産所在地課税」の原則、②「資産所有者課税」の原則、③「生存資産・生業資産非課税」の原則、を提示する。

1)「資産所在地課税」の原則

資産課税は、資産所在地を所管する課税団体により課税される。国内資産に対して国や地方団体がその課税を行使することは当然のことといえる。しかし、これには領土問題、境界問題などの国際課税問題が関係する。

2)「資産所有者課税」の原則

資産課税は、資産価値を基礎として、その所有者に対してなされるべきである。これは、当然であるともいえるが、日本の固定資産税は、例外的に使用者課税を行っている(地税法343条参照)。資産を使用・収益している者を資産課税の納税義務者とすることも、税法立法として可能であるが、資産課税の基本は、所有者課税である。

相続税において、相続財産の形成に寄与した者の寄与分を相続財産の価額から減殺することは、この原則の適用と考えるべきである。遺産は被相続人の所

有資産であるが、その形成・蓄積には配偶者や子がいたことが相当分において寄与しているものと推量される。それゆえ、これらの寄与分については、名義上の所有者の所有部分ではなく、これら寄与者の所有部分として課税上考慮すべきである。それゆえ、基礎控除額などは、これを具体化したものと考える。

共有物の課税、離婚による財産分与に対する課税、譲渡担保課税、リース取引に対する課税などは、この原則との関係において複雑な問題を提起し、検討すべき点も多くある。

また、課税団体の域内に所有する資産に対する所有者課税が原則であるが、相続税では日本国内に住所を有する個人は全世界相続財産を対象として相続税の課税がなされる（相税法1条の3等）。相続税は、国際課税問題を有する。法の適用に関する通則法は、相続については被相続人の本国法によるとする（同法36条）。

資産所有者課税は、資産の保有に対する資産課税原則としては明白であるが、資産の取得と譲渡・移転に対する資産課税原則としても妥当するものと考える。有償譲渡契約または贈与（無償譲渡）契約において、現実の課税において資産所有者課税は、厳密には、譲渡者（所有者であった者）課税または取得者（所有者になった者）課税となる。有償譲渡契約の場合、資産譲渡者に譲渡所得税、取得者に課税なしが原則であるが、資産が不動産であるとき資産取得税（不動産取得税、登録免許税）の取得者課税がなされる場合もある。また、贈与契約の場合、日本では、贈与者に課税なし、受贈者に贈与税の課税がなされる（外国では、逆の贈与者課税もある）。これは、資産の取得または譲渡・移転における資産価値課税をどのようにするかという課税システムの問題もあるが、資産課税と所得課税との混同があり、課税システム上の混乱である。資産の取得、保有および譲渡・移転における資産課税は、資産所有者課税に基づき精査されるべきである。

3）「生存資産・生業資産非課税」の原則

課税は、市民の最低生活を侵害してはならない。したがって、資産課税は、生活の基盤である資産、事業活動の基盤である資産に対する課税を回避または軽減しなければならない。日本国憲法25条生存権の保障は、「健康で文化的な最低限度の生活を営む権利」をすべての国民に保障する。これは、企業を営む者には、生存権的営業権（生業権）を保障するものとも解することができる（北

野・原論163頁以下参照）。課税による市民の財産権の侵害は、市民の同意（税法立法）により担保・留保される（憲法30条、84条）が、市民生活の基盤を破壊するものであってはならない。そのような課税は、国家権力による奪略でしかない。逆に、これらに該当しない投資目的資産には重課することが許される。

【演習問題】
1　所得課税および消費課税と資産課税との関係を論じよ。
2　固定資産税の課税根拠として、自治体行政サービスからの何らかの受益があるから、その受益に応じた応益課税がなされると説明されることがある。税負担は、「応能課税」に基づくべきとの立場から批判的に、これを論じよ。
3　無償による資産譲渡について、個人間の場合と法人間の場合での課税のあり方の相違について論じなさい。
4　自動車税の性質は、資産税であるか、消費税であるか、論じよ。

第23章

相続税の基本構造と課題

1 相続税の基本構造

1）遺産課税方式と遺産取得課税方式

相続税の課税システムとしては、遺産課税方式と遺産取得課税方式の2つが考察される。

遺産課税方式とは、被相続人の遺産に焦点を当て、遺産の総額に対して課税する方式で、死亡した者の所得税を補完する意義があり、作為的な仮装の遺産分割による租税の回避を防止しやすく、また、遺産分割のいかんに関係なく遺産の総額によって相続税の税額が定まるため、税務の執行が容易であると、その特徴が考えられている（税大講本『相続税法』2頁）。

また、遺産取得課税方式とは、個々の相続人等が相続する遺産に焦点を当て、それらの者が相続した財産に対して課税する方式で、各相続人ごとに、相続した財産の価額に各々超過累進税率が適用されるため、富の集中化の抑制に大きく貢献し、また、取得者の税負担の公平が期待できると、その特徴が考えられている（税大講本『相続税法』2頁）。

2）相続税の根拠

相続は、私人間、被相続人と相続人との間での財産（ときには地位なども含む）移転である。これに国家が課税として介入する根拠はどこにあるのか。相続人において財産を無償で取得するのであるから、それに課税をするのは、当然と考えることもできる。

遺産承継に税が課税されるのは、歴史的には、私有財産制が例外的に認められていた中で、その遺産承継を承認する対価として考えられていた。遺産課税方式は、中央集権国家での、私有財産を相続承継することで、諸侯が拡大することを防止するために、諸侯の富を相続承継税により回収・収奪することを目

的としていた。これに対して、遺産取得課税方式は、中央集権の弱い国家で、中央国家が他国からの侵略を防御しているとし、相続時に諸侯の財産形成に寄与していることへの分割請求としての税を求めるものであった。

これらとは別に、毎年の純資産増加に対して所得税が課税されるとすれば、相続税は、死者の遺産に対する所得課税を清算する所得税の補完税と考えられる。これは、シャウプ勧告の考えでもあった。また、相続税は、最終的かつ効果的な富の再配分機能を有する税ともいわれる。

3）日本の相続税

1906（明治39）年に相続税法が創設され、当初は、遺産課税方式を採用した。そして、シャウプ勧告を受けての1950（昭和25）年改正法は、遺産取得課税方式を採用した。しかし、仮想分割などが横行し、実態に即した相続税課税ができなかった。そこで、1958（昭和33）年に、現行法のような法定相続分課税方式を採用した。これは、仮想分割による租税回避防止のためであった。

4）相続税の基本構造

相続税法は、原則として、相続または遺贈（贈与をした者の死亡により効力を生ずる贈与を含む）により財産を取得した個人に対して、相続または遺贈（以下「相続等」）により取得した財産の全部に対し、相続税を課する（相税法1条の3、2条）。日本人で日本に住所を有する個人は、相続等により取得した世界中の財産に相続税を課される。現行相続税の解説は、税大講本『相続税法』、タックス・アンサーに詳細記述されている。

（1）合計課税価格　相続税は、まず相続等により財産を取得した者の被相続人から相続等により財産を取得したすべての者に係る相続税の総額を計算し、その相続税の総額を基礎として、それぞれ相続等により財産を取得した者に係る相続税額として計算した金額により、課する（相税法11条）。

相続税の課税対象は、相続人等が取得した被相続人の相続財産である。相続税の課税標準（課税価格）は、相続財産の価額の合計額である（相税法11条の2。合計課税価格）。相続税の合計課税価格は、非課税財産となる財産（相税法12条）を除き、また債務控除（相税法13条）がなされ（遺産総額から債務等および非課税等を控除したものを「正味課税遺産額」という）、相続時精算課税に係る贈与財産（相税法21条の9）、また相続開始3年内贈与財産（相税法19条）が加味され、計算さ

れる。

　(2) 相続税の総額　　合計課税価格から法定相続人の数を基礎として計算される相続税の基礎控除（相税法 15 条）が減額され課税遺産総額が算出される。この課税遺産総額を法定相続分で按分した額に、相続税の累進税率を適用し、税額を算出し、これを合計したものが相続税の総額である（相税法 16 条）。

　(3) 各人の納付相続税額　　相続税の総額は、相続等により財産を取得した者の実際の相続割合で按分し（相税法 17 条）、配偶者控除（相税法 19 条の 2）、未成年者控除（相税法 19 条の 3）、障害者控除（相税法 19 条の 4）、贈与税額の控除（相税法 19 条）などの控除等の適用がある場合にはこれを適用し、各人の相続税の納付税額が算出される。

　(4) 申告と納税　　相続税の申告は、相続の開始があったことを知った日の翌日から 10 月以内とされる（相税法 27 条）。これが相続税の申告期限は、納付期限でもある（相税法 33 条）。相続税は、一時に多額の現金納付を要求される場合もあり、一定の条件の下、延納（相税法 38 条、39 条）または物納（相税法 41 条）が認められている。

2　財産評価

1）時価評価

　相続税法 22 条は、「相続、遺贈又は贈与により取得した財産の価額は、当該財産の取得の時における時価により、当該財産の価額から控除すべき債務の金額は、その時の現況による」と規定し、財産評価の基準として、時価主義を採用している。

　時価とは何かについては、様々な論議がある。実務的には、相続税に関する財産評価通達 1（2）に規定する「時価の意義」が参照される。すなわち、同通達は、「財産の価額は、時価によるものとし、時価とは、課税時期（相続、遺贈若しくは贈与により財産を取得した日若しくは相続税法の規定により相続、遺贈若しくは贈与により取得したものとみなされた財産のその取得の日又は地価税法第 2 条《定義》第 4 号に規定する課税時期をいう。以下同じ。）において、それぞれの財産の現況に応じ、不特定多数の当事者間で自由な取引が行われる場合に通常成立すると認められる価額をいい、その価額は、この通達の定めによって評価した価額による」と

定めている。これにより、同通達による財産評価が国税に関する基本的財産価額の評価方法となる。

2) 法定評価

相続税法22条に「特別の定め」があるものとされるのが、いわゆる「法定評価」である。これには、地上権および永小作権の評価（相税法23条）、定期金に関する権利の評価（相税法24条）、立木の評価（相税法26条）がある。

3) 財産評価基本通達の評価

相続財産の評価は、時価基準であるが、土地、建物、株などの主な財産の評価については、実務的に相続税の財産評価基本通達に基づき評価される。これは、相続税および贈与税の課税対象となる財産が多種多様であり、その的確な評価が必ずしも容易でないことから、各種財産の時価の評価に関する原則およびその具体的評価方法を規定し、課税の公平・公正の観点からの課税庁における取扱いの統一を図り、申告納税制度下における納税者自らの時価把握の困難性に対して、納税者の申告・納税の便宜に供すること、徴税費用の削減などの要請から、各財産の評価にあたり統一的・画一的な基準を示すことが合理的であるとの理由に基づくものである。

財産評価基本通達では、①土地および土地の上に存する権利、②家屋および家屋の上に存する権利、③構築物、④果樹等および立竹木、⑤動産、⑥無体財産権、⑦その他の財産に分けて、その評価方法等を規定している。たとえば、土地については、その地目（宅地、田、畑、山林、原野、牧場、池沼、鉱泉地、雑種地）により評価を規定している。土地の評価方法には、路線価方式と倍率方式がある。また、建物の評価は、通常、固定資産税評価額に基づいたものとなっている。

3　相続税における国際課税

1) 日本人の国際相続財産課税

資産課税、特に相続税についての国際課税問題は、日本人の海外進出や海外投資も多くなってきていることから、これらに対する課税とその財産評価に代表される。

相続税法は、相続税の納税義務者として、①相続または遺贈（贈与をした者の

死亡により効力を生ずる贈与を含む）により財産を取得した個人でその財産を取得した時においてこの法律の施行地に住所を有するもの、②相続または遺贈による財産を取得した者で、その財産を取得した時においてこの法律の施行地に住所を有しないもので、（ⅰ）日本国籍を有する個人（その個人またはその相続もしくは遺贈に係る被相続人〔遺贈をした者を含む〕がその相続または遺贈に係る相続の開始前5年以内のいずれかの時においてこの法律の施行地に住所を有していたことがある場合に限る）、または（ⅱ）日本国籍を有しない個人（その相続または遺贈に係る被相続人がその相続または遺贈に係る相続開始の時においてこの法律の施行地に住所を有していた場合に限る）、③相続または遺贈によりこの法律の施行地にある財産を取得した個人でその財産を取得した時においてこの法律の施行地に住所を有しないもの（前②に掲げる者を除く）、④贈与（贈与をした者の死亡により効力を生ずる贈与を除く）により相続時精算課税の選択（相続法21条の9③）の規定の適用を受ける財産を取得した個人（前③に掲げる者を除く）をあげている（相税法1条の3）。そして、相続税の課税財産の範囲としては、①および②に該当する者は、その者が相続または遺贈により取得した財産の全部に対して、相続税が課税される（相税法2条）。

したがって、日本に住所を有する日本人は、相続または遺贈により取得した国内財産および国外財産の全世界財産に対して相続税課税がなされる（無制限納税義務者）。また、相続開始前5年以内に日本に住所を有していた日本人は、相続開始時に日本に住所を有しない場合でも、無制限納税義務者となる。さらに、相続開始時に日本に住所を有しない日本人でも、その被相続人が相続開始前5年以内に日本に住所を有していた場合、無制限納税義務者となる。

2）国外財産の評価

無制限納税義務者である日本人が国外財産を相続により取得した場合、その財産評価の方法は、基本的に、国内財産と同様、相続税法の時価評価原則に基づきなされる（相税法22条）。

財産評価基本通達は、その5-2において、「国外にある財産の価額についても、この通達に定める評価方法により評価することに留意する。なお、この通達の定めによって評価することができない財産については、この通達に定める評価方法に準じて、又は売買実例価額、精通者意見価格等を参酌して評価するもの

とする」とし、また注記として「この通達の定めによって評価することができない財産については、課税上弊害がない限り、その財産の取得価額を基にその財産が所在する地域若しくは国におけるその財産と同一種類の財産の一般的な価格動向に基づき時点修正して求めた価額又は課税時期後にその財産を譲渡した場合における譲渡価額を基に課税時期現在の価額として算出した価額により評価することができる」と定めている。

国外財産のうち土地について評価する場合、路線価格方式も倍率価格方式も採用できないことから、売買実例価額または精通者意見価格等を参酌しての土地評価額が採用されることとなる。あるいは、財産評価「通達の定めによって評価することが著しく不適当と認められる財産の価額は、国税庁長官の指示を受けて評価する」ことから（評通6）、その指示による評価となる。

3）非居住者日本人の相続税

日本に住所を有しない者（非居住者）である日本人は、上記②（ⅰ）の要件に該当しない限り、国内財産を相続により取得した場合に、その財産に対してのみ相続税を負担する（制限納税義務者）。これは、資産所有者課税の原則に沿ったものである。ただし、上記②（ⅰ）の条件、すなわち、その財産取得日本人または被相続人が相続開始前5年以内に日本に住所を有していた場合には、その非居住者日本人は、無制限納税義務者となる。これは、一種の租税回避防止規定と解する（5年は時効等の期間）。しかし、これは、租税回避の意図のない者に対しても無制限納税義務が課されることとなり、海外移住をした家族の国外財産にも日本相続税の課税が及ぶこととなり、市民的理解を超える。

4）外国人の国内相続財産課税

日本に住所を有する者（居住者）で外国籍を有する個人も、相続税の無制限納税義務者となる。

外国人登録制度が廃止され、外国人は、その者が90日を超える日本国内在留をする場合、入国時にビザが必要であり、また在留カードの交付を受け、市町村に住民登録が要請される。

5）非居住者外国人の相続税

日本に住所を有しない外国人は、その被相続人が相続開始時に日本に住所を有していた場合、また日本国内財産を取得した場合に日本相続税の課税を受け

る。

　後者の国内財産を外国人が取得した場合、それに日本の資産課税をすることは、市民的にも理解できるところであろう。

　しかし、前者の被相続人が日本に住所を有していたという事実に基づく、非居住者外国人に日本の相続税を課すことは、実益のある課税となるかは疑問である。この場合、被相続人も外国人であるとき、その相続人である非居住者外国人を無制限納税義務者とすることは国際的問題ではなかろうか。

4　相続税の課題

1）相続税の必要性への疑問

　資産税である相続税は、基本的には、所得課税や消費課税の補完税である。所得課税や消費課税が十分であれば、不要な税ともいえる。税収の僅少性もあり、現在のような税制が50年以上も継続され、所得課税の補完税としての相続税の機能は全うされたのではなかろうか。諸外国でも廃止・縮小傾向にある。

2）財産評価と物価変動

　資産税は、課税時の資産評価額に課税する。しかし、その額は物価に連動している。物価変動に基づく資産評価額の上下を課税において反映すべきかは、重大な資産課税上の問題である。

　評価額は、「財産の現況に応じ、不特定多数の当事者間で自由な取引が行われる場合に通常成立すると認められる価額」と財産評価通達が市場価額を前提としているように定めている。この価額は、物価変動による結果も反映するものと解する。相続税が被相続人の一生涯の清算課税であるとも考えられることから、時価課税は妥当である。

　この問題は、相続等による財産の取得価額に関係する。譲渡所得課税では、贈与等により取得した資産の取得費等については、一定条件の下に、「その者が引き続きこれを所有していたものとみなす」こととしている（所税法60条参照）。時価課税をされた後に、当該財産を譲渡した場合、その譲渡資産の取得価額は、被相続人等の取得価額とされる。ただし、一定条件の下で、負担した相続税等の所得費等加算が認められている（租特法39条）。これが不明の場合、譲渡資産の取得費は譲渡価額の5％とする特例がある（租特法31条の4）。

資産課税は、特に生存的資産、生業的資産への課税には、市場価額での課税をすべきではないと考える。これら資産への資産課税には物価変動に左右されない価額での課税が望まれる。

3）遺産分割と相続税

遺産分割は、通常、相続人間で遺産分割協議書が作成され、実行される。その際、被相続人の遺産のみを分割する場合もあるが、いわゆる「代償分割」として相続人等の間で被相続人の遺産ではない資産のやり取りがなされることがある。また、日本人の高齢化とともに、孫に生前贈与をする場合も多くなった。これに対する対応する制度が相続時精算課税制度である。

代償分割は、被相続人の財産とは別の資産移転と考えうるが、相続税の実務では、これを遺産分割の一つとして、相続税の課税をする。代償分割とは、共同相続人または包括受遺者のうち1人または数人が相続または包括遺贈により取得した財産の現物を取得し、その現物を取得した者が他の共同相続人または包括受遺者に対して債務を負担する分割の方法をいう（相税基通11の2-9注）。代償分割の交付を受けた者は、その受贈額の課税価格増加があり、代償分割の交付した者は、減額がある。結果、資産総額には影響はない。しかし、この代償分割があった場合、相続財産を譲渡したときなどの譲渡所得課税の計算において、通達での規制が事実上行われ、税法定原則論から若干の問題があるといえる（所税基通33-1の5、38-7、租特法39条、タックス・アンサーNo. 3267）。

【演習問題】

1　贈与税は相続税の補完税といわれるが、その理由を説明せよ。
2　配偶者の相続税負担について論じよ。
3　財産評価通達による相続財産評価に合理性があるか論じよ。
4　相続税法が規定する基礎控除額の性質について論じよ。
5　生命保険金に関する相続税と所得税の課税関係について説明せよ。
6　非居住者である日本人に対する相続税の課税について説明せよ。
7　在外相続財産の評価について説明せよ。

第 24 章

環境時代の環境主義税制

1　環境時代の税制論

　21世紀は環境の時代である。1972年スウェーデンのストックホルムでの国連人間環境会議から始まり、1992年の地球サミットを経て、グローバルに展開されている「環境主義」の流れは進行中である。税財政のグリーン化も、提唱され、展開されてきている。それが北欧等での炭素税を中心とする「環境税」であり、日本での官庁等の再生品購入促進でもある（いわゆる「グリーン購入法」正式には「国等による環境物品等の調達の推進等に関する法律」）。

　環境税は、市民に注目されてはいるが十分に理解されていない税制である。環境時代の税制は、環境主義に基づく環境税制となるものと考えている。

1）環境時代

　典型七公害にみる産業型公害、自動車等による都市型公害、公害のグローバル化が進展し、地球資源の枯渇疑念（『ローマクラブ「人類の危機」レポート成長の限界』）、生態系の変化（レイチェル・カーソン〔Rachel Carson〕『沈黙の春 Silent Spring』）、地球温暖化などの地球規模の人類生存の危機が叫ばれ、これは、人間活動による環境（自然・生態系）への負荷の集積によるもので「環境問題」と認識されている。環境問題は、地域的一世代被害の「公害問題」から空間的・時間的にも拡大した地球環境問題、人類生存の危機問題である。この解決のために、各環境主体（国際団体、環境国家、環境自治体、環境企業、環境市民）は、その環境リテラシー（環境問題・保全等に関する知識、意識・認識、そして行動）の向上を求められている。今日の社会は、環境時代にある。

　環境問題の解決手法は、多様である。税課徴金も、経済的手法として注目されている。

2）環境主義税制論

環境問題の認識とともに、環境保護運動が高まり、自然保護主義、資源保護主義、尚古主義または懐古主義などとも異なる、あるいは総合化した環境保護保全を人間行動基準とする「環境主義（Environmentalism）」の考えが芽生え進展してきた。この考えは、1960年代頃から生成され、1970年「アースデー」に集約される環境保護運動を支えた考えであり、従来の保護主義や保全主義と異なり、政治的行動を伴った。その成果は、アメリカ「国家環境政策法」（NEPA：National Environmental Policy Act、1969年）の制定として現れ、これより環境時代の幕開けとなった。その後、各国が環境行政を展開した（日本も1972〔昭和47〕年に環境庁設立）。

人類は、地球を「宇宙船地球号」と認識し、その有限空間・環境の中で生存しなければならない。今までの人間活動としての社会システム「大量生産、大量消費、大量廃棄」から「循環型社会システム」への転換が求められ、人類が自己の生存、安全、平和、幸福、福祉（welfare、よい状況）を追求してきた延長として「環境権」（人類共通の生存基盤である環境を良好なものとして享受できる権利）も憲法上保障されてきている（日本は憲法はもちろん環境基本法にも環境権規定がない）。環境主義は、その基盤となる考え、倫理規範であり、人類の社会システムのあらゆる面において尊重されなければならない人間行動基準である。

税制は、基本的には、財政収入のためにある。しかし、その支出は、市民の福利のためにある。環境時代の税制は、資本主義経済の下で単なる行政経費や軍事費のためのみでなく、福祉目的としての税制を経て、環境保護（保全）目的のための税制を目指すべきものとされている。環境税は、広く環境目的のための税制として認識される。環境税は、環境負荷となる行為に対して課税することにより、その環境負荷行為を軽減させるという目的と財政収入を得て環境施策に投じることを目的としている（当然、一般財源とすることも可能である。ドイツの環境税は環境保全効果と社会保障対策という二重配当効果を実現している）。

3）環境税の現状

1970年前後に、北欧を中心に炭素税が創設され、環境税制がスタートした。

日本での環境税議論は、環境行政が積極的に展開しているが、経済関係行政が消極的である（日本の経済団体の猛反対もある）。そのため、国税としての環境

税は、遅れ、石油石炭税の一部として「地球温暖化対策税」が2012〔平成24〕年より施行されている。これに対して、地方税では、特に法定外税として、多様な環境税が創設されている。たとえば、産業廃棄物（処理）税（多くの道県で採用、2002〔平成14〕年三重県が最初）、森林環境税（2003〔平成15〕年高知県、2004〔平成16〕年鳥取県、2005〔平成17〕年愛媛県、岡山県）、水源環境保全税（20135〔平成25〕年神奈川県）、などがある。

2　廃棄物処理と税・料

1）廃棄物処理行財政

　廃棄物は、廃棄物処理法（正式には「廃棄物の処理及び清掃に関する法律」）2条に定義があり、ごみ、粗大ごみ、燃え殻、汚泥、ふん尿、廃油、廃酸、廃アルカリ、動物の死体その他の汚物または不要物であって、固形状または液状のもの（放射性物質およびこれによって汚染された物を除く）をいうとされ、産業廃棄物と一般廃棄物に大別される。産業廃棄物は、事業活動に伴って生じる廃棄物で法令に限定列挙されている。一般廃棄物は、産業廃棄物以外の廃棄物をいう。

　産業廃棄物の処理は、排出者責任に基づき、事業者が行う。産業廃棄物の不法投棄問題が発生し、産業廃棄物管理票（マニフェスト）により排出から最終処分場までの廃棄物の動きが取り締まられ、事業者は、責任を有し、かつその費用を負担する。これに対して、一般廃棄物の処理は、市町村責任に基づき、各市町村が実施する。その経費は、一般会計予算にて処理される。

2）産業廃棄物処理と税・料

　産業廃棄物を最終処分場（または中間処分場）に搬入する場合、その処分場を管理するもの（都道府県、民間企業等）は、一般的に、その搬入容積量または重量に応じて料金（使用料、手数料）を徴収される。

　この一方、いくつかの県は、産業廃棄物税を、この段階で産業廃棄物を搬入するものに課税する。この税は、地方税法に定めのない各自治体独自の法定外目的税として徴収されている場合が多い。目的税であるので、支出目的が限定された税として徴収がなされる。その支出は、課税する自治体により異なるが、産業廃棄物の処理が事業者責任で行うことから、処理費支出とすることができず（不法投棄処理に使えない）、環境教育、環境保全（処分場近隣の道路整備も含む）

などに使用されている。

　税法的問題としては、同一行為に対する税と料の課徴は、搬入するものにとって、二重の負担である。税と料は、基本的に異なる。地方自治法は、225条（使用料）に「普通地方公共団体は、第238条の4第4項の規定による許可を受けてする行政財産の使用又は公の施設の利用につき使用料を徴収することができる」（例としては、市民会館の使用料）と規定し、またその227条（手数料）に「普通地方公共団体は、当該普通地方公共団体の事務で特定の者のためにするものにつき、手数料を徴収することができる」（例としては、住民票の交付手数料）と規定している。税は、税法令の課税要件等を充足した「すべてのもの」に課税するものであり、特定の者に課徴限定するものではない。しかし、産業廃棄物税は、ある意味において、特定のものに対する税であるともいえる。

　税と料の根本的な相違を認識し税法立法されることが要請される。

3）一般廃棄物処理の有料化

　一般廃棄物の処理は、市町村責任にて一般事務にて実施される。その財源は、固定資産税や住民税等の普通税収入である。したがって、一般廃棄物処理税は、廃棄物処理に支出することはなく、特殊な税となる（例として、岐阜県多治見市「一般廃棄物埋立税」）。

　一般廃棄物の処理は、特別の課徴をされずに市町村が実施するものであると考えられてきた（東京都23区は有償収集をしていない）。しかし、家庭ごみ排出量の増大に伴う処理費用の自治体負担増、最終処分場問題もあり、中小の市町村では、家庭ごみ収集の有料化を実施するようになりつつある。最近では、政令指定都市でもごみ有料化が進んでいる（札幌市は2009〔平成21〕年7月導入）。有料化の第一の目的は、ごみ排出量の減量であるが、ごみ処理費用の捻出ともみられる。有料化は、市町村の判断で可能である（廃棄物処理法は、条例により粗大ごみ収集処理などの有料化を認めてきた。ただし、地方分権一括法の制定により、市町村のごみ収集処分の有料化に関する法律根拠がなくなり、各市町村の条例によりなされるものと解される。したがって、ごみ収集処理の有料化は、住民による社会的合意形成が重要となる）が、一般事務経費を手数料等で充当することは、税財政構成からみて、例外的であるべきである。地方自治法は、「特定の事業を行なう場合その他特定の歳入をもって特定の歳出に充て一般の歳入歳出と区分して経理する必要がある場

合」に条例で設置することができるものを特別会計としている（同209条②）。ごみ処理等の財政は、一般会計のものであり、特別会計のものではない。家庭ごみ収集等の有料化は、市町村条例に基礎を置き実施されているが、税財政法からは例外的措置であり、一般事務経費の収入源として手数料等収入が活用されることに基本的疑問が残る。

　ただし、一つの解決法として、法定外目的税として産業廃棄物税が創設されているように、一般廃棄物の処理費用の財源としても法定外税の活用、特に一般会計財源としても活用できる法定外普通税として一般廃棄物税を課徴するということが想定できる。本来、環境主義税制としては直接税普通税が望ましいと考える。つまり、環境市民の理解の下（市民の理解がない場合、藤沢市ごみ有料化事件〔横浜地判平21.10.14 判例ID：28170449〕のように裁判となる）、市民はその負担の税痛を感じ環境保護行動としてのごみ減量化に努め、その収入は一般廃棄物処理経費に充てられ、かつ環境施策、社会保障施策等にも活用できるようにする。

3　フランスのエコタックスの失敗

1）エコタックスの成立と施行延期

　エコタックス（écotaxe）とは、フランスが2014年1月1日から実施しようとしていた3.5トン以上の重量貨物トラックに走行距離に応じて課税する対距離課金制度をいう。

　フランスは、ヨーロッパの中心であるという地理的条件もあり、ヨーロッパ物流の中心でもある。それゆえ、大型重量貨物トラックの走行による環境問題（騒音、大気汚染、道路消耗等）が発生していた。そこで、広く市民や専門家等の意見を聞く「グルネル会議」が開催され、その成果として「グルネルⅠ法、Ⅱ法」が成立し、その具体的税制面での措置がエコタックスであった。これは、すでにドイツ、ベルギー、スイス、オーストリアなどで採用されている。

　法律成立後、政権が交代したが、具体的施行期日が2014年1月1日と決定され、その施行を待つだけであった。しかし、ブルターニュ地方で「赤い毛糸帽（Bonette rouge）」集団の革命的反対運動が起こり、結果、施行延期となった（伊藤悟「フランスのエコタックスに対するブルターニュの反乱」『札幌法学』23巻2号）。

2) 社会的合意形成の重要性

　この赤い毛糸帽の反乱は、ものすごいものがあった。結果、その収拾として、フランス政府は、エコタックスの実施延期をした。

　環境税の導入は、コスト高騰となり、経済界からの反対が常にある。環境税は、税収目的もあるが、第一目的を環境保護としている。それゆえ、社会的合意形成は容易であるかに考えられる。しかし、この反乱によるエコタックスの失敗は、再度、社会的合意形成の重要性を確認するものとなった。

4　環境税の展開

1) 環境経済学の成果と税法立法

　環境税の構想は、環境負荷の人間活動のうち経済活動に対する税課徴金賦課をすることで、その環境負荷を軽減しようというものである。これは、市場経済における需要と供給のバランスにおいて市場価格が決定されるという古典的市場理論を基礎に、その市場価格に環境税等を加算することで、それによる需要供給の削減が起こり、結果、環境負荷となる経済活動が制限される。大量生産、大量消費、大量廃棄の経済循環において、公害等の環境問題が発生し、外部不経済（環境負荷により生ずる社会的費用）が大きな経済問題ともなり、この外部不経済の市場経済において内部化されることを意図したのが環境税（ピグー税、ボーモル＝オーツ税）構想でもある。市場は、価格が一つのシグナルとなる（価格シグナル論）。この市場メカニズムを活用した環境対策が環境税である。

　このような環境経済学の理論展開は、現実の環境税の構想基礎として採用されている。しかし、これら環境経済学の成果も、税法立法を通じて、現実の「税」が創設されていることを忘れてはならない。環境税は、他の経済政策論と同様、政策、立法、行政施策という政治的、法的過程を通じて実施されている。この過程での社会的合意形成が重要である。

2) 各課税分野での環境税制

　環境税は、市場メカニズムを通じての環境負荷行為の低減を目的としている。それゆえ、市場価格に直接的に影響する消費課税において、環境税の設立がなされてきた。炭素税、石油石炭税に付加する地球温暖化対策税、産業廃棄物税などは、その例である。しかし、21世紀環境時代の環境税は、消費課税のみ

でなく、所得課税、資産課税においても採用されるべきである。「バッズ課税、グッズ減免税」という考えからすれば、多様な環境税制が実行されるべきである。なお、環境税は、環境負荷行為の低減を目的として課税される税であるが、その支出が環境保護保全に活用されることを要請されるものでなく、これを普通税として一般財源とされることに問題はない。環境負荷行為の低減のためには、その税負担の転嫁が予定される間接税ではなく、直接税としての環境税制が望まれる。

　所得課税分野では、従来、公害防止等施設に対する特別償却などのグッズ減免税がなされていた（租特法11条）。これは、いわゆる「エンド・オブ・パイプ技術」に対する補助である。これに対して、地方税では森林環境税（高知県等）と称し住民税に上乗せ徴収される税が創設されている。これは、所得課税において一般的環境配慮に対する社会厚生費用を分担しようという機能を有している。

　消費課税分野では、石油関連税制の環境税制としての機能することが期待されている。北欧環境税としての炭素税は、石油関連税制である。しかし、日本の石油関連税制は、道路特定財源として機能してきたこともあり、ガソリンに係る税金が1リットル当たり60円を超える高額なものになっており、市民の税負担の限界とも考えられる状況にある。これに対して、酒税やたばこ税は、嗜好品に対する課税であり、市民の健康を考慮して、増税が各国でなされている。

　資産課税分野では、固定資産税における住宅省エネ改修促進とバリアフリー改修促進のための軽減措置がある。水源涵養森林の保護のための軽減措置は未だなく、保護林等に対する資産課税も軽減されているとは聞かない。林業従事者の高齢化が問題となり、日本の森林は荒れているといわれ、これらに対する措置を講ずることも検討されるべきである。日本の国立公園内には私有地も多く、また歴史的建造物としての保護家屋も同様であり、これらに対する環境法制上の規制もある。これら土地および家屋に対する資産課税も軽減されるべきと考える。

あとがき

　本書は、民主国家の課税主権者であり納税義務者である市民を主役とした税法学を検証してきた。すなわち、市民としての国家経費負担という納税義務があることを認めるとしても、民主国家における主権者である市民が税法権力（税法立法権、税法行政権、税法裁判権）を監視する権利を有していること、それは、金魚鉢に税法権力を入れ、市民が常にこれを監視している様であるべきことを主張した。現実は逆である。マイナンバー制度により、この逆進が加速している。実定税法は、その立法、解釈および適用において税法行政の支配となっている。税法の解釈・適用は、少なくとも義務教育を終了した市民に理解できるものであるべきである。税の公平は当然、税制の簡素化、税金計算の簡易化が望ましい。実定税法令は、他の法分野に比べ、膨大である。このすべてを知る者は存在しない。このような税法があってよいのであろうか。市民生活に一番身近である法が市民には知られないことは、不条理（absurdité）である。

　本書は、講義用の教科書であることから、現行制度の紹介もしている。しかし、このような税知識は、様々なデータベース（法令データ、条例データ、判例データ、法律文献データ等）の活用、ネット検索（財務省や国税庁等のウェブサイト、Yahoo!、Google等）を通じて、ネット情報として入手できる。その意味で、このような解説は本来的には不要であると考える。「市民のための税法」が確立するまで、今後もよりよい税制と考えるものに関して提言し続ける所存である。

索　引

ア 行

ITO	107
IFRS	265
青色申告	260
秋田市国民健康保健税訴訟	61, 66
旭川市国民健康保健条例事件	5, 8
アメリカ独立宣言	11
EPA	107
遺産課税方式	302
遺産取得課税方式	302
一般消費税	280
移転価格税制	276
印紙納付	139
インボイス方式	287
疑わしきは国庫の利益に反して	67
永久税主義	108
益金	258
──算入	259
──不算入	259
エコタックス	314
延納	177
応益課税説	47
応益負担	47
応能課税説	47
応能負担	47
大島サラリーマン税金訴訟	5, 8, 253
沖縄国税事務所	124

カ 行

確定決算主義	236
過誤納金	140
過小資本税制等	277
過小申告加算税	185
課税基礎論	223
課税機能	78
課税権限	78, 81
──の限界	85
課税権能	78, 80
──の限界	84
課税権の限界	83
課税シールド	86, 229
課税主権	78, 79
──の限界	83
課税処分調査	160
課税単位間公平	245
課税標準申告書	149
課税標準申告怠儀犯	184
課税亡命	272
過怠税	187
GATT	107
神奈川県臨時特例企業税訴訟	73, 97
換価の猶予	176
環境国家	213
環境税	215
関税局	127
関税暫定措置法	292
関税定率法	292
関税法	292
関税率	294
間接外国税額控除制度	274
間接強制調査	161
間接税	104, 222
間接脱税犯	183
完全支配関係	261
還付金	140
期間制限	153
企業会計原則	264
期限後申告書	150
期限内申告書	150
机上調査	161
基本的税法関係	34
キャッシュフロー計算	266
給付付き所得控除制	255
狭義の脱税犯（逋脱犯）	183
強制調査	163
行政立法	98
金銭納付	139
勤労・資産協働所得	235
勤労性所得	235

具体的納税義務	79, 132
繰上差押え	175
繰上請求	174
繰上保全差押え	173
グループ法人税制	262
グローバル・ルール	236, 265
グローバル福祉	215
クロヨン	243, 263
KSK（国税総合管理）	165
経験的税概念	2
経済的二重課税	88
経済的利益	237
形式的財産税	225, 228
形式的税定義	3
形式的地方税条例主義	70
決算調整	259
決定	153
検査等拒否犯	184
原処分中心主義	194
源泉徴収制度	142
権利章典	11
権利請願	11
広義の租税概念	8
更正・再更正	152
高福祉・高負担	112
公平、簡素、税計算簡易	209
公平、簡素、中立	39, 206
国外財産	306
国際的課税権競合	87
国際的二重課税	87
国際連帯税	210
告示	98
国税局	124
国税査察官	164
国税庁	123
国税調査官	162
国税徴収官	164
国税法関係	37
国税法律主義	70
国内源泉所得	270
国内的課税権競合	88
固定資産評価審査委員会への審査申立	200
個別消費税	280
個別法令主義	102
固有概念と借用概念	22

サ 行

差押え禁止財産	172
財産評価基本通達	305
財政学	19
再調査の請求	195
差押え	171
差押え先着手優先	138
差押え財産	172
CIF価格	295
時価評価	304
自己課税	79
資産所在地課税	299
資産所有者課税	299
資産性所得	235
実額課税	156, 247
実行関税率表	294
執行不停止原則	195
実質課税原則	49
実質所得者課税の原則	50
実質的財産税	225, 228
実質的税定義	5
実績課税	247
実地調査	161
質的担税力	235
自動確定税目	133, 135
資本等取引	259
市民のための税定義	16
シャウプ勧告	21
重加算税	186
修正申告	150
主税局	122
取得型所得概念	234
循環的税法関係	35
消費税（支出型）所得概念	234
消費地課税	281
消滅時効	139
除斥期間	153
所得源泉地課税	242
信義誠実の法則	51
申告書提出期限の延長	178

申告調整	259-60	税務署	124
申告納税方式	135	税務調査の分類	160
信託取引	262	税務調整	259
推計課税	156	生命保険年金二重課税訴訟	204, 253
税関	127	税理士	129
請求書等保存方式	287	総額主義	193
制限的所得概念	234	総合社会科学としての税法学	25
制限納税義務者	307	総合累進課税	243
税行為規範	100	争点主義	193
税財政法学	26	組織再編成	261
税制改革法	39	租税回避行為	109
税成文法原則	69	租税危害犯	183
税組織規範	102	租税救済法	189
生存資産・生業資産非課税	300	租税憲法学	64
税徴収権	82	租税国家	12
税痛感	227	租税債権	120
税の公準	56	——優先原則	138
税の諦観	13	租税債務関係説	29
税の分類	104	租税争訟調査	165
税賦課権	82	租税徴収調査	163
税負担公平原則	45, 62	租税転嫁	114, 280
税法学と租税法学	26	租税犯則調査	164
税法学の生成	20	租税法律主義	43
税法関係	28, 33-4	租税法律不遡及の原則	51
税法関係論と税法学	29	租税要件等	44
税法行政権	78, 81	——法定原則	58
税法原理・原則の再構築	53	——法定主義	44, 59
税法原理・原則の段階的構成	56	——明確主義	60
税法裁判規範	101	損金	259
税法裁判権	78, 82	——算入	259
税法執行原則	64	——不算入	259
税法定原則	57-8		
税法定原理	57	**タ 行**	
税法な解釈指針	66	第三者による納税	140
税法の解釈・適用	190	——申告	137
税法のグリーン化	116	第二次納税義務	144
税法の法源	94-5	滞納処分	170
税法立法権	78	——の停止	178
税法立法原則	58	——免脱犯	183
税務オンブズマン	129	武富士事件	112
税務会計学	20	多段階課税	281
税務行政の合法律性の原則	45	多段階消費税	280
税務事実の認定	190	タックス・シェルター	112

タックス・スペアリング・クレジット	274
タックス・ヘイブン対策税制	275
Tax Accountant	131
tax on tax	4, 281, 289
Tax Lawyer	131
脱税犯	183
WTO	107
単一税制	103
単純無申告犯	183
単段階課税	281
地方税条例主義	70
地方税法関係	37
地方税法の法的性格	97
抽象的納税義務	78, 132
中心税制	225
超過差押えの禁止	171
徴収の猶予	176
帳簿方式	287
直接外国税額控除	274
直接消費税	280
直接審査請求	195
直接税	104, 222
直間比率	114
追徴税	185
通関業者	130, 296
通関士	130, 296
通告処分	188
通達	98
TPP	107
手続保障主義	61
電子申告	212
ドイツ租税基本法	6
同一所得・同一課税	242
統一法典主義	102
東京都銀行税訴訟	73, 97
トーゴーサンピン	243, 263
特殊な納税義務	141
督促	171
特別徴収	142
トリガー税率	275
トリティーショッピング	272

ナ 行

NACCS	295
二元的所得税	255
任意調査	161
年税主義	108
納期限の延長	177
納税環境の整備	168
納税管理人	143
納税義務者	306
納税義務の拡大	141
納税義務の確定	135
納税義務の承継	146
納税義務の消滅	138
納税義務の成立	133
納税義務の本質	31
納税者憲章	32
納税者背番号制	212
納税者の権利	32
納税申告書	149
納税の猶予	176
ノン・アフェクタシオン原則	108

ハ 行

判例法	99
PDCA サイクル	37
非課税団体	284
非課税取引	284
FOB 価格	295
賦課課税処分	153
賦課課税方式	135
賦課期日	134
賦課制限	229
不課税取引	284
複税制	103
附帯税	137
不徴収犯	184
普通徴収	134
物納	139, 176
不納付加算税	186
不納付犯	183
不服申立前置主義	193
フランス人権宣言13条	11

フランス人権宣言14条	12	民主主義国家の税法関係	33
フリンジベネフィット	237	民主主義的税法関係モデル	35
包括的所得概念	234	民主主義的租税観	10
法人成り	263	無益な課税排除	228
法定外地方税	105	無益な差押えの禁止	171
法定地方税	105	無申告加算税	185
法的二重課税	87	無痛税	227

ヤ 行

法律なければ課税なし	40		
補完税制	225		
簿記会計原理等の尊重	244	宥恕規定	178
保護関税	291	輸出申告	292
保証人	146	輸出通関	292
保税地域	293	輸入(納税)申告	292
保全差押え	174	輸入通関	292
保全担保	173	予算課税	247
北方領土	79		
本来的地方税条例主義	70		

ラ 行

マ 行

		リース取引	262
マイナンバー制度	212	利子税	181
前段階税額控除方式	284	流通税	226
マグナ・カルタ	11	量的担税力	235
マルサ	164	両罰規定	187
マルチペイメントネットワーク(MPN)	295	連結納税制度	261
見積課税	247	連帯納税義務	144
みなし外国税額控除	274	ローカル・ルール	236, 265

【著者紹介】

伊藤　悟（いとう　さとる）

現職　日本大学法学部教授、税理士
1955年生れ（北海道出身）、日本大学法学部卒、同大学院法学研究科博士後期課程満期退学の後、同法学部助手に就き、その後、税理士登録開業するとともに、酪農学園大学教授、札幌大学教授を経て、2014年より現職。

市民のための税法学

2016年4月15日　第1版1刷発行

著　者—伊藤　悟
発行者—森　口　恵美子
印刷所—美研プリンティング（株）
製本所—（株）グリーン
発行所—八千代出版株式会社

〒101-0061　東京都千代田区三崎町2-2-13
TEL　03-3262-0420
FAX　03-3237-0723
振替　00190-4-168060

＊定価はカバーに表示してあります。
＊落丁・乱丁本はお取替えいたします。

© Satoru ITO 2016　　　ISBN978-4-8429-1680-4